Caspar Wintermans

Lord Alfred Douglas
– ein Leben im Schatten von Oscar Wilde

Caspar Wintermans

Lord Alfred Douglas
– ein Leben im Schatten
von Oscar Wilde

Aus dem Niederländischen von
Christiane Kuby und Herbert Post

Mit einer Auswahl von Douglas' Gedichten,
aus dem Englischen übertragen
von Christa Schuenke

Karl Blessing Verlag

Originaltitel: Alfred Douglas. De boezemvriend van Oscar Wilde
Originalverlag: Arbeiderspers, Amsterdam, Antwerpen
Die Übersetzung wurde gefördert vom Nederlands Literair Produktie-
en Vertalingenfonds, Amsterdam

Der Karl Blessing Verlag
ist ein Unternehmen der Verlagsgruppe Random House GmbH

1. Auflage
Copyright © für die deutschsprachige Ausgabe
Karl Blessing Verlag GmbH München 2001
Copyright © 1999 by Caspar Wintermans
Copyright © Gedichte by The Lord Alfred Douglas Literate
Estate (Sheila Colman, Lancing)
Umschlaggestaltung: Groothuis & Consorten, Hamburg
Satz: Uhl + Massopust, Aalen
Druck und Bindung: GGP Media, Pößneck
Printed in Germany
ISBN 3-89667-165-0
www.blessing-verlag.de

INHALT

Meinen Eltern

EINLEITUNG

Lord Alfred Douglas ist – um mit der Tür ins Haus zu fallen – alles andere als unumstritten; er wurde geschmäht und verketzert wie wenige andere Dichter und Literaten. Man hat ihn unter anderem »einen bis auf die Knochen verwöhnten Querulanten«,[1] »einen egoistischen Profiteur«,[2] »einen gewissenlosen Genussmenschen«,[3] »einen Parasiten«[4] und »Oscar Wildes bösen Genius... einen hoffnungslosen Fall«[5] genannt.

Diese Charakterisierungen sind neueren Datums. Sie unterscheiden sich jedoch kaum von denen, die vor hundert Jahren benutzt wurden. Der Name Douglas rufe Bestürzung hervor, konstatierte ein Zeitgenosse 1897; der Durchschnittsbürger verbinde ihn mit »Unzucht, Perversion, Verschrobenheit und Gotteslästerung«. Zu Unrecht. Denn dieser Mann verdiene »Bewunderung, Sympathie und Respekt«.[6]

Das stimmt.

Nur allzu oft wird Douglas als hedonistischer Aristokrat abgestempelt, der sich zum Ziel gesetzt habe, seinen Vater, den Marquess of Queensberry, zu erniedrigen und seinen Freund Oscar Wilde zum Werkzeug seiner Rache zu machen, indem er ihn dazu anstachelte, einen Verleumdungsprozess gegen den Marquess zu führen – um anschließend, nachdem die Rollen vertauscht waren und nicht Queensberry, sondern Wilde selbst verurteilt worden war (zu zwei Jahren Zwangsarbeit), den Freund skrupellos fallen zu lassen. Nach Wildes Entlassung aus dem Gefängnis habe sich Douglas einige Monate auf Kosten des Schriftstellers ein angenehmes Leben gemacht, ihn aber, als ihm das Geld ausging, schmählich im Stich gelassen. Schließlich habe sich der junge Lord, als er von seinem Vater ein Vermögen erbte, geweigert, Wilde finanziell zu unterstützen.

Douglas' Ruf als Lebemann und Judas ist in erster Linie einigen Briefen Wildes zuzuschreiben, vor allem dem im Zuchthaus verfassten *De Profundis* – Briefe, in denen es der Absender mit der Wahrheit nicht so genau nimmt, wie sich zeigen wird –, und an zweiter Stelle der völlig unzuverlässigen Biographie von Frank Harris, *Oscar Wilde: His Life and Confessions* (1916). Die Lügen, die sie über Douglas verbreitet, wurden vielfach unbesehen übernommen, was umso bemerkenswerter ist, als Harris später selbst zugab, Douglas verleumdet zu haben.[7]

Die meisten Anschuldigungen können recht einfach widerlegt werden, da sie nicht den Tatsachen entsprechen. Wenn etwa ein Journalist behauptet, Douglas habe trotz seiner beträchtlichen Erbschaft Wilde finanziell nicht unterstützt (»Er kam einfach nicht auf den Gedanken«[8]), so genügt es, auf Douglas' Scheckbuch hinzuweisen, das das Gegenteil beweist.[9]

Man kann jemanden jedoch auch in ein schlechtes Licht rücken, indem man nur einen Teil der Wahrheit erzählt. Douglas ist dieser Methode des Öfteren zum Opfer gefallen. Wer es beispielsweise unterlässt zu erläutern, unter welchen Umständen Douglas bestimmte Entscheidungen traf – wer also seine Handlungsweise zwar *beschreibt*, aber nicht *erklärt* –, entwirft ein unvollständiges und daher falsches Bild.

So wurde Douglas die Veröffentlichung von *Oscar Wilde and Myself* im Jahr 1914 sehr übel genommen, und zwar zu Recht. Das Buch zieht nicht nur die Person und das Werk Wildes gnadenlos in den Schmutz, der Autor besitzt sogar die Stirn zu behaupten, er habe von Wildes homosexueller Veranlagung nichts gewusst. *Oscar Wilde and Myself* ist zum größten Teil das Werk eines Ghostwriters, T. W. H. Crosland, »ein Umstand«, so Martin Koomen, »der die Scheinheiligkeit und Verlogenheit nicht weniger schlimm macht und die Schamlosigkeit vielleicht noch etwas schlimmer«.[10] In der Tat. Aber Koomen geht mit keinem Wort auf die Entstehungsgeschichte des Buches ein, weder auf die schrecklichen Provokationen, die Douglas sich gefallen lassen musste, noch auf die Tatsache, dass er sich später öffentlich von diesem Werk distanzierte und seine Beziehung zu Wilde in seiner *Autobiography* (1929), in *Without Apology* (1938) und in *Oscar Wilde: A Summing-Up* (1940) wahrheitsgetreu schilderte.

Im Übrigen ist es nicht zuletzt dem polemischen Stil dieser Werke zuzuschreiben, dass Lord Alfred den Ruf eines Querulanten besitzt. Er war für gewöhnlich im Umgang sehr liebenswürdig und konnte mit Freunden über die Vergangenheit sprechen, ohne aus der Haut zu fahren, aber sobald er zur Feder griff, ließ ihn sein Humor im Stich und er war außerstande, sein stürmisches Leben ruhig und distanziert zu beschreiben.

Obwohl Douglas natürlich seine Schwächen hatte, war er ritterlich genug, seine Fehler und Verfehlungen anderen gegenüber einzugestehen. Das Folgende sollte daher nicht als Plädoyer eines Advocatus Diaboli verstanden werden, sondern als Apologie eines Dichters von Format, eines äußerst gewissenhaften Wortkünstlers, dessen literarische Leistung leider von seiner Verwicklung in den Aufsehen erregendsten Skandal des Fin de Siècle überschattet wurde: dem Prozess gegen Oscar Wilde.

KAPITEL I

1

Alfred Bruce Douglas wurde am 22. Oktober 1870 in Ham Hill nahe Worcester geboren und stammte aus einem alten schottischen Geschlecht. Der Wahlspruch dieses namhaften Clans war *Forward*, und mittelalterliche Haudegen mit Beinamen wie *Douglas der Grimmige* und *der schwarze Douglas* hatten ihn sich zu Herzen genommen: Wenn es darum ging, ihre ehrgeizigen Ziele zu verfolgen, waren sie vor nichts zurückgeschreckt. Viele Vorfahren des Dichters waren für ihr exzentrisches Verhalten, für ihre ausgeprägte Libido und ihre Händel berüchtigt, und obwohl Lord Alfred *seine* Meinungsverschiedenheiten nicht mehr mit der blanken Waffe austrug, so braucht man nach dem Ursprung seiner Streitlust nicht lange zu suchen.

Sein Vater, John Sholto Douglas, der neunte Marquess of Queensberry[1] – ›Q‹ für seine Freunde –, hatte 1866, einer plötzlichen Anwandlung folgend, Sybil Montgomery geheiratet, eine vornehme junge Dame von so auffälliger Schönheit, dass die Leute im Hyde Park bisweilen auf Stühle kletterten, um sie auf ihren Spazierfahrten besser sehen zu können.

Aus dieser Verbindung gingen fünf von der Mutter abgöttisch geliebte Kinder hervor: Francis, Percy, Alfred, Sholto und Edith.

Mit ihrem Mann hatte die Marchioness es weniger gut getroffen. Ihre Naturen waren denkbar verschieden: Die sanftmütige, kultivierte Sybil war künstlerisch veranlagt und weckte in ihren Sprösslingen die Liebe zu Literatur, Musik und Malerei – Dinge, die ›Q‹ nicht zu fesseln vermochten. Er hatte eine etwas rudimentäre Erziehung genossen und kaum je ein Buch in die Hand genommen, seit er mit zwölf Jahren Seekadett auf der *Britannia* geworden war. Seine große Leidenschaft galt dem Sport. Er war ein ausgezeichneter Reiter und passionierter Jäger; mit einem Freund stellte er das *Queensberry-Reglement* auf, ein Regelwerk des Boxsports, das auch heute noch Gültigkeit besitzt.

Seine Familie brachte er in Kinmount House unter, einem imposanten Landsitz vom Anfang des 19. Jahrhunderts in der Grafschaft Dumfries, einige Kilometer von Annan entfernt. Nachdem die Liebe zu seiner Frau abgekühlt war, ließ er sich dort nur noch sehr selten blicken; die meiste Zeit verbrachte er in London, wo er sich mit Prostituierten amüsierte, und um seine Frau zu quälen, schrieb er ihr ausführliche Berichte von seinen amourösen Abenteuern. Der Marquess mochte ein Edelmann sein, ein *Gentleman* war er ganz sicher nicht.

Nicht nur mit seinen außerehelichen Affären und seinen Pamphleten über die ›freie Liebe‹, sondern auch mit seinem Atheismus, aus dem er keinen Hehl machte, erregte er in der Öffentlichkeit Anstoß. Während der Aufführung eines Theaterstückes, in dem ein Agnostiker aufs Korn genommen wurde, bewarf Queensberry die Schauspieler einmal mit einem Gemüsebukett, worauf man ihn unsanft aus dem Saal entfernte. Da er den Treueid, den die Abgeordneten der Königin alljährlich schwören mussten, als »christlichen Mumpitz« bezeichnete, verlor er seinen Sitz im britischen Oberhaus. Er besaß weder Taktgefühl noch Geduld, war unberechenbar und ein notorischer Trinker. Er flößte seiner Umgebung Angst ein, nicht Respekt; sich ihm in den Weg zu stellen – die Zeit sollte es lehren –, war nicht ungefährlich.

Um die Erziehung seiner Kinder kümmerte er sich wenig (Douglas erinnerte sich später mit Bitterkeit, dass sein Vater ihm wirklich *nichts* beigebracht hatte), aber immerhin war er, was das

Taschengeld betraf, äußerst freigebig, wenn er auch die Marotte hatte, sich bei seinen seltenen Besuchen in Kinmount House immer für die ›bescheidene Höhe‹ der beträchtlichen Geldbeträge, die er Douglas zusteckte, zu entschuldigen; er sei nur ein armer Schlucker, meinte er. Überhaupt bedauerte der Marquess viele Freunde, die seiner Meinung nach ›ruiniert‹ waren, die aber in Wirklichkeit, wie Douglas allmählich feststellte, keineswegs am Hungertuch nagten. Niemand brachte Douglas bei, wie man mit Geld umgeht, und diese Unterlassung erklärt die Leichtfertigkeit in Gelddingen, die er in seiner Jugend an den Tag legte. Oscar Wilde, selbst auch kein Ausbund der Sparsamkeit, sprach einmal scherzhaft von einem Buch, das er unbedingt zusammen mit Douglas schreiben müsste: *How to Live Above One's Income: For the Use of the Sons of the Rich* (*Wie lebe ich über meine Verhältnisse: Für die Söhne der Reichen).*[2] Leider wurde dieses Vorhaben nie verwirklicht.

Wurde Douglas von seinem Vater vernachlässigt, so wurde er von seiner Mutter verhätschelt. Sie nannte ihn *Boysie*, was das ›Bübchen‹ als *Bosie* aussprach. In dieser Abwandlung behielt er den Kosenamen für den Rest seines Lebens bei.

Mit vierzehn kam Douglas, der früh in die Obhut von Gouvernanten gegeben worden war und danach einige exklusive Grundschulen besucht hatte, in die Internatsschule in Winchester. Die Eingewöhnung fiel ihm schwer, denn es herrschten dort raue Sitten. Wie alle Neuankömmlinge hatte er unter den Hänseleien der älteren Schüler zu leiden, doch was ihn besonders schockierte, war ihre Verachtung für alles, was mit Religion zu tun hatte. Dieser Mangel an Respekt beschränkte sich nicht nur auf die Gespräche; so warf ein älterer Schüler, jedes Mal wenn er den Speisesaal betrat und kein Lehrer in der Nähe war, ein Stück Brot gegen die Christusfigur auf einer Reproduktion von da Vincis *Letztem Abendmahl.* Bosies Entrüstung über diese Praktiken war nur von kurzer Dauer. Lady Queensberry hatte sich

Alfred Douglas im Jahre 1892

um die religiöse Erziehung ihrer Kinder wenig gekümmert; dass ihr Sohn nun in einer solchen Umgebung mit der Zeit vom Glauben abfiel, ist nicht weiter verwunderlich.

Er verlor dort auch bald seine Unschuld. Seine Initiation in das, was man euphemistisch *the public-school nonsense* nannte, erwähnte er in den Briefen an seine Mutter mit keinem Wort. Wenn er später darüber sprach, dann nur andeutungsweise – ganz im Gegensatz zu Sir Edmund Trelawney Backhouse, den Bosie noch gekannt hat und der in seinen (unveröffentlichten) Memoiren seine Zeit in Winchester als »eine Schwelgerei zügelloser Lust« bezeichnete.[3] Backhouse übertrieb zwar maßlos, aber ein Körnchen Wahrheit ist darin enthalten.

Nachdem Bosie sich einmal an seine neue Umgebung gewöhnt hatte, gefiel es ihm im Internat über die Maßen. Er lernte gerade genug, um nicht in Schwierigkeiten zu geraten, zeigte wenig Interesse für Kricket und Fußball, war dafür aber ein ausgezeichneter Läufer. Mehr als einmal wurde er zum Direktor geschickt, um Stockschläge in Empfang zu nehmen, aber da dieser nicht glauben mochte, dass ein Junge mit einem so engelhaften Gesicht auch nur die geringste Verfehlung begangen haben konnte, kam er jedes Mal mit heiler Haut davon – bis ein Lehrer sich persönlich mit der Sache befasste und den Direktor doch noch von der Notwendigkeit einer Züchtigung überzeugte...

Während seines letzten Jahres in Winchester entfaltete Bosie seine ersten literarischen Aktivitäten. Mit ein paar Freunden gab er *The Pentagram* heraus, ein wöchentlich erscheinendes Blatt, in dem er auch eigene Gedichte veröffentlichte und das so gut ankam, dass sogar ehemalige Schüler ein Abonnement erwarben. Es hat sich ein Foto erhalten, auf dem das Triumvirat der Redaktion, in Tweed gekleidet, verewigt ist. Wie die meisten Menschen der Viktorianischen Zeit, die vor der Kamera posieren, blicken sie selbstbewusst und sehr ernst drein. Solche Bilder haben gerade heute einen besonderen Reiz.

Queensberry hatte inzwischen die Familienländereien zum großen Teil zu Geld gemacht. Die Tatsache, dass seine Frau nun in London ihren Wohnsitz nahm, bedeutete nicht, dass sie ihren Mann häufiger zu Gesicht bekam. Er wohnte mit seiner Mätresse anderswo in der Stadt, und als Sybil sich deswegen bei ihm beschwerte, machte er ihr einen Vorschlag: Warum es nicht mit einer *Ménage à trois* versuchen? Das würde, so versicherte er ihr, beide Parteien zufrieden stellen; sie würde wieder mit ihrem Ehegespons unter einem Dach leben, und er bräuchte nicht auf die Gesellschaft seiner Freundin zu verzichten.

Für Sybil aber war das Maß voll. Sie hatte sich bisher immer taub gestellt, wenn ihr Vater auf eine Scheidung drängte; jetzt aber sah sie keinen anderen Ausweg mehr. Die Ehe wurde 1887 geschieden. Die Formalitäten waren in kürzester Zeit erledigt, denn Queensberrys Freundin hatte einen denkbar schlechten Ruf. Die monatlichen Alimente, die der Marquess zu zahlen hatte, blieben nicht selten aus, so dass seine Frau sich zuweilen gezwungen sah, mit dem Gang vor Gericht zu drohen.

Queensberrys Verhalten blieb nicht ohne Folgen für das Verhältnis der Kinder zu ihm. Douglas hatte den so gut wie immer abwesenden Vater ursprünglich sehr bewundert, war aber jetzt alt genug, um einzusehen, wie schlecht seine Mutter behandelt worden war. Er begann ›Q‹ aus tiefster Seele zu hassen, während dieser seinerseits das Gefühl hatte, seine Frau habe sich mit den Kindern gegen ihn verschworen. Er sah sich sogar noch als Opfer.

2

Oxford! Oxford, »Stadt der verwitterten Klöster und abgenutzten Höfe, graue Stadt herrschaftlicher Türme und gedrängter Kirchturmspitzen«,[4] noch heute ein Ort atemberaubender Schönheit, doch weniger friedlich, weniger idyllisch als im Jahr 1889, als Bosie dort seinen Einzug hielt.

Er hatte sich am berühmten Magdalen College immatrikulieren lassen und erregte dort einiges Aufsehen, das beweisen die Karikaturen, deren Gegenstand er in verschiedenen Universitätsblättern wurde. Die Kommilitonen fanden ihn amüsant und brillant – ein verantwortungsloser und extravaganter, aber generöser und sehr anziehender Junge.[5] Die Professoren allerdings waren erschüttert ob seiner Frechheit, gegen die sie übrigens wenig ausrichten konnten, da er es fertig brachte, der Form nach die Grenzen des Anstands zu wahren. So ließ er etwa Karten mit folgendem Text drucken:

> »Lord Alfred Douglas entbietet seine Grüße an ... und sieht sich leider außerstande ... weil er ...«

Statt der schriftlichen Arbeit, die die Dozenten erwarteten, fanden sie manchmal eine solche – ausgefüllte – Karte in ihrem Postfach:

> »Lord Alfred Douglas entbietet seine Grüße an *Herrn Professor Smith* ... und sieht sich leider außerstande, *einen Essay über die Entwicklung des Moralbegriffs zu liefern,* weil er *keinen geschrieben hat.*«[6]

Bosie hörte sich lieber schöne Musik als langweilige Vorlesungen an. Abend für Abend war er in der Magdalen Chapel zu finden, wo zur größeren Ehre und zum Ruhme Gottes Chorgesang und Orgelspiel ertönten. Er spielte selbst recht gut Klavier und komponierte mindestens ein Madrigal, »Country singers, leave not mute«, zu dem Text eines seiner besten Freunde in Oxford, des liebenswerten und etwas pedantischen Lionel Johnson, eines Studenten mit einem phänomenalen Gedächtnis, mit Alkoholproblemen und einem *baby face*. Mit Bosie hatte er neben den kindlichen Gesichtszügen auch das dichterische Talent gemeinsam, das genauso bemerkenswert war wie ihr völliges Unverständnis für die einfachsten Grundbegriffe der Mathematik.

Ihre Gespräche über Dichtung führten sie am liebsten nachts, denn erst dann lief Johnson zur Höchstform auf. Shakespeare war ihr großes Idol, aber auch der modernen Dichtung standen sie aufgeschlossen gegenüber. Lionel lieh seinem Freund den gerade erschienenen Roman *The Picture of Dorian Gray*, der Bosie dermaßen faszinierte, dass er ihn vierzehnmal hintereinander las.[7] Johnson, der den Verfasser – einen irischen Landsmann – kannte, fragte Douglas, ob er ihn kennen lernen wolle. Eine eher rhetorische Frage! Ein Datum wurde ausgemacht, und an einem Tag im Juli 1891 begaben sich die beiden in einer Kutsche zur Tite Street 16, Chelsea, London, dem Wohnsitz von Oscar Fingal O'Flahertie Wills Wilde.

3

Oscar Wilde war sechsunddreißig Jahre alt, als er Douglas zum ersten Mal die Hand drückte. Sein Stern war im Aufgehen. Nach einer erfolgreichen Tournee durch die Vereinigten Staaten, auf der er Vorträge über die Kunst im Allgemeinen und über die der Präraffaeliten im Besonderen gehalten hatte, heiratete er 1884 Constance Lloyd, die ihm zwei Kinder schenkte, Cyril und Vyvyan. Von 1887 bis 1889 hatte Wilde *The Woman's World* herausgegeben, ein Magazin für Frauen, in dem Beiträge von Honoratioren wie der Herzogin von Portsmouth und der Königin von Rumänien erschienen waren. Wilde hatte es sogar gewagt, Königin Viktoria einen Brief zu schreiben – hatte Ihre Majestät vielleicht in ihrer Jugend Gedichte geschrieben, die für eine Veröffentlichung in *The Woman's World* in Betracht kämen? Das war nicht der Fall gewesen. »Was den Leuten nicht alles einfällt [ließ die Königin ausrichten]. Nie in ihrem Leben konnte die Königin *eine Zeile* Lyrik schreiben, ob ernst oder komisch oder auch nur *einen Reim* machen. Das Ganze ist also *Erfindung & Legende*.«[8]

1889 hatte Wilde ›The Portrait of Mr. W.H.‹ veröffentlicht, eine essayistische Erzählung, in der er der landläufigen Auffassung entgegentrat, Shakespeare habe die meisten seiner Sonette an einen adligen Mäzen gerichtet. Wilde behauptete, sie seien Shakespeares »Lord of my love«,[9] William Hughes, gewidmet, einem jungen Schauspieler, der Rosalind und Julia gespielt hatte in einer Zeit, als es Frauen verboten war, auf der Bühne zu stehen. Die Theorie, Shakespeare sei den Reizen eines Jünglings erlegen, hatte einigen Staub aufgewirbelt, aber als im Juli 1890 *The Picture of Dorian Gray* in *Lippincott's Monthly Magazine* erschien, brach der Sturm der Entrüstung erst recht los. Kritiker bezeichneten das Werk als dekadent und unmoralisch; der *Scot's Observer* befand, Wilde habe einen Roman für Strichjungen und ihre Kundschaft geschrieben, und empfahl dem Autor eine Umschulung zum Schneider.[10] Und die *St. James's Gazette* stellte die Frage, ob das Buch nicht eher ein Fall für die Polizei als für die Kritik sei.[11]

Das Bildnis des Dorian Gray erzählt die Geschichte eines jungen Mannes, der sich seiner Schönheit erst beim Anblick seines gemalten Porträts bewusst wird. Fasziniert von der Lebensphilosophie Lord Henry Wottons – eines ebenso charmanten wie zynischen Aristokraten, der den Hedonismus predigt und der ihn auf die Vergänglichkeit der Jugend hinweist – spricht Dorian Gray den Wunsch aus, die Zeit möge ihre Spuren nicht auf seinem Gesicht, sondern auf dem Porträt hinterlassen. Und genau das passiert. Die Gestalt auf der Leinwand wird mit der Zeit alt: Runzeln erscheinen auf der Stirn, die Augen werden matt, das goldblonde Haar verliert seinen Glanz. Dorian Gray selbst aber bleibt jung. Auch seinen sittlichen Verfall bringt das Gemälde zum Ausdruck. Mit jedem Verbrechen, das Dorian Gray begeht, wird der Blick des Porträts bösartiger. Mit jedem Herzen, das er bricht, grinst der gemalte Mund sardonischer. Das Porträt, verborgen in einem verschlossenen Zimmer, dient somit einer korrumpierten Seele als Spiegel. »Ewige Jugend, ungezügelte Leidenschaft, raffinierte, heimliche Genüsse, wüste Lust und noch wüstere Stunden – das alles sollte er haben. Das Porträt sollte die Last seiner Schmach übernehmen: so war es entschieden.«[12]

1891 war *The Picture of Dorian Gray* in Buchform erschienen; ein signiertes Exemplar war das erste Geschenk, das Douglas von Wilde in Empfang nehmen durfte.

Auf Oscar, der »allem widerstehen konnte, nur nicht der Versuchung«, übte Lord Alfred einen großen Reiz aus: Er war ein viel versprechender junger Dichter, er hatte blaues Blut in den Adern und er war (wir haben es bereits angedeutet) von bestrickender Schönheit. Ein französischer Zeitgenosse sprach von edlen, fein geschnittenen Zügen, von hellen, gutmütigen Augen, einem melancholischen Lächeln, einer hohen Stirn, dünnen, blonden Haaren, schmalen Händen: Er sei wie geschaffen dafür, einem Dichter zu gefallen.[13]

Diese Beschreibung datiert zwar aus dem Jahr 1904, aber äußerlich unterschied Douglas sich zu diesem Zeitpunkt kaum von dem Studenten, der 1891 Wildes Bibliothek betreten hatte, denn bis weit nach seinem dreißigsten Lebensjahr hatte er eher etwas von einem Schuljungen als von einem Erwachsenen. Ein Umstand, der zu Missverständnissen Anlass gab. Douglas war einundzwanzig, als eine Dame ihn zu einem Kinderfest einlud. Er war siebenundzwanzig, als man ihm den Zutritt zu einem Casino verweigerte, und fünf Jahre später fragte ihn eine Baronin, wo er zur Schule gehe!

Bedarf es weiterer Erörterungen, um glaubhaft zu machen, dass Oscar meinte, Dorian Gray leibhaftig zu erblicken? Nach Bosies erstem Besuch hatte er das Gefühl, er habe soeben die »Verkörperung jenes unsichtbaren Ideals, das uns Künstler im Innern verfolgt wie ein herrlicher Traum«[14] getroffen – um eine passende Stelle aus dem Roman zu zitieren. Welch eine Begegnung! Wilde war bis über beide Ohren verliebt.

Und seine Gefühle wurden erwidert.

Es war nicht das Aussehen des korpulenten Wilde, das Douglas imponierte; was ihn beeindruckte, war dessen Konversation. Oscar war ein unvergleichlicher Plauderer, der wie kein anderer schlagfertig zu parieren verstand, ein Zauberer, der dem Alltäglichen Glanz zu verleihen vermochte. In seiner Gesellschaft langweilte sich niemand; mit seiner goldenen Stimme entlockte er seinen Zuhörern Tränen der Rührung und des Lachens. Ein Freund, der zu erkältet war, um den Arzt aufzusuchen, der ihn von seinen schrecklichen Zahnschmerzen befreien sollte, stellte zu seiner Überraschung fest, dass er nach einem unerwarteten Besuch von Wilde sowohl von dem einen wie dem anderen Leiden genesen war – so sehr hatte er über die Erzählungen seines Gastes lachen müssen.

Der Schriftsteller liebte es, Respektspersonen zum Besten zu halten. »Fußball mag ein durchaus passendes Spiel für harte Mädchen sein«, sagte er einmal, ohne die Miene zu verziehen, zu einem selbstgefälligen Lehrer, »als Spiel für feinsinnige Knaben ist es wohl kaum geeignet.«[15] Bei solchen Bemerkungen konnte Douglas sich vor Lachen kaum halten, was besagte Respektspersonen mit Stirnrunzeln quittierten... Wildes Esprit, so haben es seine engsten Freunde einstimmig bezeugt, spiegelt sich in seinem Werk nur ansatzweise wider. Ein einziger Tag mit Oscar, so Bosie, sei amüsanter als ein ganzer Jahrgang des *Punch*.[16] In ihrer Beziehung spielte Humor eine wichtige Rolle (wobei die witzigen Bemerkungen übrigens nicht, wie zuweilen behauptet wird, nur Wilde vorbehalten waren).

Dieser Mann, der es mit jedem gut meinte und der die Kunst des Tröstens beherrschte, wurde von Douglas auf Händen getragen. »Es gibt nichts, was ich nicht für ihn tun würde«, schrieb er seiner Mutter, »und wenn er vor mir stirbt, will ich nicht länger leben. Wenn ich daran denke, wird es mir schwarz vor Augen. Was ist schöner als eine solche Liebe zwischen zwei Menschen, die Liebe zwischen dem Schüler und dem Philosophen?«[17]

Der Philosoph und sein Schüler waren nach einiger Zeit unzertrennlich.

Wer in Wildes Gesellschaft verkehrte, kam automatisch in Kontakt mit den Künstlern, die dem letzten, faszinierenden Dezennium des 19. Jahrhunderts ihren Stempel aufdrückten, und so lernte Douglas auch Walter Pater kennen, Wildes scheuen Lehrmeister, einen Autor historischer Romane und philosophischer Studien, der in *The Renaissance* seine Leser ermahnte, groß und rauschhaft zu leben; oder John Gray, einen Dandy, »der eine viel versprechende Zukunft hinter sich hatte«[18] und dessen erster Gedichtband, *Silverpoints*, zu den am besten ausgestatteten Büchern aus dieser Blütezeit bibliophiler Ausgaben gehört; den Porträtisten William Rothenstein; den englischen Essayisten und Karikaturisten Max Beerbohm; den tragischen Dichter Ernest Dowson; die Schriftstellerin Ada Leverson, die ›Sphinx‹, wie Wilde sie nannte; den Zeichner Aubrey Beardsley; den französischen Dichter und Romancier Pierre Louÿs, Verfasser der apokryphen *Chansons de Bilitis*; und Paul Verlaine, mit dem Wilde und Douglas in einem Pariser Café Absinth tranken, Absinth, das Lieblingsgetränk der so genannten Décadents, das Douglas allerdings nicht hinunterbrachte.

Diese Décadents gaben damals in der Kunst den Ton an. Ethische und gesellschaftliche Fragen interessierten sie nicht; unter dem Motto *l'art pour l'art* konzentrierten sie sich ganz auf ihr künstlerisches Schaffen, das sie, nach dem Vorbild Schopenhauers, als Ausweg aus dem Alltagstrott betrachteten. In ihren Elfenbeintürmen verschanzt, hatten diese Ästheten weder die Hoffnung noch das Verlangen, die breite Masse zu erreichen oder gar zu beeinflussen; ihre Gedichte erschienen dementsprechend in kleinen Auflagen (Oscar Wildes ideale Auflage bestand aus fünfhundert signierten Exemplaren für Freunde, sechs für die Öffentlichkeit, eines für Amerika).[19] Das Künstliche, das Übernatürliche und das Unterbewusste fesselten sie besonders;

ihre Bibel war Joris-Karl Huysmans' 1884 erschienener Roman *A Rebours (Gegen den Strich)*, in dem der letzte Spross einer degenerierten, adligen Familie sich von der Welt abwendet und sich auf seinem Landsitz den Wonnen der Kunst hingibt. Ein Buch voller Gift, urteilte Oscar Wilde anerkennend; das Lieblingsbuch Dorian Grays; eine Offenbarung für Douglas.

Douglas war, wie gesagt, in den Jahren, die Wildes Untergang vorangingen, oft an der Seite des Dichters zu finden – ein Umstand, über den dieser sich später in *De Profundis* bitter beklagte. Bosie habe ihn ständig abgelenkt, er habe nicht begriffen, dass ein Künstler Ruhe und Einsamkeit brauche. Er, Wilde, habe während der ganzen Zeit, die sie zusammen waren, keine einzige Zeile geschrieben.[20]

Dieser Vorwurf ist aber nicht berechtigt. Als Wilde *A Woman of No Importance (Eine Frau ohne Bedeutung)* schrieb, hielt er sich mit Douglas in Babbacombe bei Torquay auf. Sie waren zusammen in London und Goring-on-Thames, als *An Ideal Husband (Ein idealer Gatte)* entstand. Wilde begann mit der Niederschrift von *A Florentine Tragedy* während eines Aufenthalts mit Bosie in Florenz, und beide hielten sich in Worthing auf, als Wilde *The Importance of Being Earnest (Ernst sein ist alles)* schrieb. Die Anwesenheit eines jungen Freundes hinderte ihn also keineswegs an seiner schriftstellerischen Arbeit. Im Gegenteil.

Während sich der inhaftierte Wilde in *De Profundis* darüber beklagt, dass seine Schaffenskraft von dem ständigen Umgang mit Douglas untergraben worden sei, bezeichnete er selbst in einem Gnadengesuch an den Innenminister die Jahre, die seiner Inhaftierung vorangingen, zu Recht als die glänzendste und produktivste Phase seines künstlerischen Lebens: eine Periode, in der vier Theaterstücke aus seiner Feder mit ungeheurem Erfolg gespielt wurden und in der er viele Bücher veröffentlichte, die im In- und Ausland auf großes Interesse gestoßen seien.[21]

Diese Kreativität hatte Wilde nicht trotz, sondern unter anderem auch durch seine Beziehung zu Douglas entfalten können; denn in seinem Leben spielte dieser eine ähnliche Rolle wie der Protagonist in *Das Bildnis des Dorian Gray*, in dem der Maler Basil Hallward gesteht, er sei todunglücklich, wenn er seinen Busenfreund auch nur einen einzigen Tag nicht sehe, denn nur in seiner Gegenwart könne er seine größten Meisterwerke schaffen.[22] In gleicher Weise war Lord Alfred Douglas – um eine Anleihe bei Shakespeare zu machen – Wildes zehnte Muse,[23] der Mensch, der ihn zu größter künstlerischer Produktivität anregte.[24] »Was dem Philosophen die Weisheit, was dem Heiligen sein Gott ist«, schrieb Wilde einige Tage, bevor er zu zwei Jahren Zwangsarbeit verurteilt wurde, an Douglas, »das bist Du mir.«[25]

KAPITEL II

1

Am 22. Februar 1892 fand in London mit großem Erfolg die Premiere von *Lady Windermere's Fan (Lady Windermeres Fächer)* statt, »einem neuen und originären Theaterstück in vier Akten von Oscar Wilde«. Nachdem der Vorhang gefallen war, trat der Autor – eine brennende Zigarette zwischen den Fingern – vor die Rampe, um den Zuschauern zu ihrem *höchst intelligenten Urteil* zu gratulieren. Die Kritiker waren entrüstet, die Theaterbesucher entzückt, und die lange Laufzeit des Stückes brachte Wilde einen ansehnlichen Betrag an Tantiemen ein. Die fetten Jahre schienen angebrochen.

Im Sommer desselben Jahres tat Wilde bei einem Lunch im Haus von Lady Battersea kund, falls er je für seinen Lebensunterhalt arbeiten müsste, würde er am liebsten Schäfer sein.

»Ich glaube, Sie werden es recht langweilig finden, eine ganze Herde Schafe zu hüten«, meinte die Gastgeberin.

»Oh«, erwiderte Wilde, »ich hätte nicht gerne mehr als ein Schaf.«

»Nun, Sie haben ja bereits ein Lamm mit goldenem Vlies«, sagte Lady Battersea, auf Bosie anspielend, der ebenfalls am Tisch saß und vor Freude strahlte.

Douglas berichtete diese Anekdote in einem Brief aus den späten Dreißigerjahren und versicherte dem Empfänger, Lady Batterseas Bemerkung sei ganz »unschuldig« gewesen.[1] Das mag sein; aber die Freundschaft zwischen dem berühmten Autor und dem jungen Aristokraten war nicht unbemerkt geblieben, denn in den exklusiven Klubs und Restaurants, in denen sie verkehrten, machten die zwei keinen Hehl aus ihrer gegenseitigen Zuneigung. Sehr zum Unwillen von Robert Ross, der sich vor Eifersucht verzehrte.

Robert Baldwin Ross (›Bobbie‹ oder ›Robbie‹) war einer der treusten Freunde Oscar Wildes. Er kannte ihn seit 1886 und hatte ein Verhältnis mit ihm gehabt, doch jetzt hatte Wilde nur noch Augen für Bosie. Er merkte nichts von Ross' geheimem Groll, und auch Douglas war sich nicht bewusst, dass Ross, mit dem er sich gut verstand, in ihm einen Rivalen sah.

Auch Bosies Eltern machten sich zunehmend Sorgen über die Beziehung ihres Sohnes zu Wilde. Queensberry, dem einige Gerüchte zu Ohren gekommen waren, gab Douglas nach ein paar Monaten zu verstehen, es sei an der Zeit, einen Schlussstrich unter diese bedenkliche Bekanntschaft zu ziehen; doch Bosie, der nicht einsah, warum er auf einen Vater Rücksicht nehmen sollte, der sich nie um ihn gekümmert hatte, legte ihm höflich nahe, seine Nase nicht in die Angelegenheiten anderer zu stecken. Woraufhin ›Q‹ ihn einen Idioten und Kindskopf schimpfte und in Bezug auf Wilde (dem er übrigens noch nie begegnet war) weniger freundliche Ausdrücke wählte.

Doch im Herbst 1892 bahnte sich eine Wende in diesem Konflikt an. Als Queensberry das Café Royal betrat, saßen Oscar und Bosie bereits an einem Tisch. Jetzt oder nie! dachte der Student. Ohne auf die bösen Blicke seines Vaters zu achten, ging er auf ihn zu und lud ihn ein, Wildes Bekanntschaft zu machen. Zunächst weigerte sich der Marquess, gab jedoch schließlich dem Drängen seines Sohnes nach, und kurz darauf schüttelten sich die beiden zukünftigen Todfeinde die Hand. Wilde, der sich über Queensberrys Antipathie ihm gegenüber im Klaren war, gelang es, ihn völlig um den Finger zu wickeln. Er knüpfte ein Gespräch an, und Bosie, der sich nach einiger Zeit dezent

Alfred Douglas und Oscar Wilde im Jahre 1893

zurückzog, war überglücklich, als sein Vater hinterher meinte, er müsse alles zurücknehmen, was er über diesen Wilde gesagt habe; er bezeichnete ihn als einen »wundervollen Menschen« und fügte hinzu, dass er jetzt verstehe, warum sein Sohn diesen Mann so gern habe.

Aber Lady Queensberry war noch nicht beruhigt. Sie schrieb einen Brief an den Direktor des Magdalen College, Sir Herbert Warren, mit der Frage, ob er Mr. Wilde für einen geeigneten Gefährten ihres Sohnes halte? Warren antwortete, Lord Alfred könne sich glücklich preisen, sich zu den Vertrauten eines so bedeutenden Künstlers wie des Verfassers von *Das Bildnis des Dorian Gray* zählen zu dürfen.

Das Verhältnis zwischen Wilde und Douglas war übrigens intimer, als die Marchioness vermuten konnte, denn die beiden hatten eine kurzfristige sexuelle Beziehung miteinander. Kurzfristig, einerseits weil Bosie keinen großen Wert darauf legte[2] und andererseits, weil er nicht Wildes ›Typ‹ war. Was die körperliche Liebe betraf, bevorzugte Wilde weniger salonfähige Jungen. Dabei nahm er große Risiken auf sich, indem er seinen Vergnügungen ziemlich unbekümmert nachging. Schließlich hatte das Parlament erst 1885 eine Gesetzesänderung verabschiedet, die *jede* ›Unzucht‹ zwischen Männern, ob öffentlich oder privat, unter Strafe stellte. Das war natürlich Wasser auf die Mühle der Unterwelt: Nicht ohne Grund hieß dieser Zusatz zum ›Criminal Law Amendment Act‹, der bis 1967 gültig blieb, im Volksmund der ›Erpresser-Paragraph‹.

Auch Bosie − für weibliche Reize war er damals noch nicht empfänglich − war in seinem Umgang mit Epheben wenig diskret. Selbst ein Freund, der ihm wirklich nahe stand, warnte ihn eindringlich, er fröne der Homosexualität »in hemmungsloser und höchst gefährlicher Weise.«[3] Als er im Frühjahr 1892 wegen eines kompromittierenden Briefes erpresst wurde, wandte er sich an Wilde, der seinen Anwalt George Lewis mit der Angelegenheit betraute. Der Blutsauger wurde ausgezahlt. Selten waren solche Vorfälle in Wildes Freundeskreis nicht: Robert Ross und Reginald Turner (der auch als »Bubenhascher von Clement's Inn« tituliert wurde) gerieten ebenfalls des Öfteren in solche Schwierigkeiten.

In *De Profundis* wirft Wilde seinem Freund Douglas vor, er sei zu sorglos mit den Briefen umgegangen, die er ihm geschrieben habe − Briefe, die Queensberrys Anwälten in die Hände fielen und als Beweismaterial gegen ihn verwendet wurden.[4] Dieser Vorwurf ist sicher berechtigt, aber Wilde selbst war nicht weniger unvorsichtig. Man kann sich des Eindrucks nicht erwehren, als hätten beide die Gefahren, die mit ihrer Promiskuität (von Douglas als ihre »ewige Schönheitssuche« apostrophiert[5]) verbunden waren, nicht nur in Kauf genommen, sondern sogar einen gewissen Spaß daran gehabt. Wilde schenkte Douglas beispielsweise ein Köfferchen, auf dem die Buchstaben C. L. – *Compromising Letters,* also bloßstellende, entlarvende Briefe – eingraviert waren.[6] Beide verhielten sich in hohem Grade verantwortungslos.

»Gelage mit Panthern«, nannte Wilde seine Eskapaden mit Strichjungen. »In der Gefahr lag der größte Reiz.«[7] Dass er es früher oder später mit der Justiz zu tun bekommen würde, muss ihm selbst bewusst gewesen sein.

2

An einem schönen Frühlingstag – *Lady Windermere's Fan* hatte noch immer volle Häuser – klingelte es an Oscar Wildes Tür. Auf der Schwelle standen zwei Studenten aus Oxford, die um eine Unterredung mit dem Hausherrn ersuchten. Ob er gewillt sei, sie zu empfangen?

Aber selbstverständlich. Sie wurden in sein Arbeitszimmer geführt, wo er auf einem Kanapee ruhte und sie fragte, was ihm die Ehre ihres Besuches verschaffe?

Etwas zaghaft berichteten ihm die beiden Studenten von ihrem Vorhaben, ein Literaturmagazin, *The Spirit Lamp,* ins Leben zu rufen, und nun hofften sie, er würde ... könnte er vielleicht ... wäre er vielleicht geneigt, etwas beizutragen, ein Sonett zum Beispiel?

Wilde, der interessiert zugehört hatte, schüttelte den Kopf.

Nein, damit könne er leider nicht dienen. Einer der Gäste fragte ihn – seine Enttäuschung so gut wie möglich verbergend –, ob er ihnen dann vielleicht zur Farbe des Umschlags eine Anregung geben könnte.

»Grün«, antwortete Wilde verträumt, »ein wunderschönes Hellgrün ... «

Er bemerkte beiläufig, die Farbe Orange könne er nicht ausstehen, wünschte ihnen viel Erfolg und begleitete sie hinaus.

Die erste Nummer von *The Spirit Lamp* erschien am 6. Mai 1892 – mit einem grell orangefarbenen Umschlag.[8]

Es gab in Oxford mehrere Studentenblätter, die jedoch zum größten Teil kurzlebig waren und inhaltlich nichts zu bieten hatten. Auch *The Spirit Lamp* brachte es nur auf vierzehn Nummern (die letzte erschien am 6. Juni 1893); in qualitativer Hinsicht war sie jedoch überdurchschnittlich gut, was vor allem dem Einsatz eines Studenten zu danken war, dem nach einigen Monaten die Redaktion übertragen worden war und der, weil er sein Studium nicht sonderlich ernst nahm, viel Zeit auf diese Arbeit verwenden konnte: Lord Alfred Douglas, dessen bequeme, mit Büchern vollgestopfte Zimmer in der High Street direkt neben dem Haus des Druckers, James Thornton, lagen.

Mit einem witzigen Artikel über den Unterschied zwischen den Professoren (den *Dons*) und den Studenten hatte er auf sich aufmerksam gemacht – *Dons*, so führte er aus, wirken deshalb langweiliger, als sie in Wirklichkeit sind, weil sie sich nun einmal von einem äußerst interessanten und anziehenden Hintergrund abheben.[9] In den sechs Nummern, die er redigierte, erschienen aus seiner Feder kurze Erzählungen, Essays und Gedichte. Aus ihnen sprach ein unverkennbares Talent, doch nicht alles, was er schrieb, stieß auf einhellige Zustimmung. Seine Parodie auf Platons Dialoge zeugte in den Augen der Professoren von mangelndem Respekt vor dem Göttlichen und führte dazu, dass er zeitweilig von der Universität verwiesen wurde ... [10]

Mit Beiträgen in *The Spirit Lamp* vertreten waren unter anderem Lionel Johnson, Max Beerbohm, der Kunsthistoriker John Addington Symonds, Robert Ross und versteht sich Oscar Wilde. Sogar vom Marquess of Queensberry wurde etwas abgedruckt, ein Gedicht in vier Strophen, dessen Anfangszeile lautete: »Nach dem Tod verbrenne mich.«[11] Die in *The Spirit Lamp* veröffentlichte Poesie war für gewöhnlich weniger prosaisch.

Das Magazin hatte einen ästhetischen Anspruch: Gedichte über Hylas, Ganymed und Hyazinth wechselten ab mit Würdigungen der Werke von Wilde und Verlaine. »Dekadente Auswüchse« eines »gottlosen Blattes« höhnte *The Ephemeral*[12] in dem Versuch, Douglas eine Polemik zu entlocken. Er griff in der Tat zur Feder. »Dear Sir«, schrieb er in einem Brief, der am 20. Mai im *Ephemeral* abgedruckt wurde, »außer dem Lob der kultivierten und der Bewunderung der brillanten Kenner gibt es nichts, was das Herz des Herausgebers einer Zeitschrift wie *The Spirit Lamp* so sehr mit Freude erfüllt, wie die Diffamierung durch Philister und der Hohn des Plebs. Ich bin Ihnen *zutiefst* dankbar.«[13]

The Spirit Lamp hatte eine relativ hohe Auflage, aber die finanzielle Situation war prekär und verbesserte sich auch nicht dadurch, dass Douglas beschloss, auf Anzeigen zu verzichten. Das Blatt, das heutzutage ein begehrtes Sammelobjekt ist, ging unter, aber mit fliegenden Fahnen: *The Morning Post* nannte es 1912 »das beste von Oxfords zahlreichen kurzlebigen Magazinen«[14].

Das Ende von *The Spirit Lamp* fiel zusammen mit dem Ende von Bosies akademischer Laufbahn, denn im Juni verließ er Magdalen College – ohne einen Abschluss. Seine Mutter war enttäuscht; sein Vater war wütend (was merkwürdig ist, wenn man bedenkt, dass er der Ansicht war, ein Studium diene zu nichts[15]); sein Liebhaber schließlich meinte entzückt, dass er nun in die Fußstapfen von Shelley und Swinburne trete, die ebenfalls keinen akademischen Grad erworben hätten und ewige Studenten geblieben seien. Und er betraute ihn mit einer besonders ehrenvollen Arbeit. Der Sommer jenes Jahres stand im Zeichen eines von einem Iren in französischer Sprache verfassten Theaterstücks, das von einem Schotten ins Englische übertragen wurde.[16]

Dieses Stück, das Wilde 1891 beendet hatte, war *Salomé* (französischer Originaltitel: Salome), die Geschichte der Prinzessin, die erreicht, dass ihr das Haupt Johannes des Täufers auf einer Silberschüssel gebracht wird – so dass sie die Lippen des Mannes, der sie abgewiesen hat, doch noch küssen kann.

Die Londoner Premiere der *Salomé* mit der berühmten Sarah Bernhardt in der Titelrolle war 1892 von der Zensur torpediert worden. Ein gewisser Mr. Pigott hatte gemeint, die Aufführung des Stückes verbieten zu müssen, da in diesem Gestalten aus der Bibel vorkamen. Das Gesetz, auf das er sich berief, stammte aus dem sechzehnten Jahrhundert und war im Zuge der Repressionen gegen die Katholiken erlassen worden. Wilde, der stets seinen Realitätssinn verlor, wenn ihn sein Humor im Stich ließ, hatte daraufhin in einem Zeitungsinterview erklärt, er erwäge nach Frankreich umzusiedeln. So weit war es nicht gekommen; stattdessen hatte er sich in Erwartung einer Aufführung von *Salomé* in Paris damit begnügt, den Text in französischer Sprache zu publizieren. Er erschien im Februar 1893 und wurde von Douglas in *The Spirit Lamp* enthusiastisch gefeiert, und Wilde, der eine englische Fassung seines Einakters herausbringen wollte, wandte sich nun an seinen Freund mit der Bitte, die Übersetzung zu übernehmen.

Douglas machte sich begeistert an die Arbeit. Am 30. August berichtete er dem Verleger John Lane voller Stolz, er sei fertig; aber Wilde war mit dem Resultat keineswegs zufrieden und nahm so viele Änderungen vor, dass Douglas beschloss, sich von dem Projekt zu distanzieren. »Ich gebe es auf«, schrieb er Lane nach langwierigen Diskussionen mit Wilde. »Sie und Oscar können daher allein miteinander ausmachen, wer der Übersetzer sein soll. Meine persönliche Meinung ist, dass Oscar nie zufrieden sein wird – es sei denn, er übersetzt das Stück selbst.«[17]

Mit dieser Behauptung traf er den Nagel auf den Kopf. Eine andere Übersetzung, besorgt von Aubrey Beardsley (der das Drama illustrierte), gefiel dem Autor noch weniger. Der Blutdruck aller Beteiligten war schon ziemlich gestiegen – die Zahl der Telegramme, die über die Angelegenheit gewechselt wurden, sei »skandalös«, befand Beardsley[18] –, als man sich schließlich auf einen Kompromiss einigte: Wilde nahm sich Bosies Übersetzung noch einmal vor und überarbeitete sie nach Belieben; Bosies Beitrag sollte nur in der Widmung erwähnt werden.[19] »Einstweilen darf ich Ihnen versichern«, schrieb Douglas am 16. November an Lane, »dass mich nichts dazu veranlasst hätte, einer Veröffentlichung der *Salomé* ohne meinen Namen auf dem Titelblatt zuzustimmen (und die Entscheidung in diesem Punkt hat Mr. Wilde einzig und allein mir überlassen), wenn ich nicht überzeugt wäre, dass die mir zugesagte Widmung von unendlich größerem künstlerischen & literarischen Wert ist als das Erscheinen meines Namens auf der Titelseite. Erst vor ein paar Tagen ist mir aufgegangen, dass zwischen [beidem] der gleiche Unterschied besteht wie zwischen der Huldigungsadresse eines Künstlers und dem Empfangsschein eines Kaufmanns.«[20]

Lane hatte noch mit einem anderen Problem zu kämpfen. Manche Zeichnungen von Beardsley waren seiner Meinung nach nicht akzeptabel und sollten durch weniger Anstoß erregende Illustrationen ersetzt werden. Durch diese Verzögerungen erschien die englische Buchausgabe erst im Februar 1894, zwei Monate später als geplant. Nicht dass Kritiker *Salomé* als geeignetes Weihnachtsgeschenk betrachtet hätten; einer von ihnen hatte zuvor die französische Ausgabe als »morbide, *bizarr* und widerwärtig« bezeichnet.[21]

Oscar und Bosie gerieten sich über den Wert der *Salomé*-

Übersetzung gehörig in die Haare, ob aber Douglas dem Theaterdichter tatsächlich vorhielt, er sei ihm »intellektuell in keiner Weise verpflichtet« – wie in *De Profundis* behauptet wird[22] –, darf stark bezweifelt werden. Die Briefe, die Bosie in jenem Winter aus Kairo an seine Mutter schrieb, enthalten leidenschaftliche Verteidigungen seines Freundes, der ihm »alles beigebracht [habe], was es sich zu wissen lohne«. »Es gibt nichts, was Du gegen die Kraft meiner Zuneigung zu Oscar Wilde ausrichten kannst«, hieß es weiter, »und gegen die seine zu mir. Ich bin ihm leidenschaftlich zugetan, und er mir. Ein besserer Kauf wurde niemals getätigt.«[23]

Bosie genoss seinen Aufenthalt in Ägypten sehr, wo, so teilte er Ross mit, die schönen Jungen »zahlreich und sehr zugänglich«[24] seien. Er war einige Monate Gast des englischen Generalkonsuls Lord Cromer, dessen Frau mit seiner Mutter befreundet war; und es war Lady Queensberry, die ihren Sohn gedrängt hatte, in Ägypten Urlaub zu machen.

In Luxor lernte er Robert Hichens kennen, einen Journalisten mit schriftstellerischen Ambitionen. Er fand Bosie »sehr amüsant und unterhaltsam« und bewunderte seine »spritzige Konversation«.[25] Er befragte ihn eingehend über seine Beziehung zu Wilde.

Nach einem einwöchigen Aufenthalt in Athen – die Akropolis imponierte ihm mehr als die Pyramiden – reiste Douglas im März nach Paris, von wo er Wilde ein Telegramm schickte mit der Bitte, doch auch in die französische Hauptstadt zu kommen. Wilde, der keinen Augenblick zögerte und sofort von London aufbrach, lieferte später in *De Profundis* einen gänzlich fiktiven Bericht von ihrer Begegnung: Douglas habe ihn mit hysterischen Telegrammen, manche zehn, elf Seiten lang, überhäuft; er habe mit Selbstmord gedroht, falls Wilde sich weigere, nach Paris zu kommen; er sei dort in Restaurants immer wieder in Tränen ausgebrochen, die »wie Regen über seine Wangen flossen«, und habe »wie ein braves, reuiges Kind« seine Hand umklammert, und so weiter.[26] Wenige Stellen in *De Profundis* haben Douglas mehr überrascht als diese.

Nach Hause zurückgekehrt löste er ein Versprechen ein, indem er Hichens Wilde vorstellte. Der Journalist kannte nun die beiden Männer, die in London in aller Munde waren, und führte im Sommer einen Plan aus, den er in Luxor gefasst hatte: Er porträtierte sie in einem satirischen Roman, der am 15. September 1894 erschien, *The Green Carnation*.[27]

Wilde tritt in dem Roman als der beredte und umstrittene Ästhet Esmé Amarinth auf, Verfasser des dekadenten Meisterwerks *The Soul of Bertie Brown*. Bischöfe halten ihn für ein Ungeheuer, und Ungeheuer sähen ihn gerne als Bischof.[28]

Bosie figuriert als Lord Reginald Hastings, der das Äußere »eines kleinen Engels auf einem von Burne-Jones entworfenen Glasfenster«[29] hat und die Schönheit anbetet – daher befinden sich auf seinem Kaminsims ausschließlich Fotos von ihm selbst.

> »Es ist so interessant, jung zu sein, mit blass-goldenem Haar und blauen Augen und einem Gesicht, in dem die Schatten flüchtiger Regungen kommen und gehen, und mit einem Mund wie der Mund des Narziss. Es ist so interessant für einen selbst. Gewiss sollte die eigene Schönheit, die eigene Anziehungskraft für einen selbst die allergrößte Freude sein.«[30]

Die Romanfiguren Esmé Amarinth und Lord Reginald Hastings unterhalten sich ausführlich über die Sünde und ihre komplizierte Technik, auf deren Beherrschung sie sich einiges zugute halten. Aber *welche* Sünde im Besonderen ihre Vorliebe genießt, darüber schweigt sich der Verfasser aus.

Dessen Identität gab im Übrigen Stoff zu Spekulationen. *The Green Carnation* war anonym erschienen, ein Umstand, der die

Neugierde des Publikums umso mehr anstachelte. Manche Rezensenten äußerten sogar die Vermutung, niemand anders als Wilde selbst habe das Werk verfasst.

Die Wahrheit kam bald ans Licht; und so geschah es, dass Hichens eines Tages zwei Telegramme empfing, das eine von Oscar, das andere von Bosie, in denen ihm bedeutet wurde, »alles sei entdeckt« und er täte besser daran, »das Weite zu suchen«, wolle er ihrer »Rache« entkommen.

Während die beiden Freunde es ihm durchaus nicht übel nahmen, dass er Spott mit ihnen trieb (sie fühlten sich im Gegenteil durch diese Aufmerksamkeit geschmeichelt), war Queensberry von dem Buch nicht gerade angetan. Denn auch er macht darin seine Aufwartung, und zwar als Philister, der sich mit seinem frechen Sohn überworfen hat und »ostentativ schnaubt«,[31] wenn dieser ihm über den Weg läuft. Sehr komisch, fand Douglas. Und ganz aus dem Leben gegriffen, denn die Entente zwischen ihm und Queensberry war nur von kurzer Dauer gewesen. Doch bevor wir hierauf näher eingehen, muss angemerkt werden, dass der Marquess auch mit seinen anderen Kindern in Fehde lag. Die Brüder Douglas, die einander *Darling* zu nennen pflegten, bezeichneten ihn, wenn sie von ihm sprachen, immer als »das Vieh«. Das hatte er sich selbst zuzuschreiben.

Sein ältester Sohn, Francis, war 1892 Privatsekretär des Außenministers, Lord Rosebery, geworden, der so zufrieden mit seinem Untergebenen war, dass er ihn zum Kammerherrn der Königin ernennen wollte. Voraussetzung dafür war allerdings der Sitz im *House of Lords*, und das war eine heikle Angelegenheit, da der alte Queensberry wegen seines aufsässigen Verhaltens ausgeschlossen worden und darüber noch immer äußerst verbittert war. Es war deshalb zu erwarten, dass er seinem Sohn die ihm zugedachte Ehre missgönnen würde. ›Q‹ hatte jedoch wider Erwarten keinerlei Einwände gegen Roseberys Vorhaben. Francis wollte dies gerne schwarz auf weiß haben. Und der Marquess ließ Rosebery und dem Premierminister schriftlich seine Zustimmung zukommen.

Doch kaum hatte Francis seinen Platz im Oberhaus eingenommen, da hatte es sich sein Vater bereits anders überlegt. Nicht nur den beiden Politikern, auch der Königin schrieb er wütende Briefe, und als Rosebery im Juni 1893 in den deutschen Kurort Bad Homburg reiste, folgte ihm Queensberry mit einer Reitpeitsche bewaffnet. Erst dem britischen Kronprinzen gelang es, den Minister, der sich in seiner Hotelsuite verschanzt hatte, aus seiner misslichen Lage zu befreien, den Marquess zu besänftigen und zur Rückkehr nach England zu bewegen. Francis fühlte sich verständlicherweise ziemlich brüskiert.

Auch sein Bruder Percy, der 1893 eine bezaubernde Pfarrerstochter heiratete, hatte allen Grund, sich über seinen Vater zu beklagen. Queensberry blieb der Hochzeit fern, da er die Braut »zu armselig« fand, und auch später weigerte er sich, sie und ihre Kinder zu sehen. Er schickte ihr stattdessen äußerst verletzende Briefe.

Als die Familie einen Monat nach der Veröffentlichung von *The Green Carnation* unter traurigen Umständen zusammenkam – Francis wurde begraben –, sorgte ›Q‹ wiederum für Schlagzeilen. Am 24. Oktober ließ er sich von seiner zweiten Frau scheiden, einem siebzehnjährigen Mädchen, das er gegen den Willen ihrer Eltern zur Ehe überredet und einen Tag nach der Trauung seinem Schicksal überlassen hatte. Und doch sollte sich dieser Mann später, während des Prozesses gegen Wilde, als respektabler Paterfamilias gebärden.

Sein Verhältnis zu Bosie hatte sich, wie gesagt, nicht verbessert. Der Marquess verübelte seinem Sohn das abgebrochene Studium; es ärgerte ihn, dass aus der von Sybil angebahnten diplomatischen Laufbahn nichts geworden war;[32] aber vor allem versetzte ihn Bosies Beziehung zu Wilde in Rage. Zwar hatte er den Schriftsteller seinerzeit als einen »wundervollen Menschen«

bezeichnet und Bosie die Erlaubnis gegeben, weiter mit ihm zu verkehren – doch einmal mehr schwenkte er um. Er forderte Douglas auf, den Kontakt zu Wilde abzubrechen, und als dieser sich weigerte, strich er seinem Sohn alle Geldzuwendungen, eine Maßnahme, die wenig Wirkung hatte, da Bosie von seiner Mutter und seinem Großvater Geld zugesteckt bekam.

Der Konflikt mit seinem Vater erreichte seinen Höhepunkt, nachdem Bosie aus Ägypten zurückgekehrt war. Michel van der Plas bezeichnet dessen Feindseligkeit gegenüber Queensberry als »pervers«,[33] während Martin Koomen abfällig von Bosies »kolossalem Hass gegen seinen Erzeuger«[34] spricht. Man wird jedoch zugeben müssen, dass der Marquess es ihm äußerst schwer machte, das vierte Gebot zu befolgen, nicht zuletzt, weil er ihm ständig zu verstehen gab, *nicht* sein leiblicher Vater zu sein. »Du Reptil«, schrieb er ihm am 21. August 1894 in einem Brief, in dem er ihm nahe legte, Straßenkehrer zu werden, »Du bist nicht mein Sohn, und ich habe Dich nie als solchen angesehen.«[35] »Du elende Kreatur«, begann eine andere Epistel.

»Wenn Du mein Sohn bist, so beweist mir das nur einmal mehr – sofern es dazu überhaupt noch eines Beweises bedarf –, wie Recht ich hatte, lieber alle möglichen Schrecken und Nöte auf mich zu nehmen, als das Risiko einzugehen, noch so eine Kreatur wie Dich in die Welt zu setzen. Einzig und allein deshalb habe ich mit Deiner Mutter als Ehefrau gebrochen; sie hat mich als Mutter von Euch Kindern gründlich enttäuscht, vor allem als Mutter von Dir, über den ich, als Du noch ein Baby warst, die bittersten Tränen vergossen habe, denn es schmerzte mich, dass ich eine solche Kreatur in die Welt gesetzt, dass ich unbeabsichtigt ein solches Verbrechen begangen hatte. Wenn Du nicht mein Sohn bist – und in diesem Christenland mit diesen Heuchlern ist der ein weiser Vater, der sein eignes Kind kennt, was ja auch kein Wunder ist, da die Heuchler immer wieder untereinander heiraten. Nur zu verständlich, dass Du diesem schrecklichen Vieh in die Hände gefallen bist. [...] Du musst geisteskrank sein.«[36]

Viele Jahre später stellte Douglas sich die Frage, ob Queensberrys exzentrisches Verhalten nicht unter anderem auch auf seine zahlreichen Verletzungen zurückzuführen sei.[37] Als Jockey war der Marquess oft genug gestürzt und hatte im Lauf der Jahre alle seine Glieder mindestens ein Mal gebrochen (sein Schlüsselbein sogar zwei oder drei Mal); auch bei seinen Auftritten im Boxring hatte er zahlreiche Schläge einstecken müssen, die möglicherweise einen bleibenden Hirnschaden verursacht hatten. Wie dem auch sei, Bosie war nicht bereit, nach der Pfeife seines Vaters zu tanzen. WAS BIST DU DOCH FÜR EIN LÄCHERLICHES MÄNNCHEN, telegrafierte er ihm, nachdem er eine seiner Episteln erhalten hatte. Aber als Queensberry daraufhin drohte, ihn zu verprügeln, wenn er ihn in Gesellschaft von Wilde antreffe, und als er begann, Kellner, die das Freundespaar bedienten, zu beschimpfen, wurde Bosie vorsichtiger. Er richtete dem Marquess aus, er würde immer eine geladene Pistole bei sich tragen, mit der er sich im Notfall zu verteidigen gedenke. Einmal löste sich versehentlich ein Schuss im Berkeley Hotel. Niemand wurde verletzt; der Schaden beschränkte sich auf ein Loch in der Decke. Queensberry erfuhr jedoch von diesem Vorfall und war so verblüfft, dass er sich einige Monate ruhig verhielt.

3

Als John Francis Bloxam, Student am Exeter College in Oxford, den Entschluss fasste, eine Zeitschrift zu gründen, nahm er sich vor, etwas ganz Besonderes herauszugeben. Pro Jahr sollten drei

Hefte in einer nummerierten Auflage von nur hundert Exemplaren erscheinen, auf Bütten gedruckt mit großzügigen Rändern. Etwas für Kenner. Bloxam nannte seine Zeitschrift *The Chameleon*, ›A Bazaar of Dangerous and Smiling Chances.‹ Zwei Jahre zuvor hatten die Gründer von *The Spirit Lamp* Wilde um einen Beitrag gebeten, der ihrer ersten Nummer eine besondere Note verleihen sollte; Bloxam (ein Freund von Douglas) tat nun das Gleiche und hatte mehr Erfolg als seine Kollegen damals. Wilde fand ihn sehr nett – er beschrieb ihn als »einen Studenten von fremdartiger Schönheit«[38] –, er gab ihm Ratschläge[39] und überließ ihm seine ›Aphorismen und Philosopheme zum Gebrauch für die Jugend‹, eine Reihe von Sentenzen wie:

»In Prüfungen stellen die Dummen Fragen, die der Kluge nicht beantworten kann.«

Und

»Sich selbst zu lieben, ist der Beginn einer lebenslangen Romanze.«[40]

Sie erhielten einen Ehrenplatz in der ersten Nummer von *The Chameleon*, die am 1. Dezember erschien. Der Umschlag war grün.

Der Inhalt hingegen weckt Assoziationen an die Farbe Blau. ›Two Loves‹, das zu Douglas' bekanntesten Gedichten gehört; ›The Shadow of the End‹, das Prosagedicht eines Lehrers, der, wie manche fanden, besser kein Lehrer geworden wäre;[41] ›Love in Oxford,‹ ›At Dawn‹ und ›Les Décadents‹, ein Trinklied, in dem das Glas auf »alte Sünden« gehoben wird – all diese Beiträge standen im Zeichen des Uranismus. »Es wäre sehr traurig«, beschloss Lionel Johnson seinen geistreichen Essay mit dem Titel

›On the Appreciation of Trifles‹ (etwa: Zur Würdigung von Kleinigkeiten), »es wäre sehr traurig, wenn niemand mehr übrig bleiben würde, den man schockieren könnte.«[42]

Der *To-Day*-Rezensent *war* schockiert. Er zog dermaßen vom Leder, dass Bloxam sich gezwungen sah, die Zeitschrift einzustellen.

Stein des Anstoßes war insbesondere ›The Priest and the Acolyte‹ (Der Priester und der Messnerknabe). Hauptperson dieser anonymen Erzählung ist ein junger Kaplan, der im Beichtstuhl den Wunsch äußert, von seinen Gemeindemitgliedern endlich einmal weniger abgedroschene Sünden zu hören, und der sich anschließend in seinen vierzehnjährigen Messdiener verliebt. Dieser besucht ihn jede Nacht und schenkt ihm »das berauschende Entzücken zarter Knabenküsse auf seinen Lippen«; als ihre Romanze ans Licht kommt, zelebriert der Priester »für die Ruhe unserer Seelen« eine Messe, in der die Geliebten den vergifteten Messwein leeren.[43]

Dieses blasphemische Machwerk, der Fantasie von Bloxam[44] entsprungen (einem zukünftigen Vikar notabene), sollte einige Monate später ausführlich zur Sprache kommen, als Wilde von Queensberrys Verteidiger ausgefragt wurde. Seine Verbindung zu einem Blatt wie *The Chameleon* war für ihn, dem man vorwarf, die Jugend zu verderben, nicht gerade hilfreich. Dass er einwandte, vom Erscheinen dieses Textes nichts gewusst zu haben, dass er ihn als »wertlos und unanständig« bezeichnete, dass er vorgab, den Redakteur ermahnt zu haben, die Zeitschrift sofort aus dem Handel zu ziehen, nachdem er, Wilde, ihn zu Gesicht bekommen habe,[45] – das alles ist begreiflich. Im Gerichtssaal verschwieg Wilde, dass er Bloxams Erzählung mit Vergnügen gelesen und den Verfasser zur Publikation gedrängt hatte, auch nachdem ein vorsichtiger Freund nachdrücklich davon abgeraten hatte;[46] es ist auch nachvollziehbar, warum er verschwieg, dass er Ada Leverson gebeten hatte, etwas für die nächste Nummer zu schreiben.[47] Aber dass er in *De Profundis* ausschließlich Bosie für den Vorfall verantwortlich macht, ist kindisch.

»Eines Tages kommst Du zu mir und erbittest von mir als ganz persönlichen Gefallen, ich möge etwas für eine Oxforder Studentenzeitschrift schreiben, die ein Freund von Dir gründen wolle, von dem ich nie im Leben gehört hatte und nicht das Mindeste wusste. Dir zu Gefallen − was habe ich Dir zu Gefallen nicht alles getan? − schickte ich ihm eine Seite Aphorismen, die ursprünglich für die *Saturday Review* bestimmt waren. Ein paar Monate später finde ich mich auf der Anklagebank von Old Bailey dank des Rufes der Zeitschrift, die als Belastungsmaterial gegen mich dient.«[48]

Wilde schenkte der Aufregung um *The Chameleon* wahrscheinlich wenig Beachtung, denn die Proben für sein neues Theaterstück *An Ideal Husband* nahmen ihn völlig in Anspruch. Es wurde am 3. Januar 1895 uraufgeführt und war ein großer Erfolg. »Oscar Wilde ist in Mode«, schrieb ein Rezensent.[49]

Der Künstler war auf dem Gipfel des Ruhms angelangt. Er genoss das Leben in vollen Zügen und schien nichts von der dramatischen Wendung zu ahnen, die es bald nehmen sollte. Doch der bereits oben erwähnte vorsichtige Freund − George Ives − vertraute am ersten Tag des neuen Jahres seine düsteren Vorahnungen seinem Tagebuch an. »Wenn man aus ihrer Gesellschaft kommt«, notierte er, wobei er Oscar und Bosie meinte, »fällt es schwer, mit gewöhnlichen Menschen zu verkehren, denn sie besitzen einen seltenen und wundervollen Charme. Ich wollte, sie wären weniger extravagant, realistischer. Sie sind so begabt und so nett… Trotzdem fühle ich, dass sich ein Unwetter zusammenbraut.«[50]

Wilde verbrachte einige Wochen mit Bosie in Algerien und widmete sich nach seiner Rückkehr den Proben zu seiner Komödie *The Importance of Being Earnest (Ernst sein ist alles)*. Überall in London hingen Plakate, welche die Premiere ankündigten. Auch Queensberry hatte sich eine Eintrittskarte besorgt. Und ein Gemüsebukett. Er hatte die Absicht, es Wilde ins Gesicht zu schleudern, sobald dieser nach dem letzten Akt vor die Rampe treten würde, um die Ovationen in Empfang zu nehmen. Sein Plan sprach sich jedoch herum, und als der Marquess sich am Abend des vierzehnten Februar vor dem Theater einfand, versperrten ihm bei allen Eingängen Polizisten den Weg. Drei Stunden lang, während die Crème de la Crème der Gesellschaft Wildes bestes Theaterstück genoss, versuchte ›Q‹ inmitten eines eisigen Schneesturms vergebens, sich Zutritt zu verschaffen. Dann zog er wutschnaubend ab. Trotz dieser Niederlage war er weiterhin fest entschlossen, den Mann, den er hasste, zugrunde zu richten.

Am achtundzwanzigsten desselben Monats händigte der Portier des Albemarle-Klubs Wilde eine Visitenkarte aus, die Queensberry einige Tage zuvor für ihn hinterlassen hatte.»For Oscar Wilde posing as a somdomite«, stand darauf. Trotz des Rechtschreibfehlers im letzten Wort war die Bedeutung unmissverständlich.[51] Es war eine Herausforderung; und Wilde beging den Fehler, sie anzunehmen. Er klagte seinen Peiniger wegen Verleumdung an.

KAPITEL III

1

Selten wohl hat jemand seine eigene Verhaftung so sehr herbeigesehnt wie der Marquess of Queensberry die Seine. Sie erfolgte
am 2. März 1895 auf Antrag von Oscar Wilde. Endlich hatte
Bosies Vater sein Ziel erreicht: Der Freund seines Sohnes war in
die Falle gegangen.

Dass Wilde nie und nimmer gegen den schottischen Peer und
Boxsport-Experten hätte prozessieren dürfen, steht außer Frage.
In *De Profundis* machte er Douglas und nur ihn für diesen verhängnisvollen Schritt verantwortlich: Seine Einflüsterungen
hätten bewirkt, dass er entgegen den Ratschlägen seiner Freunde Queensberrys Fehdehandschuh aufgenommen habe. Wildes
Zuchthaus-Brief hat das Bild von Douglas als seinem ›bösen
Genius‹ entscheidend geprägt und seitdem Eingang in die Lite-
raturgeschichtsschreibung gefunden, doch niemand hat den Stab
über Douglas lustvoller und boshafter gebrochen als Michel van
der Plas. Ihm zufolge besaß Bosie »eine zerstörerische Natur, wie
ein Blutsauger, ein Parasit und Profiteur«, er war ein »Luftikus«,
dessen Schuld am Untergang des großen Schriftstellers darin
bestand, dass er, »aus dem perversen Verlangen heraus, seinem
Vater den Gnadenstoß zu versetzen, einen Prozess heraufbe-
schwor, in dem Wilde als Ankläger auftreten und in dem er
selbst, der schöne, junge Freund, außer Schussweite bleiben
würde«. Douglas habe »seinen verehrten Meister Oscar Wilde«
benutzt, er habe die Familienfehde mit seinem Vater auf dem

Rücken des Schriftstellers ausgetragen,»dem er alles außer seinem guten Aussehen zu verdanken hatte«.[1]

Diese Argumentation strotzt von Ungereimtheiten. Wenn van der Plas schreibt, für Douglas sei das, was er als »unsere Sache« bezeichnete, genau genommen seine persönliche Fehde mit seinem Vater gewesen[2], übersieht er die Tatsache, dass es Queensberrys hartnäckige Hetze *gegen Wilde* war, die Letzteren schließlich veranlasste, den Schutz des Gesetzes zu suchen. Der Marquess hatte ihn in Briefen an seinen Sohn immer wieder beschimpft und beleidigt. Er hatte in den Clubs und Restaurants, die die beiden aufzusuchen pflegten, Szenen gemacht, und im Juni 1894 hatte er Wilde sogar einen unangemeldeten Besuch abgestattet (in Gesellschaft eines breitschultrigen Leibwächters, hieß es) und ihn in unflätiger Weise der Unzucht bezichtigt. Wie sehr all dies an Wildes Nerven zerrte, geht aus seiner Korrespondenz hervor. »Es ist unerträglich, auf Schritt und Tritt von einem Verrückten verfolgt zu werden«, schrieb er Bosie[3], und nachdem er Queensberrys »Sodomiten«-Karte erhalten hatte, ließ er Robert Ross wissen: »Ich sehe jetzt keinen anderen Ausweg mehr als eine Strafverfolgung. Mein ganzes Leben scheint dieser Mensch zu zerstören. Der Abschaum überfällt den Elfenbeinturm.«[4]

Damit ist selbstverständlich nicht gesagt, dass Douglas mit dem Konflikt zwischen seinem Freund und seinem Vater nichts zu tun hatte, im Gegenteil. Bedauerlich war nur, dass weder er noch sein berühmter Freund Queensberrys wahre Motive durchschauten. Ja, der Marquess selbst wird sich ebenso wenig darüber im Klaren gewesen sein, dass *Neid* seinem Feldzug gegen Wilde zugrunde lag.

Queensberrys Situation weist frappante Parallelen zu einer Gestalt aus Wildes *Florentine Tragedy* (1894) auf, nämlich dem grantigen Kaufmann Simone, der seine Frau erst dann zu schätzen weiß, als sie ein Verhältnis mit Prinz Guido anfängt, einem Musterexemplar der *Jeunesse dorée*, auf den er rasend eifersüchtig wird. Ebenso wurde Queensberrys schlummernde Liebe zu seinem Sohn – den er zutiefst zu verachten glaubte – bezeichnenderweise erst dann geweckt, als ein Außenstehender auf der Bildfläche erschien: Oscar Wilde, der berühmte Dichter, in dessen Gesellschaft Bosie so gerne verkehrte; Oscar Wilde, von dessen Charme sich der Marquess seinerzeit persönlich im Café Royal hatte überzeugen können. Seine anfängliche Bewunderung war kurz darauf, wie wir sahen, in eine fast pathologische Abneigung umgeschlagen. Woher rührte diese Kehrtwendung? Die Antwort auf diese Frage lautet, so scheint es, dass Queensberry – sozusagen bei näherer Betrachtung – in Wilde einen *Rivalen* sah und ihn dementsprechend behandelte. *You love to hate the one who loves the one you hate to love but love.*

Im oben erwähnten Theaterstück erwürgt der Kaufmann schließlich den Prinzen mit den bloßen Händen. Queensberry ging subtiler vor: Indem er Wilde provozierte, ihn zu verklagen, erreichte er, dass sein Gegner sich sein eigenes Grab grub.

Douglas hat nie abgestritten, Wilde in seinem Vorhaben, einen Prozess gegen ›Q‹ anzustrengen, bestärkt zu haben, aber es steht wohl außer Zweifel, dass Wilde sich auch ohne Drängen seines Freundes in einen Prozess gestürzt hätte.

Es ist eine wenig bekannte Tatsache – in *De Profundis* findet sie keine Erwähnung –, dass Wilde nach der Premiere von *The Importance of Being Earnest* am 14. Februar 1895 Queensberry wegen dessen Versuch, die Aufführung zu stören, verhaften lassen wollte. Bosie wusste davon nichts; er hielt sich zu dieser Zeit immer noch in Algerien auf (»gefangen in den Fesseln der Begierde nach einem süßmundigen Burschen namens Ali«)[5] und war erst Hals über Kopf zurückgekehrt, nachdem ihn sein Bruder vom Verhalten des Vaters benachrichtigt hatte. »Ich wollte nicht, dass Du davon erfährst«, schrieb Wilde in einem Brief, der Douglas in Paris erwartete. »Percy sagte mir nichts von seinem Telegramm an Dich. Deine Jagd durch Europa hat mich zutiefst gerührt. Ich für meine Person hatte beschlossen, dass Du nichts erfahren solltest. Jetzt weiß ich, dass Dein Name nicht hereingezogen und alles gut werden wird.«[6]

Als Wilde diesen Brief schrieb, war er der Meinung, es würde ihm gelingen, den Marquess bis zum Prozessanfang hinter Schloss und Riegel zu bringen – aber seine Anwälte gelangten nach einigen Tagen zu dem Schluss, dass dies aussichtslos sei, da sowohl der Leiter des Theaters wie seine Mitarbeiter nicht bereit waren, als Zeugen auszusagen.[7] Was Wilde brauchte, war ein konkreter Beweis für Queensberrys Rufmordkampagne. Nun denn, er wurde ihm prompt geliefert.

Wilde informierte Douglas erst über Queensberrys nächsten Schachzug – die beleidigende Karte – und seine Reaktion darauf – ein erneuter Besuch des Anwaltbüros Humphreys, Son & Kershaw, gemeinsam mit Robert Ross –, nachdem der Haftbefehl gegen den Marquess ausgestellt worden war. Douglas begrüßte Wildes Entscheidung von ganzem Herzen, wunderte sich jedoch darüber, dass Wilde sich an Humphreys, Son & Kershaw gewandt hatte. Warum habe Oscar nicht seinen alten Freund, Sir George Lewis von der Anwaltsfirma Lewis & Lewis konsultiert? Diese Frage, auf die wir später noch zurückkommen werden, war nur zu berechtigt.

Queensberry führte indes zu seiner Verteidigung an, dass er Wilde »im Interesse des Allgemeinwohls« beleidigt habe. Um den Prozess zu gewinnen, musste er beweisen, dass Wilde »als ein Sodomit posiert« hatte. Dem englischen Recht entsprechend wurden die Rechtfertigungsgründe schriftlich niedergelegt (die so genannte *plea of justification*) und dem Anwalt der Gegenpartei übergeben.

Während der ersten Vernehmung am 9. März schienen Queensberrys Beweise recht dürftig. Er verfügte über zwei Briefe Wildes an seinen Sohn, die ihm professionelle Erpresser in die Hände gespielt hatten; außerdem beabsichtigte er, Wilde über dessen Beitrag in *The Chameleon* und über die vermeintliche Immoralität von *Dorian Gray* ins Kreuzverhör nehmen zu lassen. Dem Prozess, der auf den 3. April festgesetzt worden war, sahen Wilde und Douglas zuversichtlich entgegen. Der Geschäftsmann Ernest Leverson hatte 500 Pfund vorgeschossen, um die ersten Unkosten zu decken, und Douglas selbst war es gelungen, noch einmal 360 Pfund zusammenzukratzen; unklugerweise meinten die beiden Freunde, einen Teil davon für einen kurzen Urlaub in Monte Carlo ausgeben zu müssen.

Während sich beide in Frankreich amüsierten, blieb der gegen Kaution freigelassene Marquess nicht untätig. Er heuerte ein paar Privatdetektive, ehemalige Polizisten, an, die zusätzliches Beweismaterial auftreiben sollten. Sie kamen schon bald einigen Strichjungen auf die Spur, denen man zu verstehen gab, sie würden im Gefängnis landen, wenn sie sich weigerten, gegen Wilde auszusagen. Die Spürhunde schreckten auch vor flagranten Gesetzesbrüchen nicht zurück. So verschafften sie sich Zugang zur Wohnung von Alfred Taylor, einem Zuhälter, und nahmen belastende Korrespondenz mit.

Nach ihrer Rückkehr fanden Oscar und Bosie in der Anwaltskanzlei von Humphreys, Son & Kershaw die revidierte Verteidigungsschrift der Gegenpartei vor, in der nicht weniger als zehn von Wilde »durch widernatürliche Laster korrumpierte Jünglinge«[8] namentlich aufgeführt wurden. Zu diesem Zeitpunkt hätte Wilde einsehen müssen, dass der Prozess nicht zu gewinnen war. Seine Freunde taten ihr Äußerstes, ihn davon zu überzeugen. Frank Harris, Chefredakteur der *Saturday Review*, beschwor ihn, das Land zu verlassen. Aber sowohl Wilde als auch Douglas waren wie mit Blindheit geschlagen.

Douglas' Optimismus gründete sich auf die Überzeugung, er brauche, um der Verteidigung allen Wind aus den Segeln zu nehmen, nur auf der Zeugenbank den wahren Charakter seines Vaters aufzudecken. Er wollte den Geschworenen zwei Dinge deutlich machen: dass ein Wüstling wie der Marquess wohl am allerwenigsten das Recht habe, einen anderen der Unsittlichkeit zu zeihen; und dass Queensberry keineswegs der besorgte Vater sei, dem das Wohl seines Sohns am Herzen liege, sondern ein Misanthrop reinsten Wassers, der nur ein Ziel verfolge, nämlich seinen Sohn zu demütigen und die Karriere seines besten Freundes zu zerstören. Diese Enthüllungen, so meinte Douglas, würden Wilde unweigerlich zum Sieg verhelfen. Er brannte darauf, als Zeuge vorgeladen zu werden; van der Plas' Bemerkung, Douglas sei davon ausgegangen, er würde im Gerichtsverfahren »nicht in die Schusslinie geraten«, ist daher völlig aus der Luft gegriffen, ebenso wie seine Vermutung, er habe »eigentlich schon von vornherein gewusst, dass Wilde den Prozess verlieren würde«.[9] Douglas verstand von Rechtsprechung so gut wie nichts. Er war vierundzwanzig Jahre alt und nicht in der Lage, die Situation richtig einzuschätzen.

Vom vierzigjährigen Wilde hingegen hätte man mehr gesunden Menschenverstand erwarten dürfen. Er hatte seinerzeit mehreren Sitzungen des Aufsehen erregenden Parnell-Prozesses beigewohnt, er hätte wissen müssen, dass eine Gerichtsverhandlung kein Kinderspiel war. Warum weigerte er sich dann so hartnäckig, die Verleumdungsklage gegen Queensberry zurückzuziehen?

Um diese Frage beantworten zu können, muss man, wie Hesketh Pearson bemerkt[10], Wildes Charakter analysieren; und eine solche Analyse zeigt, dass Wildes Einstellung zu dem Prozess zwiespältig war. Einerseits stand für ihn fest, dass er ihn gewinnen, andererseits war er sich sicher, dass er ihn verlieren würde. Das Paradoxe ist nun, dass *beide* Standpunkte ihn nötigten, sich nicht von Queensberry ins Bockshorn jagen zu lassen.

Der literarische und gesellschaftliche Erfolg war Wilde zu Kopf gestiegen, er unterschätzte das Risiko, das er einging. Er war ein gefeierter Schriftsteller, dessen Komödien mit großem

Erfolg aufgeführt wurden; der Kronprinz und der Premierminister hatten den Premieren beigewohnt und sich herabgelassen, ihn zu seinem Werk zu beglückwünschen – oder, besser gesagt, er hatte sich herabgelassen, ihre Gratulationen in Empfang zu nehmen. Als Liebling der Upperclass war er (so glaubte er) unverwundbar, unangreifbar; was also hatte er von Queensberry zu befürchten? Musste er, Oscar Wilde, der Sprachvirtuose, sich wirklich um ein Subjekt bekümmern, das seine Beleidigungen nicht einmal fehlerfrei zu formulieren verstand? Die Vorstellung, er könne gegen einen solch ungebildeten Menschen den Kürzeren ziehen, war in seinen Augen lächerlich.

Gleichzeitig war Wilde sich durchaus darüber im Klaren, dass er auf seinen Untergang zusteuerte. Er war nicht nur Theaterschriftsteller, sondern auch und vor allem Schauspieler. Er sah sich selbst als Symbolfigur[11], als Protagonist in einem packenden Drama – einem Drama, das ohne Katastrophe unvollständig wäre. Aus *De Profundis* spricht die Faszination, die Christus auf ihn ausübte: Er betrachtete ihn als einen Künstler[12] und sich selbst als einen zweiten Messias. Die Beifallsrufe nach seinen Premieren waren seine Hosiannarufe gewesen. Nun war die Zeit für sein Golgatha gekommen.[13]

Falls »das Unheilvolle der Freundschaft [zwischen Wilde und Douglas]« in der Tatsache begründet war, »dass einer von beiden […] den anderen zugrunde richten wollte[14]«, dann war es nicht Douglas, wie Michel van der Plas behauptet. Welchen Grund hätte er gehabt? Wilde *selbst* war fest entschlossen, sich wie ein Lemming ins Meer zu stürzen. Es entsprach seinem Wesen. »Manchmal denke ich, das Leben des Künstlers sei ein langer und süßer Selbstmord, und ich bedaure es nicht«, hatte er einmal einem Bewunderer geschrieben.[15]

So erklärt sich auch, warum Wilde sich nicht von seinem Freund Sir George Lewis vertreten ließ, sondern von der Anwaltskanzlei Humphreys, Son & Kershaw. »Lewis«, so Wilde,

»weiß alles von uns – und verzeiht uns allen.«[16] Lewis hätte ihm vorgehalten, dass eine Anklage gegen Queensberry einem Selbstmord gleichkäme; er hätte, so erklärte er Wilde später, als dieser ihn konsultierte, die verhängnisvolle Karte unverzüglich ins Kaminfeuer geworfen. Wilde wusste das und wandte sich daher an Humphreys, der über sein Privatleben nicht unterrichtet war. Sir Edward Clarke, den Humphreys ersucht hatte, Wilde vor Gericht zu vertreten, erklärte sich dazu nur unter der Bedingung bereit, dass Mr. Wilde ihm sein Ehrenwort gab, dass die Vorwürfe vollkommen unbegründet seien. Wilde erhob sich und beteuerte feierlich seine Unschuld.

In den Tagen, die dem Prozess vorausgingen, versuchte Wilde seine besorgten Freunde und seine Frau mit der Mitteilung aufzumuntern, er habe mit Bosie eine Mrs. Robinson aufgesucht, eine Hellseherin, die ihnen schon einige Monate zuvor sehr zutreffend eine weite Reise vorhergesagt hatte. Doch »die Sybille aus der Mortimer Street«, wie der Autor sie nannte, irrte sich diesmal gründlich, als sie ihm am 25. März »einen vollständigen Triumph« prophezeite. Aber die Weissagung bestärkte den abergläubischen Wilde nur in seinem Entschluss, sich nicht aus dem Staub zu machen. Damit nahm das Schicksal seinen Lauf.

2

Die Zuschauerbänke im Old Bailey – dem berühmten Gerichtshof, in dem die Verhandlung Wilde gegen Queensberry am 3. April begann – waren bis auf den letzten Platz gefüllt, als die Hauptakteure den Saal betraten. Damen war der Zutritt verweigert worden; man hielt sie für zu zart besaitet für einen solchen Prozess.

Kläger und Angeklagter bildeten einen eigentümlichen Kontrast. Wilde war sehr sorgfältig gekleidet; im Knopfloch steckte eine Blume. Der Marquess sah aus »wie ein Stallbursche«[17] und kaute ständig an seiner Hutkrempe, eine Angewohnheit, die Wilde zunehmend auf die Nerven ging. In *De Profundis* sollte er später von Queensberrys »bestialischem Grinsen« und seiner »äffischen Fratze« schreiben[18]; Queensberry seinerseits entdeckte eine frappante Ähnlichkeit zwischen seinem Widersacher und einem Iguanodon, einem Pflanzen fressenden Dinosaurier von gewaltigen Ausmaßen, von dem kurz zuvor eine Abbildung in *The Illustrated London News* erschienen war.[19]

Nachdem die Anklage verlesen worden war, wurde der Marquess gefragt, ob er sich schuldig oder unschuldig bekenne.

»Unschuldig«, antwortete Queensberry, während er Wilde einen Blick voller Verachtung zuwarf.

Daraufhin ergriff zunächst Sir Edward Clarke das Wort. Der Ton seines einleitenden Plädoyers war gemäßigt – viel zu gemäßigt, fand Douglas, der eine heftige Attacke auf seinen Vater erwartet hatte. Clarke rekapitulierte zunächst die Vorgeschichte der Verhandlung. Die Beleidigung auf Queensberrys Karte – Mr. Wilde posiere als Sodomit – nannte er *so* ungeheuerlich, dass sein Mandant sie unmöglich habe ignorieren können. Die Verteidigungsschrift des Angeklagten gehe sogar noch einen Schritt weiter; dem Kläger werde vorgeworfen, er habe sich tatsächlich widernatürlicher Handlungen schuldig gemacht. Wohlan, es liege nun bei denen, die diese Beschuldigungen zu Protokoll gegeben hätten, stichhaltige Beweise hierfür zu liefern.

Um der Gegenpartei zuvorzukommen, erwähnte Sir Edward von sich aus die beiden Briefe Wildes an Douglas, die Queensberry in die Hände gefallen waren. Der Ton dieser Briefe (Clarke las einen vor, in dem der Empfänger mit Hyazinth verglichen wurde) sei recht exaltiert; aber, so trug Clarke vor, der Verfasser sei ein Dichter, seine Wortwahl poetisch. *Honni soit qui mal y pense.*

Als höchst befremdlich bezeichnete Sir Edward schließlich

den Vorwurf, in *Das Bildnis des Dorian Gray* würden Personen auftreten, deren Lebenswandel Ähnlichkeit mit dem der Bewohner von Sodom und Gomorrha aufwiese. Der Roman, belehrte Clarke die Geschworenen, sei ganz im Gegenteil eine zutiefst moralische Geschichte, in der dem Helden (dem Anti-Helden, besser gesagt) am Ende die Rechnung für seine Ausschweifungen präsentiert werde.

Im Anschluss an sein Plädoyer befragte Clarke nacheinander den Portier des Albermarle-Klubs, der Queensberrys Karte in Empfang genommen hatte, und seinen Mandanten. Wilde bestritt kategorisch jeglichen Verstoß gegen den Paragraphen 11, jenen berüchtigten Zusatz zum Strafgesetzbuch, der alle homosexuellen Kontakte unter Strafe stellte.

Nun war Queensberrys Anwalt, Edward Carson, an der Reihe. Er war Wilde nicht unbekannt; sie hatten zusammen in Dublin studiert. »Als ehemaliger Freund wird er seiner Pflicht zweifellos besonders streng nachkommen«, hatte Wilde bemerkt, nachdem er erfahren hatte, mit wem er im Gerichtssaal die Klingen kreuzen müsse.[20]

Carson war ein Gegner von Format. Bereits seine erste Frage unterminierte die Glaubwürdigkeit des Klägers. Wilde hatte Clarke gegenüber sein Alter mit neununddreißig angegeben, aber Carson war gut informiert. War der Kläger nicht vierzig? Und der Jurist hob die Kopie der Geburtsurkunde in die Höhe. Wilde musste es einräumen, und die erste Runde ging an Carson.

Die Geschworenen runzelten die Stirn. Wilde schien sich nicht darüber im Klaren zu sein, dass sein Schicksal in ihren Händen lag, dass er sie unter gar keinen Umständen gegen sich einnehmen durfte. Er gebärdete sich als großer Künstler und äußerte sich herablassend über »ungebildete Leute« – ein kapitaler Fehler, denn die Geschworenen stammten aus der Mittelschicht und konnten sich durchaus angesprochen fühlen.

Carson verweilte länger bei *The Chameleon*, Bloxams Universitätsblatt, in dem Wildes ›Phrases and Philosophies for the Use of the Young‹ erschienen waren, und bei *Das Bildnis des Dorian Gray*. Ob letzteres Werk nicht das klassische Beispiel eines unmoralischen Romans sei? Wilde zuckte die Achseln. Ihn interessiere, sagte er, nur seine eigene Kunstanschauung; dass einige Einfaltspinsel *Dorian Gray* als unsittlich betrachteten, kümmere ihn nicht.

Carson las eine Stelle vor, in der der Maler, Basil Hallward, bekennt, er habe für Dorian Gray auf eine »verrückte, extravagante, absurde Art« geschwärmt.[21] War dies nicht Ausdruck einer pervertierten Leidenschaft? Ob er, Mr. Wilde, je dergleichen Gefühle für einen jungen Mann gehegt habe? »Ich habe noch nie jemanden verehrt – außer mich selbst«, antwortete Wilde.[22] Aber der Brief an Douglas, der kurz darauf zur Sprache kam – »Du bist das göttliche Wesen, das ich brauche, das Wesen von Anmut und Schönheit«[23] –, schien das Gegenteil zu beweisen. War das nicht eine ungewöhnliche Epistel? Keinesfalls, antwortete Wilde. Höchstens in den Augen der Philister, die nicht kultiviert genug seien, um seinen poetischen Stil zu schätzen. Er konnte jedoch nicht leugnen, seinerzeit einem Erpresser für das Original (von dem es verschiedene Kopien gab) 35 Pfund gezahlt zu haben.[24]

Zu Beginn des Kreuzverhörs war Oscar Wilde sehr schlagfertig und zeigte sich Carsons Anwürfen durchaus gewachsen.

»Eisgekühlter Champagner ist eines meiner Lieblingsgetränke – ganz gegen die Anweisungen meines Arztes«, bemerkte er, als er über die Dinner befragt wurde, die er einigen Lustknaben spendiert hatte.

»Kümmern Sie sich jetzt nicht um die Anweisungen Ihres Arztes, Sir!«, rief Carson irritiert.

»Das tue ich nie«, sagte Wilde zuckersüß lächelnd und unter lautem Gelächter des Publikums.[25]

Er hätte den Titel seines berühmtesten Theaterstücks beherzigen sollen, aber der Ernst der Lage wurde ihm erst bewusst, als es zu spät war.

Am zweiten Sitzungstag fragte Carson ihn, ob er jemals einen Diener namens Walter Grainger geküsst habe.

»Du liebe Güte, nein!«, entfuhr es Wilde. »Es handelte sich um einen besonders unscheinbaren Jungen. Leider war er extrem hässlich. Er tat mir Leid.«

»Haben Sie ihn nur deswegen nicht geküsst?«, hakte Carson sofort nach.

»Also wirklich, Mr. Carson, Sie sind anmaßend und impertinent!«[26]

Doch der Anwalt ließ nicht locker und wiederholte die Frage mehrere Male. Wilde, aus der Fassung gebracht, murmelte unzusammenhängende, unverständliche Worte. Durch das Publikum ging das sprichwörtliche Raunen. Douglas, so darf man vermuten, wird beklommen zumute gewesen sein.

Die Geschworenen, die sich im ersten Teil des Prozesses nicht des Eindrucks hatten erwehren können, dass der Kläger sich weit über sie erhaben fühlte, waren äußerst erstaunt, als sich nun herausstellte, dass er regelmäßig mit Stallknechten, Laufburschen und Tagedieben verkehrte – mit Leuten somit, auf die sie als rechtschaffene Bürger herabzusehen gewohnt waren. Oscar Wilde, so war ihnen deutlich gemacht worden, hatte diese Gestalten mit Kaviar und Champagner bewirtet, hatte ihnen Geld zugesteckt und versilberte Zigarettenetuis geschenkt. Welche Gegenleistung hatten sie dafür erbringen müssen? Keine, behauptete Wilde. War der Kläger nicht durch Alfred Taylor mit diesen jungen Männern in Kontakt gekommen? Ja, das stimmte. Und was für ein Mensch war Taylor? Carson beschrieb ihn als jemanden, der ein Erbe von 45 000 Pfund zum Fenster hinausgeworfen hatte und seitdem in der Little College Street wohnte, in einem verrufenen Viertel der Stadt. Taylor werde bereits geraume Zeit von der Polizei überwacht, denn in seinem Haus (ein wahres Bordell, meine Herren!) spielten sich Dinge ab, die das Tageslicht nicht vertrügen. Weshalb die Vorhänge dort auch immer geschlossen seien. Hier würden Begegnungen zwischen arbeitslosen Jünglingen und älteren Männern arrangiert, die bereit seien, einen Batzen Geld für die Befriedigung ihrer unnatürlichen Lüste auszugeben. Und dieser Taylor, der Weihrauch in seinen Zimmern entzünde, der ein *Kleid* im Schrank hängen habe, dieser Taylor, der mit seinem Lebenswandel seine Zimmerwirtin zur Verzweiflung brachte, gehöre zu den Vertrauten von Oscar Wilde! *Sage mir, mit wem du umgehst, und ich sage dir, wer du bist!* Carsons Rhetorik verfehlte ihren Eindruck auf die Geschworenen nicht. Er kündigte eine weitere Überraschung an: In einem Nebenzimmer befänden sich einige junge Burschen, die er als Zeugen aufrufen werde und die dem Gericht berichten würden, welchen Umständen sie ihre versilberten Zigarettenetuis zu verdanken hätten.

Im Gerichtssaal war die Spannung nun mit Händen zu greifen. Als die Sitzung gegen Ende des Nachmittags vertagt wurde, erkannte Sir Edward, dass sein Mandant verloren war und dass ihnen nichts anderes übrig blieb, als die Klage gegen Queensberry zurückzuziehen.

Wilde, dem diese Einsicht am nächsten Morgen vorgelegt wurde, verließ sich vollständig auf seinen Anwalt. Ein Assistent der Kanzlei wollte die Flinte jedoch noch nicht ins Korn werfen und wies darauf hin, dass Carsons Zeugen Kriminelle und Erpresser seien, die man möglicherweise in Misskredit bringen könnte. Doch Clarke schätzte die Lage richtig ein, und seine Stimme gab den Ausschlag.

Im Gerichtssaal setzte Carson seine Ausführungen inzwischen fort. Er sprach von der »*schändlichen Unverfrorenheit*« des Klägers, der einen Zeitungsjungen in einen Anzug hatte kleiden lassen, wie sie sonst nur junge Herren der Oberschicht trügen (»Hat jemand je vor einem Gericht eine unverschämtere Geschichte eingestanden?«[27]), als Sir Edward hereintrat und seinen Kollegen an der Robe zog. In gedämpftem Ton wechselten die beiden einige Worte, woraufhin Carson Platz nahm und Clarke eine Erklärung verlas. Mr. Wilde sehe von weiterer gerichtlicher Verfolgung gegen Lord Queensberry ab und gebe zu – was *The Picture of Dorian Gray*, seinen Beitrag in *The Chameleon* und seine Briefe an Lord Alfred Douglas betreffe –, als ein ›Sodomit‹ posiert zu haben. Die Geschworenen berieten sich, ohne ihre Plätze zu verlassen. Ihr Freispruch, der niemanden überraschte, wurde von den Zuschauern mit großem Beifall aufgenommen.

Wilde und Douglas verließen Old Bailey durch eine Seitentür. Douglas nahm es Sir Edward sehr übel, dass er ihn nicht als Zeugen aufgerufen hatte; er war felsenfest davon überzeugt – und sollte es bis an sein Lebensende bleiben –, dass er das Blatt hätte wenden können, wenn er den wahren Charakter seines Vaters hätte bloßlegen können. Aber das war ein Trugschluss. Enthüllungen über Queensberry waren völlig irrelevant und hätten die Beweise, die gegen Wilde zusammengetragen worden waren, in keiner Weise widerlegt. Tatsache ist jedoch, dass Douglas der Einzige war, der öffentlich für Wilde in die Bresche springen wollte; Freunde wie Frank Harris (den Wilde gebeten hatte, zu bezeugen, dass *Dorian Gray* kein unmoralisches Buch sei) hatten sich allesamt gedrückt.

Allen Beteiligten war klar, dass Wildes Verhaftung bevorstand. Während eines Lunch im Holburg Viaduct Restaurant (ihr Appetit wird nicht groß gewesen sein) und später im Cadogan Hotel, wo Douglas Zimmer gemietet hatte, versuchten Bosie, Reginald Turner und Robert Ross, Oscar Wilde zur Flucht zu bewegen. Auch Wildes Frau Constance hoffte, ihr Mann würde das Land verlassen. Aber er war keiner Vernunft zugänglich, trank ein Glas Wein nach dem anderen, starrte apathisch ins

Kaminfeuer und murmelte, die Fähre sei bereits abgefahren. Und die Zeit verstrich.

Douglas konnte diese Spannung nicht länger ertragen und begab sich kurz vor fünf zum Westminster Palace, um sich bei einem Vetter, der Parlamentsabgeordneter war, zu erkundigen, ob Wilde tatsächlich unter Anklage gestellt würde. Der Vetter hatte mit dem Kronanwalt gesprochen und wusste daher, dass bereits ein Haftbefehl ausgestellt worden sei und dass …

»Sloane Street!«, rief Douglas kurz darauf, während er in die Droschke sprang, die auf ihn wartete, und so schnell wie möglich fuhr der Kutscher zurück zum Hotel. Doch als Douglas, dort angekommen, die Treppe hinaufstürzte und außer Atem das Zimmer betrat, traf er dort niemanden mehr an. Sein Intimus war von Scotland-Yard-Beamten abgeführt worden.

KAPITEL IV

Man kann die Reaktion der Presse und der öffentlichen Meinung auf Wildes Verhaftung ohne Übertreibung mit der Raserei vergleichen, die einen Schwarm Haie befällt, wenn er Blut wittert. *Kill the bugger!* – Machen Sie den Sittenstrolch fertig! hieß es in einem Telegramm an Queensberry[1], und das war der Tenor der meisten Leitartikel in den Abendzeitungen. Von den Journalisten brauchte Wilde kein Mitleid zu erwarten, er hatte sich stets mit Geringschätzung über ihr Metier ausgelassen und sich zahlreiche Feinde gemacht, die jetzt den »Hohepriester der *décadence*« (wie er in einer Zeitung genannt wurde[2]) in allen Tonarten verfluchten. Hinter der Maske moralischer Entrüstung lachte die Schadenfreude. Der *National Observer* etwa meinte, eine amtliche Leichenschau sei einem weiteren Prozess vorzuziehen[3], während eine andere Zeitung eine fiktive Beschreibung von Wildes erster Nacht hinter Gittern veröffentlichte – der Häftling, von Schlaflosigkeit geplagt, geht in seiner kleinen Zelle auf und ab wie ein Tier im Käfig.[4] Einmal hatte Wilde die Presse als das moderne Äquivalent der mittelalterlichen Folter charakterisiert[5]; die Wahrheit dieser Worte zeigte sich nun in vollem Umfang.

Douglas begab sich auf die Polizeiwache in der Bow Street, wohin man Wilde gebracht hatte[6], und erfuhr dort, dass mehrere Personen für Wilde bürgen müssten, bevor man überhaupt in Erwägung ziehe, ihn auf Kaution freizulassen. Noch am selben Abend wandte sich Douglas an die Direktoren der Theaterhäuser, in denen Wildes Komödien aufgeführt worden waren. Sie hatten von den Erfolgen der Stücke profitiert, waren aber jetzt aus Angst, sich zu kompromittieren, nicht bereit, dem Autor unter die Arme zu greifen. Wie sagte doch Mrs. Cheveley in *An Ideal Husband (Ein idealer Gatte)* so treffend? »Früher wurde ein Mann durch Skandale erst attraktiv oder zumindest interessant – heute brechen sie ihm das Genick. Und Ihr Skandal ist besonders hässlich.«[7]

Was Douglas betraf, so wurde seine Lage immer prekärer. Sein Name wurde in einem Atemzug mit dem Oscar Wildes genannt, die Presse zog Tag für Tag über ihn her. Da das Gerücht zirkulierte, auch seine Verhaftung stehe kurz bevor[8], wurde er von allen Seiten bedrängt, dem Beispiel von Robert Ross[9] und anderen Freunden Wildes zu folgen und sich ins Ausland abzusetzen. Lady Queensberry beschwor ihren Sohn, ein für alle Mal mit »diesem Mann« zu brechen, vor dem sie ihn schon so oft gewarnt habe; sie ermahnte ihn, »vernünftig« zu sein, an seine Zukunft zu denken und die Koffer zu packen. Aber Douglas weigerte sich, das sinkende Schiff zu verlassen. »Er ist in dieser Hinsicht völlig unzurechnungsfähig«, seufzte ein Vetter.[10]

Bis zum Beginn des Prozesses wurde Wilde in das Holloway-Gefängnis verlegt, und in den darauf folgenden Wochen besuchte ihn außer seinem Anwalt täglich nur eine Person: Lord Alfred Bruce Douglas. Nicht mehr als fünfzehn Minuten war ihnen vergönnt, miteinander zu sprechen – soweit sie sich überhaupt verständlich machen konnten, denn das Stimmengewirr von Besuchern und Häftlingen, die durch einen etwa einen Meter breiten Korridor voneinander getrennt waren, schwoll zu einer Kakophonie an, die ein normales Gespräch, zumal für den schwerhörigen Wilde, nahezu unmöglich machte. Es waren jedoch diese kurzen Besuche seines Freundes, die ihn in dieser Zeit aufrecht hielten, wie aus seinen Briefen an Ada Leverson und anderen hervorgeht. Am 9. April schreibt er: »Nicht dass ich wirklich allein wäre. Eine schlanke Gestalt, goldhaarig wie ein Engel, steht mir immer zur Seite. Ihre Gegenwart beschirmt mich. Sie regt sich im Dunkel wie eine weiße Blume.«[11] Am 15. April:»Manchmal ist das Sonnenlicht in meiner Zelle, und jeden Tag kommt jemand, der Liebe heißt, mich besuchen und vergießt so viele Tränen durch die Gitterstäbe, dass ich derjenige bin, der trösten muss.«[12] Und am 23. April:»Ich weiß nicht, was ich tun soll. Meine Lebenskraft scheint mich verlassen zu haben. Ich fühle mich in einem schrecklichen Netz gefangen. Ich weiß nicht mehr aus noch ein. Ich trage es leichter, wenn ich daran denke, dass er an mich denkt. Ich denke an nichts anderes.«[12]

Sir Edward Clarke dachte an den Prozess seines Mandanten. Er war, obwohl ihn Wilde mit der Versicherung, unschuldig zu sein, hinters Licht geführt hatte, großzügig bereit, seine Verteidigung zu übernehmen – auch ohne Honorar. Denn der Dichter, dessen bewegliche Habe zwangsversteigert worden war, war so gut wie mittellos. Clarke stellte jedoch *eine* Bedingung: Douglas müsse das Land verlassen. Mit Müh und Not gelang es Wilde, seinen Freund von der Notwendigkeit dieses Schritts zu überzeugen. Nach einem herzzerreißenden Abschied bestieg Bosie am 24. April unter Protest das Schiff nach Calais.

Zwei Tage später begann der zweite Akt eines, wie sich herausstellen sollte, dreiaktigen gerichtlichen Dramas. Wilde, der einen erschöpften Eindruck machte, stand auf der Anklagebank neben Alfred Taylor, der sich mannhaft geweigert hatte, gegen Zusicherung von Straffreiheit gegen Wilde auszusagen.

Ihr Gegner als Vertreter der Anklage war Charles Gill. In der Vergangenheit hatte er sich hauptsächlich auf die Verteidigung von Vergewaltigern verlegt, war aber zur Staatsanwaltschaft gewechselt, nachdem es ihm infolge der besseren Beleuchtung öffentlicher Parkanlagen immer schwerer fiel, Freispruch für seine Klienten zu erreichen.[14]

Die verschiedenen Belastungszeugen, die er präsentierte, schilderten ungeschminkt, was sich im Savoy-Hotel und in Wildes Zimmern am St. James's Place abgespielt hatte. »In England«, hatte die niederländische Tageszeitung *De Telegraaf* hierzu schon früher bemerkt, »ist man in der Literatur, im Theater und im täglichen Leben von einer Prüderie, von der wir uns hier keinen Begriff machen. Im Gerichtssaal ändert sich diese Einstellung schlagartig; dann wird in England alles, aber auch buchstäblich alles vor der Öffentlichkeit ausgebreitet, dann gibt es kein Detail [...], welchen Skandals auch immer, das nicht so laut wie möglich ausposaunt wird.«[15]

Einer der von der Staatsanwaltschaft gedrillten Zeugen namens Sidney Mavor erfüllte die in ihn gesetzten Erwartungen allerdings nicht. Er hatte zuvor eine Erklärung abgegeben, die Wilde schwer belastete, aber zu Gills nicht geringer Überraschung stritt er im Zeugenstand alles ab. Er habe in der Tat mit Mr. Wilde diniert, dieser habe ihn während des Essens hin und wieder unterm Kinn gekrault und am Ohr gezogen – aber das war alles, Euer Ehren.

Exit Sidney Mavor! Der Sinneswandel dieses Zeugen war Douglas zu verdanken, der kurz nach Wildes Verhaftung auf Mavor eingeredet hatte: Ein Gentleman mit einer Public-School-Erziehung wie Sidney würde sich doch nicht auf das Niveau von Gesindel wie ★★★ und ★★★ (zwei professionelle Erpresser) herablassen? Wer hinderte ihn daran, vor dem Richter die Aussage, die er der Polizei gemacht hatte, zu widerrufen? Sidney hatte ihm dies versprochen. Und er hielt Wort.[16]

Sir Edward gelang es, die Glaubwürdigkeit noch eines weiteren Zeugen zu erschüttern, indem er ihm Meineid nachwies. Aber Gill hatte mehrere Eisen im Feuer. Ein Hotelbesitzer gab an, er habe Wilde als Gast die Tür gewiesen wegen der Männer, die er in seinen Zimmern empfing, und Hotelbedienstete sprachen von »merkwürdigen Flecken« in Wildes Bettlaken. Es sah schlecht für ihn aus.

Am vierten Prozesstag wurde Wilde wiederum über *The Chameleon* ins Kreuzverhör genommen. Dabei kam der Staatsanwalt trotz wiederholter Proteste von Clarke auch ausführlich auf Douglas' Gedichte zu sprechen, die in dieser Zeitschrift erschienen waren. Obwohl sie thematische Parallelen zum Werk von Autoren wie Theokrit, Vergil und Catull aufweisen – ganz zu schweigen von den elisabethanischen Sonetten eines Richard Barnfield –, wurden sie von Gill als »literarisches Gift« abgestempelt. Mr. Wilde werde wohl verstehen, dass vernünftig denkende Menschen ein Gedicht wie »In Praise of Shame« nicht zu goutieren vermöchten. Das sei eine Frage des persönlichen Geschmacks, erwiderte Oscar Wilde. Worauf Gill mit unverkennbarem Sarkasmus den Schluss des allegorischen »Two Loves« (Zwei Lieben) rezitierte.

Da rief ich weinend: »Süßer Knabe, sprich:
Was streifst du seufzend hier, das Aug so trübe,
Durch diese schöne Flur? Ich frage dich,
Wie ist Dein Name?« Er: »Ich bin die Liebe.«
Da fuhr der erste gleich herum: »O nein,
Der lügt«, rief er, »denn er ist ja die Schmach!
Ich bin die Liebe, dieses Reich ist mein!
Der da stahl nachts sich heimlich ein«, er sprach:
»Nur ich, die wahre Liebe, kann entflammen
Des Jünglings Herz, dass für ein Weib es brennt.«
Der andre drauf: »So sei's in Gottes Namen,
Ich bin die Lieb, die keinen Namen nennt.«

Gill forderte Wilde auf, diese Zeilen zu kommentieren. Ob man es hier mit der Verherrlichung einer sexuellen Verirrung zu tun habe? Was genau bedeute »die Liebe, die keinen Namen erkennt«? Diese Frage hatte Wilde erwartet.

»Die Liebe, die in unserem Jahrhundert ihren Namen nie zu nennen wagt«, antwortete er, »bezeichnet die große Zuneigung eines älteren für einen jüngeren Mann, eine Zuneigung, wie sie schon zwischen David und Jonathan bestand, eine Zuneigung, die Platon zur Grundlage seiner Philosophie machte und die in Michelangelos und Shakespeares Sonetten widerklingt. Diese tiefe, geistige Liebe ist ebenso rein wie die von Shakespeare und Michelangelo oder wie diese beiden Briefe von mir, so wie sie vorliegen. Sie wird in unserem Jahrhundert missverstanden, so gründlich missverstanden, dass man sie mit Fug als die ›Liebe, die sich stets verhehlt‹ bezeichnen kann; ihretwegen stehe ich nun hier. Sie ist schön, sie ist zart, sie ist die edelste Form der Zuneigung. Nichts Unnatürliches haftet ihr an. Sie ist geistig, und sie waltet immer dann, wenn der Ältere Geist besitzt und der Jüngere noch alle Freude, Hoffnung und Glorie des Lebens vor sich hat. Dass es dergleichen gibt, ist der Welt unbegreiflich. Die Welt macht sich darüber lustig und stellt manchmal einen Menschen dafür an den Pranger.«[17]

Dies war eine feurige Darstellung seiner Freundschaft zu Douglas – einer Freundschaft, die sich zu einer rein platonischen Beziehung entwickelt hatte. Aber Wilde stand nicht deswegen vor Gericht, auch wenn er selbst es behauptete, und er wurde nicht deshalb verurteilt, weil er Bosie leidenschaftliche Briefe geschrieben hatte, wie er später in *De Profundis* vorgab;[18] was man ihm zur Last legte, waren Kurzzeitaffären prosaischer Art. Er wurde zu zwei Jahren Zwangsarbeit verurteilt – mit den Worten von George Bernard Shaw – wegen seiner »elenden Ausschweifungen mit Straßenjungen«[19], Affären, die man schwerlich als ›geistig‹ bezeichnen konnte.

Wildes Worte verfehlten ihre Wirkung nicht. Die Zuschauer brachten ihm regelrecht Ovationen dar. »Da stand dieser Mann«, berichtete Max Beerbohm einem Freund, »der einen Monat im

Gefängnis verbracht hatte, der, niedergedrückt und geschlagen, mit Schmähungen überhäuft worden war, da stand er ganz gefasst und beherrschte Old Bailey mit seiner imposanten Erscheinung und wohltönenden Stimme. Wahrscheinlich hat er noch nie einen so großen Triumph erlebt.«[20]

Die Verhandlung schleppte sich dahin. Alfred Taylor wurde ins Kreuzverhör genommen; Clarke hielt sein Schlussplädoyer, anschließend sprach Taylors Verteidiger. Charles Gill forderte die Geschworenen auf, die Angeklagten für schuldig zu befinden; schließlich fasste der Richter noch einmal die wesentlichen Aussagen der Verhandlung zusammen, und die Jury zog sich zur Beratung zurück.

Hundertfünfundsechzig Minuten verstrichen.

Nachdem die zwölf Geschworenen ihre Plätze wieder eingenommen hatten, wandte sich ihr Sprecher an den Richter und erklärte, dass man nicht zu einem einstimmigen Urteil gelangt sei. Diese Uneinigkeit, zu der Wildes Rede zweifellos ihren Teil beigetragen hatte, machte ein zweites Verfahren notwendig. In der Zwischenzeit müsse, so beantragte Sir Edward, Wilde unverzüglich auf freien Fuß gestellt werden. Doch die Mühlen der Bürokratie mahlten langsam, es dauerte noch ein Woche, bis zum 7. Mai, bis Wilde das Holloway-Gefängnis verlassen durfte. Die Kaution von 5000 Pfund – eine ungeheure Summe – wurde teils von Wilde selbst, teils von Percy Douglas, Bosies Bruder, und Reverend Stewart Headlam aufgebracht. Der Geistliche wurde, nebenbei bemerkt, für seine großmütige Geste beinahe von aufgebrachten Leuten gesteinigt.

Handlanger von Queensberry verhinderten, dass Wilde in einem Hotel absteigen konnte. Sie setzten die Hoteldirektoren in Kenntnis von der Identität des Unglücklichen, worauf man diesem sofort die Tür wies. Er fand schließlich im Haus seiner Mutter Unterschlupf, doch ihre Gesellschaft und die seines Bruders Willie waren seiner Gesundheit nicht gerade förderlich.

Lady Wilde, die seit einigen Jahren alkoholabhängig war, hielt ihm vor, er würde den Namen der Familie beflecken, wenn er Reißaus nehme. Willie, gleichfalls kein Abstinenzler, brach für seinen Bruder eine Lanze, indem er überall erzählte, Oscar habe »einen guten Charakter« – keine Frau habe etwas von ihm zu befürchten. Dann gab es noch Robert Harborough Sherard, einen befreundeten Journalisten, der sich als Gast bei der Familie aufhielt. Er versuchte, Wilde dadurch aufzumuntern, dass er ihm eine Gefängnisstrafe von zwei Jahren prophezeite und ihm verriet, wie man Blausäure herstellt, falls er Selbstmord zu begehen gedenke.

Wildes erbärmliche Lage – »Er säuft den ganzen Tag und jammert nach Boasy [sic!]!«, wie der Chefredakteur des *National Observer* gehässig an einen Kollegen schrieb[21] – kam Ada und Ernest Leverson zu Ohren. Ihr Angebot, bei ihnen einzuziehen, nahm Wilde dankbar an, und unter ihrer Obhut erholte er sich zusehends. Abends beim Dinner war seine Konversation mitreißend wie eh und je. Doch über ein Thema weigerte er sich zu sprechen: die Flucht ins Ausland. Sie widerspreche seinem Ehrgefühl, meinte er. Sie würde zudem bedeuten, dass die Kaution eingezogen würde, und das könne er dem Reverend und Percy Douglas nicht antun. Letzterer hatte jedoch zugesagt, Headlams Kosten zu übernehmen, und obwohl der Verlust von 2500 Pfund ihn nahezu ruiniert hätte, drängte er Wilde, »in Gottes Namen« die Koffer zu packen. Doch der Schriftsteller nutzte die Chance – seine letzte – nicht, zur Verzweiflung von Bosie, der gehofft hatte, seinen Freund in Paris begrüßen zu können.

Während die Vorbereitungen zum dritten Prozess in vollem Gang waren, erhielt der Staatsanwalt Sir Frank Lockwood, der als Ankläger auftrat, Besuch von Edward Carson. Carson, der Wilde in der ersten Runde die Hölle heiß gemacht hatte, bat Lockwood nun, Milde walten zu lassen. Wildes Karriere sei zerstört, sein Hab und Gut unter den Hammer gekommen; ob das nicht reiche? Lockwood antwortete, ein neuer Prozess sei »unvermeidlich«.

Wurde die Staatsanwaltschaft unter Druck gesetzt, eine Verurteilung Wildes rückhaltlos durchzusetzen? Die Vermutung besteht, dass Queensberry damit gedroht hatte, im Falle eines Freispruchs den wahren Hergang des Todes seines ältesten Sohns Francis zu enthüllen. Offiziell hieß es, dieser sei am 18. Oktober 1894 bei einer Jagd ums Leben gekommen, als sein Gewehr explodierte; doch es ging das Gerücht um, er hätte wegen seiner engen, allzu engen Beziehung zu Lord Rosebery, dem damaligen Außenminister, dessen Privatsekretär er gewesen war, Selbstmord begangen.

Über den dritten Prozess können wir uns kurz fassen. Der Fall Wilde und der Fall Taylor wurden getrennt verhandelt. Alfred Taylor, dessen Wohnung schon seit einiger Zeit von der Polizei observiert worden war, wurde am 21. Mai für schuldig befunden, eine Art Männerbordell betrieben zu haben. Queensberry, sehr davon angetan, schickte seiner Schwiegertochter ein Telegramm, in dem er ihr zum Urteil gratulierte und nebenbei das Aussehen ihres Mannes Percy mit dem eines ausgegrabenen Leichnams verglich. Solche Nachrichten verschickte er öfter; sie wurden mit gemischten Gefühlen empfangen.

Der Zufall wollte es, dass Percy seinem Vater in die Arme lief, als dieser das Postamt verließ. Er bat ihn höflich, fortan das Versenden anstößiger Telegramme zu unterlassen, woraufhin der Marquess einen vulgären Laut ausstieß. Zur Überraschung der Passanten ließen Vater und Sohn die Fäuste fliegen. Einem Polizisten gelang es, die Kampfhähne zu trennen; sie wurden vor Gericht geladen und zu einer Geldstrafe verurteilt.

Die Verhandlung gegen Wilde nahm unterdessen ihren Anfang. Lockwood erkundigte sich nach Douglas' Aufenthaltsort und fragte Wilde, ob er noch Kontakt zu ihm habe. »Gewiss«, lautete die Antwort. »Diese Vorwürfe sind auf Sand gebaut. Unsere Freundschaft ist auf Fels gebaut. Es gibt keinen Grund, die Beziehung zu beenden.«[22]

Erwähnenswert ist weiter, dass einer der Geschworenen wissen wollte,»warum Lord Alfred Douglas nicht verhaftet« worden sei. Ob er nicht von Oscar Wilde Briefe erhalten habe? Die Entscheidung fiel am 25. Mai. Die Jury befand Wilde für schuldig; Taylor nahm neben Wilde auf der Anklagebank Platz in Erwartung des Urteilsspruchs. Der Richter Sir Alfred Wills hielt eine Predigt. Er sprach vom»widerwärtigsten Prozess« seiner Karriere. In den Angeklagten sei »alles Schamgefühl erstorben«. Die gesetzlich mögliche Höchststrafe sei seines Erachtens »völlig unzureichend«. Beide Männer wurden zu zwei Jahren Gefängnis und Zwangsarbeit verurteilt.

Taylor nahm das Urteil mit britischem Gleichmut auf, Wilde hingegen wurde bleich und schwankte auf den Beinen.

»Und ich?«, stammelte er.»Darf ich nichts sagen, Euer Ehren?«[23]

Statt einer Antwort gab Wills nur den Wärtern ein Zeichen, und unter dem beifälligen Murmeln der meisten Zuschauer wurden die Verurteilten aus dem Saal geführt.

Während die beiden ins Gefängnis gebracht werden, können wir an dieser Stelle einige Bemerkungen zu diesem weltberühmten Skandal machen.

Bei allen Beteiligten herrschte Scheinheiligkeit vor. Zunächst fällt sie beim Marquess of Queensberry auf, der zielstrebig auf den Prozess hingesteuert hatte. Er nannte sich selbst einen ›Freidenker‹ und Verfechter der ›freien Liebe‹, aber er legte diese Begriffe sehr eigensinnig nach Maßstab seiner besonderen Bedürfnisse aus. Dass die ›Sorge um seinen Sohn‹, von der in der Presse so viel Aufhebens gemacht wurde, für ihn nur ein Deckmantel, ein Vorwand war, ist offensichtlich. Der Marquess hatte mit Douglas und Wilde eine Rechnung zu begleichen, und er traf seinen Sohn, indem er dessen Freund an den Pranger stellte. So schlug er zwei Fliegen mit einer Klappe.

Scheinheilig verhielten sich auch die Richter und die Ankläger. Sie gaben vor, Homosexualität als ein Verbrechen zu betrachten, das beinahe schwerer ins Gewicht fiel als Mord; aber sie alle hatten in ihrer Schulzeit Internatsschulen besucht, wo *l'amour grec* sozusagen auf dem Stundenplan stand.[24]

Auch Wilde kann man nicht ganz von Hypokrisie freisprechen. Ein Märtyrer war er nicht. Ein Märtyrer bekennt sich zu seinem Glauben. Wilde hielt homosexuelle Beziehungen für »edler« als heterosexuelle[25], aber er strengte gegen Queensberry einen Prozess an, weil der Marquess ihm unterstellte, homoerotische Affären zu haben, und er leugnete die gegen ihn vorgebrachten Beschuldigungen hartnäckig. Er sprach von »schmutzigen Vorwürfen«.[26]

Wilde war das Opfer eines drakonischen Gesetzes. Insofern verdient er unser Mitleid. Er hatte keine Unschuldsengel verdorben, seine Partner waren ›mitschuldige‹, überwiegend mit allen Wassern gewaschene durchtriebene Gestalten, deren Gesichter, wie ein französischer Journalist bemerkte, »ein Verhör überflüssig« machten.[27]

Über die Strafe, zu der Wilde verurteilt worden war, meinte Douglas später, der Staat hätte sich die Worte Jesu zu Herzen nehmen sollen, die er an die Pharisäer richtete, als sie ihn fragten, ob eine Ehebrecherin nach dem mosaischen Gesetz gesteinigt werden müsse: »Wer unter euch ohne Sünde ist, der werfe den ersten Stein auf sie.« (Joh. 8, 7)

»Wie lässt es sich jemals rechtfertigen«, fragte Douglas, »dass ein Richter und eine Jury einen Menschen zu zwei Jahren Zuchthaus mit all ihren Schrecken und Qualen verurteilen wegen eines Verstoßes gegen die Moral (im Unterschied zu einem Verbrechen)? Wären sie Heilige gewesen, hätten sie nicht so gehandelt; als gewöhnliche Sterbliche und Sünder (die sie waren) konnten sie nicht so handeln, ohne ihr Gewissen mit Schuldgefühlen zu belasten.«[28]

An einer berühmten Stelle in *De Profundis* sagt Wilde den Hauptakteuren des Dramas, das ihn hinter Gitter gebracht hatte, ihre zukünftige Rolle in den Augen des Publikums voraus. Queensberry werde in der Schar der gütigen, treusorgenden Eltern aus den Erbauungsgeschichten fortleben. Bosie werde man mit dem jungen Samuel auf eine Stufe stellen. Ihm selbst sei der Platz in der Hölle zwischen Gilles de Rais[29] und dem Marquis de Sade vorbehalten.[30]

Diese Vorhersage bewahrheitete sich nur teilweise. Nach Wildes Verurteilung durfte der Marquess of Queensberry tatsächlich für eine Weile im Beifall der Bourgeoisie baden, aber das puritanische Publikum merkte rasch, dass sein Held des Tages in vieler Hinsicht keiner war: Sein Atheismus und seine Promiskuität waren weder vergessen noch vergeben, und schon bald wurde er von den Mitgliedern der so genannten besseren Kreise wieder geschnitten. Der Rausch über den erfolgreichen Feldzug gegen Wilde verflog und machte einem Kater Platz, den Queensberry im Alkohol zu ertränken suchte. Er war ein unglücklicher Mann.

Douglas war durch seine Verwicklung in den Skandal des Jahrhunderts für sein ganzes Leben gebrandmarkt. Charakteristisch ist die Art und Weise, wie Mrs. Quiller-Couch Jahre später auf den Vorschlag ihres Mannes, Douglas für ein Wochenende einzuladen, reagierte. »Lieber Arthur«, rief sie entsetzt, »wir können diesen Mann unmöglich hier hereinlassen, mit all den kleinen Kindern im Haus!«[31]

Von größerer Einsicht zeugen Wildes Bemerkungen in *De Profundis* über seinen eigenen Ruf. Sein Name war buchstäblich tabu: Englische Jungen wurden vorläufig nicht mehr ›Oscar‹ getauft. Von einem anständigen Menschen erwartete man, dass er Wilde und alle seine Werke verabscheute.[32]

Um die Jahrhundertwende erfuhr dies der Student Montague Summers am eigenen Leib. Er saß eines Tages mit einem Freund im Salon beim Tee, als plötzlich die Tür aufflog und der Herr des Hauses mit puterrotem Gesicht hereinstürmte.

»Gehört dieses schmutzige Machwerk etwa dir?«, schrie er und warf ein Exemplar von Wildes *Ballad of Reading Gaol* (Die Ballade vom Zuchthaus zu Reading) auf den Tisch.

Montague nahm das Buch und schloss es behutsam, fast ehrfurchtsvoll.

»Jawohl, Vater«, antwortete er mit lieblicher Stimme, wie immer lispelnd, wenn er Summers senior zur Weißglut treiben wollte, »jawohl. Ich habe alle Werke des Meisters.«

Woraufhin er vor die Wahl gestellt wurde, entweder Wildes gesammelte Werke oder sich selbst aus dem Haus zu entfernen. Der Freund kümmerte sich einstweilen um das Werk.[33]

Der Skandalprozess hatte in England weit reichende Folgen. Denn mit Oscar Wilde war nicht nur der Homosexuelle, sondern auch der Künstler verurteilt worden. Wilde hatte das Lob der Schönheit gesungen, Wilde war in den Augen der Briten ein ›Sodomit‹, und somit war die Kunst überhaupt suspekt geworden. ›Schönheit‹ sei jetzt ein Schimpfwort, konstatierte ein Zeitgenosse.[34] Kunst war etwas für Müßiggänger und degenerierte Schwächlinge, nicht für schneidige Kerle und stramme Burschen. (Mancher Astheniker scheint sich damals eiligst einer örtlichen Sportvereinigung angeschlossen zu haben.) Sogar das Witzemachen geriet in Verruf. Benimm dich nur normal, dann benimmst du dich schon verrückt genug, lautete die Devise. Wildes Untergang war, im gewissen Sinn, der Triumph der Mittelmäßigkeit.

Wilde selbst meinte, über seine »entarteten Leidenschaften und abwegigen Romanzen« ließe sich so mancher »scharlachrote Foliant« füllen[35], und in der Tat ließen es sich manche Autoren nicht nehmen, ihm in ihren geschwätzigen Schriften einen Platz einzuräumen. So wurde ihm eine aktive beziehungsweise passive Rolle in den apokryphen Memoiren des Dichters Jacques d´Adelswärd-Fersen, *Les mémoires du baron Jacques, Lubricités infernales de la noblesse décadente*, Priapeville, An IV du Xxe siècle foutatif (Paris, 1904) zugewiesen, einem Buch, das unterm Ladentisch verkauft wurde.[36]

Doch dies war nur eine Seite der Medaille. In den ereignisreichen Tagen nach seiner Verhaftung wechselte der Schriftsteller zahlreiche Briefe mit Bosie. Douglas' Briefe wurden nach Wildes Tod von Robert Ross vernichtet, die Briefe Wildes hat Douglas jahrelang wie einen Schatz gehütet. Er zeigte sie manchmal Leuten, die Wilde verabscheuten, und keiner von ihnen vermochte sie ohne Rührung zu lesen. »Ich glaube sogar«, schrieb Douglas in seiner Autobiographie, »dass selbst mein Vater sie nicht hätte lesen können, ohne das Gefühl zu haben, dass etwas in ihnen war, was er nicht begriff und was er nicht, ohne sich selbst zu schaden, verhöhnen konnte. Wer einen Funken Ehre im Leibe hat, kann niemals die echte Liebe eines Menschen zu einem anderen verhöhnen. Wenn ich ›Liebe‹ sage, meine ich die echte Liebe und nicht die physische Leidenschaft oder Begierde oder sonst etwas Ähnliches.«[37]

Douglas hütete diese Briefe wie seinen Augapfel. Bis er 1912, unter Umständen, auf die später eingegangen werden soll, den vollständigen Text von *De Profundis* zu Gesicht bekam und darin lesen musste, wie Wilde seine Anhänglichkeit und Loyalität ihm gegenüber in ein schlechtes Licht rückte.[38] Von Bitterkeit erfüllt, zündete er die Holzscheite im Kamin an und warf etwa hundertfünfzig Briefe von Wilde ins Feuer; eine Tat, die er später so sehr bereute, dass er an Selbstmord dachte.[39]

Drei dieser Briefe sind jedoch wie der Phönix aus der Asche wieder auferstanden. Im August 1895 schrieb Douglas einen Artikel über den Fall Wilde für den *Mercure de France*, in dem er aus Briefen zitierte, die ihm Wilde kurz vor seiner Verurteilung geschrieben hatte. Dieser Artikel wurde ins Französische übersetzt, erschien jedoch nie. Durch einen sehr glücklichen Zufall fand sich das Manuskript dieser französischen Version Jahre später wieder, und obwohl die Briefstellen durch die Übersetzung gelitten haben, ist ihr Tenor eindeutig. Sie sind ein überzeugender Beweis dafür, dass die harschen Äußerungen in *De Profundis* eine – im Übrigen verständliche – Reaktion auf die körperlichen und seelischen Martern waren, die Wilde im Gefängnis zu erdulden hatte. Ein Beispiel:

»Jede große Liebe erlebt ihre Tragödie, auch der unseren hat jetzt die Stunde geschlagen, aber Dich gekannt und mit so tiefer Hingabe geliebt, Dich als Weggefährten für eine Strecke meines Lebens besessen zu haben, die einzige schöne Strecke in meiner Erinnerung, genügt mir. Meine Leidenschaft sucht vergebens nach Worten, Du aber verstehst mich, Du allein. Unsere Seelen waren füreinander geschaffen, und als ich Deine Seele durch die Liebe erfuhr, da hat die meine sich über das Schlechte erhoben, hat die Vollkommenheit erahnt und ist zum göttlichen Wesen der Dinge gelangt.

Doch kein Schmerz kann ewig dauern. Sicher werden wir uns eines Tages wieder begegnen, und wenn mein Gesicht dann auch eine Trauermaske und mein Körper durch die Einsamkeit verzehrt sein sollte, so wirst Du, und nur Du allein, doch die Seele erkennen, die durch die Begegnung mit Deiner an Schönheit gewonnen hat, die Seele des Künstlers, der in Dir das Ideal fand, des Schönheitssuchers, dem Du als makelloses und vollkommenes Wesen erschienen bist. Ich denke an Dich als an den goldfarbenen Jungen mit dem Christusherzen. Ich weiß nun, wieviel herrlicher die Liebe ist als alles andere. Du hast mir das göttliche Geheimnis der Welt entschleiert.«[40]

KAPITEL V

1

Es war einige Wochen nach Wildes Verurteilung. Douglas saß allein in einem renommierten Pariser Restaurant, als sich die Tür öffnete und eine Gesellschaft von etwa vierzehn Männern das Etablissement betrat. Die Zuvorkommenheit, mit der die Gruppe behandelt wurde, galt vor allem Eduard Sachsen-Coburg-Gotha, dem britischen Kronprinzen. Er war Douglas nicht unbekannt, auch Wilde nicht, den er Anfang des Jahres zum Erfolg von *An Ideal Husband* beglückwünscht hatte. Was war in der Zwischenzeit nicht alles geschehen! Douglas wusste nicht recht, was er tun sollte; der Kronprinz und seine Begleiter wurden zu ihrem Tisch geführt und kamen an Douglas vorbei. Dieser stand auf und neigte den Kopf. Eduard sah ihm gerade in die Augen – und durch ihn hindurch. Douglas stieg die Schamröte ins Gesicht. Er war jetzt, so wurde ihm in diesem Augenblick mit aller Schärfe deutlich gemacht, ein Ausgestoßener.

Aristokraten, die in einen Skandal verwickelt waren, hielten sich für gewöhnlich im Hintergrund; dann bestand die Chance, dass sie nach einigen Jahren wieder in den Schoß der Familie aufgenommen wurden. Douglas tat das Gegenteil. Er war nicht bereit, sich mit der Strafe abzufinden, die man Wilde auferlegt hatte. Während englische und französische Schriftsteller sich weigerten, eine Petition für ihren eingekerkerten Zunftkollegen zu unterzeichnen, richtete Douglas ein Gnadengesuch an Königin Victoria (das von den Dienern ihrer Majestät abgefangen wurde) und protestierte in Briefen an prominente Persönlichkeiten und an englische Zeitungen gegen Wildes Behandlung im Gefängnis. Dabei machte er keinen Hehl aus seinen Ansichten über Homosexualität. »Ich behaupte«, schrieb er am 9. Juni,

»dass diese Neigungen bei bestimmten Menschen (einer sehr großen Minderheit) völlig natürlich sind und dass das Gesetz nicht das Recht hat, sich in das Leben dieser Menschen einzumischen, vorausgesetzt, sie fügen anderen keinen Schaden zu; das heißt, wenn es sich weder um Verführung Minderjähriger handelt noch um Vergewaltigung oder um grobe Verstöße gegen die Moral in der Öffentlichkeit. All dies trifft im Fall von Mr. Oscar Wilde nicht zu. [...] In Italien wurde der Paragraph gegen Homosexualität vor drei oder vier Jahren aus dem Strafrecht gestrichen, in Deutschland wurde er sehr modifiziert. Nur England weigert sich, die bekannten und unwiderlegbaren Fakten der modernen Medizin zur Kenntnis zu nehmen, und fährt fort, mit barbarischer Grausamkeit Menschen zu verfolgen, die man ebenso wenig als Kriminelle zu brandmarken das Recht hat wie Vegetarier oder irgend welche anderen Leute, deren Vorlieben sich von denen der Durchschnittsbürger unterscheiden. [...] Ich gestehe, dass ich mir für die heutige Zeit keine großen Illusionen mache, aber die Befreiung von der Sklaverei und Tyrannei der Konvention wird *letztlich* so unausweichlich sein wie der Tod. [...] Ihr ergebener Diener Alfred Douglas.«[1]

Es gehörte Mut dazu, im Jahr 1895 solche Briefe zu schreiben; der Schaden, den er sich damit selbst zufügte, ist kaum zu überschätzen. Die Reaktion der Adressaten war vorhersehbar. Henry Labouchère, Chefredakteur der *Truth* und verantwortlich für die Gesetzesänderung, die Wilde zum Verhängnis geworden war, bezeichnete in seinen Artikeln Douglas als einen »außergewöhnlichen jungen Schurken« und bedauerte es, dass man dem

Verbannten nicht die Gelegenheit biete, über seine unorthodoxen Ansichten in der Zurückgezogenheit eines Gefängnisses nachzudenken.[2] Es gab viele, die so dachten.

Dass Labouchère nicht von seinen Bemühungen angetan sein würde, damit hatte Douglas gerechnet, aber dass Wilde zu erkennen gab, keinen Wert auf solche Petitionen zu legen, überraschte ihn über alle Maßen.

Die ersten vier Wochen hatte Wilde in Einzelhaft verbracht. Sie hatten ihn völlig gebrochen. Und dies war erst der Anfang. Hundertundvier Wochen standen ihm noch bevor, siebenhundertundzwei Tage, von denen er jeweils dreiundzwanzig Stunden in einer spärlich beleuchteten, schlecht gelüfteten, kahlen Zelle zubringen musste. Die Monotonie und die Qualen des Gefängnislebens – Wergzupfen, Postsäcke nähen; eine Holzpritsche als Bett, die zu Schlaflosigkeit führte; eine Kost, die Diarrhö zur Folge hatte; schlechte hygienische Verhältnisse und mangelnde medizinische Versorgung; der Verzicht auf Kaffee, Alkohol, Tabak; und vor allem die Trennung von seinen Söhnen, die er abgöttisch liebte –, all dies hatte den Bonvivant innerhalb kürzester Zeit in eine lebende Leiche verwandelt. Zwei Zeitungen berichteten im Juni 1895, er sei dem Wahnsinn verfallen.[3] Das stimmte zwar nicht, kam der Wahrheit aber recht nahe.

Drei Schicksalsschläge musste der eingekerkerte Wilde verkraften: Seinen Konkurs, den Tod seiner Mutter und den Verlust seiner Kinder, für die ein Vormund bestellt worden war. Schwarzen Gedanken ausgeliefert, von Selbstmitleid und ohnmächtiger Wut erfüllt, nicht in der Lage, sich mit einem Urteil abzufinden, das ihm ebenso absurd wie ungerecht vorkam, suchte er nach einem Sündenbock. Er fand ihn in demjenigen, den er mehr als alle anderen Menschen geliebt hatte. Der Jünger, der nicht geflohen war, als man seinen Meister ergriff, der ihn nicht verleugnet, sondern der sich im Gegenteil angeboten hatte, im Sanhedrin Fürsprache für ihn einzulegen; der Jünger, den Wilde als seinen Johannes betrachtet hatte, wurde nun von ihm für sein ganzes Elend verantwortlich gemacht. Douglas als Judas! Während Bosie seiner Trauer um Oscar in Gedichten wie ›Væ victis!‹ und ›Rondeau‹ (»If he were here!«) Ausdruck verlieh, stieß dieser in Gegenwart seiner ersten Besucher Verwünschungen gegen denjenigen aus, den er kurz zuvor noch mit »meine süße Rose, meine zarte Blume, meine Lilie der Lilien« und »Teuerstes von Gottes Geschöpfen« angeredet hatte.[4]

Es war Robert Sherard, der Wilde im November über Douglas' Plan informierte, eine Apologie seines Freundes im *Mercure de France* zu publizieren. Es handelte sich um jenen Entwurf eines Artikels, der bereits oben zur Sprache kam. Douglas wolle, so Sherard, aus den Briefen zitieren, die Wilde ihm nach seiner Verhaftung geschrieben hatte. Ob Oscar damit einverstanden sei?

Wilde war außer sich. Nein, er war *nicht* damit einverstanden. Er bat Sherard, der den Journalisten kannte, der Douglas' Notizen ins Französische übersetzt hatte, die Veröffentlichung zu verhindern. Und das tat Sherard. Douglas war perplex, hatte ihn Wilde doch kurz vor seiner unfreiwilligen Abreise aus England aufgefordert, einen solchen Artikel zu schreiben. In einem Brief an More Adey, einen Freund Wildes, machte Bosie seinem Herzen Luft.

»Ich hörte, dass Du Oscar demnächst besuchst. *Ich weiß alles,* natürlich, und ich weiß, nach dem, was ich von Bobbie gehört habe, dass mein Instinkt mich nicht getrogen und dass Oscar seine Meinung über mich geändert hat. Ich schreibe Dir jetzt, lieber More, ohne Bobbies Wissen, mit der flehentlichen Bitte, ein gutes Wort für mich bei Oscar einzulegen. Könntest Du ihn doch davon überzeugen, dass er, obwohl *er* im Gefängnis ist, noch immer mein Richter und meine Jury ist und dass ich auf ein Zeichen von ihm warte, dass ich weiterleben soll. Es gibt niemanden in England, der meine Partei ergreift, niemand, der für mich spricht, und Oscar ist völlig abhängig von dem, was man ihm sagt, und alle scheinen meine Feinde zu sein. [...] Ich sitze zwar nicht im Gefängnis, leide aber bestimmt ebenso sehr wie Oscar, ja, eigentlich noch mehr – wie es vermutlich auch Oscar erginge, wenn *er* frei wäre und *ich* im Gefängnis säße. Bitte richte ihm das aus. Es ist eine solche Freude für mich, alles seinetwegen zu ertragen. Sag ihm, ich sei mir darüber im Klaren, dass ich sein Leben zerstört habe, dass alles meine Schuld ist, wenn ihm das Freude macht. Mir ist es gleich. Erkennt er denn nicht, dass mein Leben ebenfalls zerstört wurde, und das schon viel früher?«[5]

Queensberry setzte in der Zwischenzeit alles daran, Wilde endgültig den Gnadenstoß zu versetzen, und wollte sich für seine Prozesskosten an ihm schadlos halten. Wilde konnte diesen Betrag selbstverständlich nicht aufbringen; seine Theaterstücke waren vom Spielplan abgesetzt, der Verkauf seiner Bücher eingestellt worden. Da es auch seinen Freunden nicht gelang, das nötige Geld aufzutreiben, wurde ein Konkursverfahren gegen ihn eingeleitet.

Wildes Klage in *De Profundis*, die Queensberry-Familie sei ihrem Versprechen nicht nachgekommen, alle notwendigen Kosten zu übernehmen, ist nur zum Teil begründet. Douglas hatte Wilde am Vorabend des Prozesses gegen ›Q‹ seine Ersparnisse zur Verfügung gestellt; er selbst musste fortan mit einem bescheidenen Unterhaltsbeitrag seiner Mutter auskommen und war außerstande, dem Freund beizuspringen. Das Gleiche galt für Percy Douglas, obwohl dieser versuchte, wie aus einem Brief von Bosie an More Adey hervorgeht, die erforderliche Summe aufzutreiben.[6] Aber er steckte als Spekulant in ernsthaften finanziellen Problemen, lieh sich Geld zu Wucherzinsen und war, wie Ernest Leverson später an Wilde schrieb,

»eher zu beklagen als zu schelten«.[7] Das einzige Mitglied des Queensberry-Clans, das Wilde hätte helfen können, war Lady Queensberry, die ihn jedoch verabscheute.

Als Wilde am 24. September dem Konkursverwalter vorgeführt wurde, drängte sich eine schaulustige Menge im Korridor des Gerichtsgebäudes. Zwischen den Gaffern befand sich auch Robert Ross, der nach England zurückgekehrt war. Wilde erinnerte sich später mit Dankbarkeit, wie Ross, als er den Gefangenen in Handschellen erblickte, den Hut vor ihm zog – ein Zeichen des Respekts, das die Menge zum Schweigen brachte.[8] Es war in der Tat eine schöne Geste.

Weniger schön waren Ross' Bemühungen, Wilde noch mehr gegen Douglas aufzubringen. Er hatte nie verwunden, dass Wilde ihm Bosie vorgezogen hatte. Nun sah er die Gelegenheit, einen Keil zwischen beide zu treiben. Es lässt sich raten, welche Wirkung seine übertriebene Schilderung von Lord Alfreds »behaglichem Leben« auf Capri, in Neapel oder Paris auf Wilde hatte.[9] Douglas wiederum log er vor, Wilde lege keinen Wert auf seinen Besuch, eine Mitteilung, die diesen traf wie ein Blitz aus heiterem Himmel.[10] In *De Profundis* beklagt Wilde sich darüber, er habe von Bosie keine einzige Zeile erhalten. Warum er ihm nicht geschrieben habe? Aus Feigheit? Aus Gefühllosigkeit?[11] Es war weder das eine noch das andere; es waren die Machenschaften von Robert Ross, der gemeinhin als der erste Liebhaber von Oscar Wilde gilt, das zumindest hat Oscar seinem Freund Reginald Taylor später auf dem Sterbebett gebeichtet.

Ross ging noch einen Schritt weiter, indem er Douglas auch bei anderen anschwärzte. Besonders bei Constance Wilde und den Leversons. Über andere musste Douglas erfahren, dass die Leversons behaupteten, er hätte Oscar damals davon abgehalten, ins Ausland zu fliehen. »Ich habe«, schrieb er an More Adey, »Leverson einen sehr freundlichen Brief geschrieben und ihn gebeten, das Gerücht zu dementieren oder mir eine Erklärung zu geben, aber ich habe keine Antwort bekommen. Kannst Du diese mysteriöse Sache aufklären? Ich *mag* die Leversons *sehr*, ich mag beide sehr gern und bin äußerst traurig über ihr völlig unerklärliches Verhalten.«[12]

Diesen Brief schrieb Douglas in Paris, wo er zuvor mit einem Artikel über die Wilde-Affäre, der am 1. Juni 1896 in der *Revue Blanche* erschienen war, Aufsehen erregt hatte.[13]

Es war ein indiskreter Beitrag – von Douglas durfte man keine Vorsicht erwarten –, der in der Presse heftige Angriffe auf seine Person auslöste.[14]

Es gab jedoch auch solche, die ihm freundlicher gesinnt waren. Ernest La Jeunesse etwa, ein Journalist und Oscar Wilde beinahe ebenbürtiges Konversationsgenie; André Gide, der ihn mit »frivolen« Fotografien von Knaben versorgte[15]; Paul Adam, der ihm eine Novelle widmete[16]; die Schauspielerin Fanny Zæssinger und das Ehepaar Valette. Alfred Valette war Leiter des Verlags *Mercure de France* und Herausgeber der gleichnamigen Zeitschrift, seine Frau schrieb unter dem Pseudonym ›Rachilde‹ Skandalromane wie *Les hors nature* (über zwei inzestuöse Brüder) und *La tour d'amour* (über einen nekrophilen Leuchtturmwärter). Sie war bereit, den umstrittenen jungen Mann in ihrem Salon zu empfangen, wo sich jede Woche Künstler zu treffen pflegten.

Rachilde, die von Bosies jugendlichem Aussehen sehr angetan war, sagte einmal zu ihm, er erinnere sie an den Helden von Wildes dekadentem Meisterwerk.

»Ich bin kein Dorian Gray«, antwortete er ihr, »auf dessen Porträt sich die Merkmale einer verderbten Seele widerspiegeln. Wenn ich mit siebenundzwanzig noch aussehe wie ein achtzehnjähriger Jüngling, so liegt das daran, dass meine Seele gesund und heiter ist, wenn auch ein wenig müde und gepeinigt.«[17]

Alfred Valette wollte einen Gedichtband von Douglas herausgeben, ein Plan, der den Dichter mit Freude erfüllte, denn alle Bemühungen, in England einen Verleger zu finden, waren bisher gescheitert. »Sie werden unzweifelhaft bemerken«, hatte er am 11. Oktober 1894 William Heinemann geschrieben, in dessen Verlag *The Green Carnation* (Die grüne Nelke) erschienen war, »dass manche Gedichte von einem ›hellenischen‹ Gefühl inspiriert sind, das vielleicht Anlass für dumme Kritik geben könnte, aber ich bin zuversichtlich. Sie werden mir zustimmen, dass nichts Anstößiges an ihnen ist und dass ich mir nirgends erlaubt habe, die Grenzen zu überschreiten, die jeder wahrhafte Künstler zu respektieren hat.«[18]

Heinemann hatte jedoch die Veröffentlichung von Gedichten wie ›In an Ægean Port‹ and ›Two Loves‹ für unvernünftig gehalten, und durch den Tod von Douglas' Bruder Francis im selben Monat hatte sich das Projekt zerschlagen.

Valette nun brachte Douglas in Kontakt mit Eugène Tardieu, einem begabten und Douglas wohlgesinnten Mann, der die französische Übersetzung der zweisprachigen Ausgabe übernahm.

Douglas wollte den Band Oscar Wilde widmen. Er bat Ross, Wilde bei seinem nächsten Besuch im Gefängnis um eine entsprechende Erlaubnis zu bitten, und Ross entledigte sich dieses Auftrages nur allzu bereitwillig; im Unterschied zu Douglas[19] sah *er* Oscars Reaktion voraus.

Bosies Ansinnen, so ließ Wilde Ross einen Tag nach dessen Besuch schriftlich wissen, sei »haarsträubend und grotesk«. Alle Briefe, die er Bosie geschrieben, und alle Geschenke, die er ihm gemacht habe, müssten sofort Ross ausgehändigt werden. Ross tue gut daran, in einem Brief an Bosie seine Worte zu zitieren, so dass dem Empfänger »kein Hintertürchen« offen bleibe. »Er hat mein Leben zerstört«, fuhr Wilde fort, »das sollte ihm genügen.«[20] Voll heimlicher Freude teilte Ross dies Bosie mit.

Douglas war entgeistert, dachte aber nicht im Entferntesten

Titelbild (Walter Spindler) von Alfred Douglas, Poems, Paris 1896

daran, Oscars Instruktionen zu befolgen, wie er More Adey schrieb:

»Das letzte Mal, als ich [Oscar] sah, küsste er mir durch die Gitterstäbe in [Holloway] die Fingerspitzen und flehte mich an, mich durch nichts in der Welt in meiner Haltung und Einstellung zu ihm beirren zu lassen. Er schrieb mir dies viele, viele Male und warnte mich, dass allerlei Einflüsse versuchen würden, einen Gesinnungswandel bei mir zu erreichen, aber ich habe mich nicht geändert, vom Anfang bis zum Ende bin ich absolut standhaft, absolut der Gleiche geblieben. Ich werde mich auch jetzt nicht ändern. Ich weigere mich, auf irgendetwas zu hören, was er sagt, solange er im Gefängnis ist. Wenn er wirklich meint, was er sagte und falls er nicht verrückt ist, dann ist er nicht die gleiche Person, die ich gekannt habe, dann ist er nicht Oscar, der Oscar, dem ich immer treu sein werde und der mir völlig angehört. Wenn sich Liebende streiten, dann geben sie einander ihre Briefe und Geschenke zurück. Oscar und ich waren Liebende, aber wir haben uns nicht gestritten, und da ich nicht um die Rückgabe meiner Briefe und Geschenke gebeten habe, kann er es auch nicht tun.«[21]

Douglas' Gedichte erschienen schließlich unter dem bündigen Titel *Poems* und ohne Widmung am 30. Oktober 1896. Neben der normalen Ausgabe von tausend Exemplaren zu 3 fr. 50 erschien noch eine signierte Luxusausgabe von zwanzig – und eine *édition de grand luxe* von fünf Exemplaren zu 10 beziehungsweise 25 fr.[22] Das Frontispiz des Duodezbändchens ziert ein Silberstift-Porträt des Autors von Walter Spindler.»Das schmale, längliche Gesicht eines Jungen«, so P. N. van Eyck in einem interessanten Artikel über Douglas aus dem Jahr 1909,»mit geöffneten, nicht fleischigen Lippen, lockerem, weichem, sich über die hohe Stirn kräuselndem Haar und einer etwas gebogenen Nase. […] Die einzige Gemütsbewegung, die aus seinen Augen spricht, ist eine ruhige, vielleicht ein wenig überhebliche Geistesabwesenheit.«[23]

Der Gedichtband fand reißenden Absatz und wurde begeistert aufgenommen[24], doch keine Reaktion erfüllte Douglas mit mehr Stolz als die Stéphane Mallarmés.»Eine der raren Gelegenheiten, da ich mich glücklich pries, Englisch zu können, war der Tag, an dem mir Ihre Verse zukamen.«[25]

Während Mallarmé diese Worte an den Dichter richtete, war

ein anderer Schriftsteller eifrig damit beschäftigt, einen beträchtlich längeren, bedeutend weniger schmeichelhaften Brief zu verfassen. Im Gefängnis von Reading hatte Oscar Wilde mit der
Niederschrift von *De Profundis* begonnen.

2

Seit der Ernennung von Major James Osmond Nelson zum Direktor des Zuchthauses in Reading im Juli 1896 hatten sich die
Haftbedingungen um einiges gebessert. Nelson hatte ein Herz
für die Häftlinge, die ihm anvertraut waren; seine Leitung bildete
einen auffälligen Kontrast zum rigorosen Regiment seines Vorgängers, und das erklärt, warum Wilde ihm später mit Gefühlen
der Dankbarkeit ein Exemplar von *The Ballad of Reading Gaol*
(*Die Ballade vom Zuchthaus zu Reading*) zukommen ließ.

In physischer Hinsicht ging es Wilde während der letzten
Monate seiner Haftzeit sehr viel besser: Er erhielt genügend zu
essen und wurde von schwererer Arbeit befreit. Doch in psychi-
scher Hinsicht verschlechterte sich sein Zustand. Seine Zukunft
war unsicher, und mit seiner Vergangenheit war er noch nicht
ins Reine gekommen. Er suchte ein Ventil für seine angestauten
Frustrationen und fand es in der Niederschrift des bemerkens-
werten Dokuments, dem Ross später den Titel *De Profundis* gab.
Wilde wollte »für die Nachwelt«[26] seinen bewegten Lebenslauf
aufzeichnen, und es sollte eine wahrhafte Götterdämmerung
werden. In den Hauptrollen: Oscar Fingal O´Flahertie Wills
Wilde, der größte Dichter seiner Zeit; Lord Alfred Bruce Douglas (›Bosie‹), sein böser Genius; und dessen Vater John Sholto
Douglas, Marquess of Queensberry, der sich geschworen hatte,
den größten Dichter seiner Zeit zugrunde zu richten; er hätte
dieses Ziel nie erreicht, wenn besagter Dichter nicht unter den
unheilvollen Einfluss des bösen Genius geraten wäre.

In keiner anderen Schrift kommt Wildes schauspielerische Natur so deutlich zum Ausdruck. Nun war Wilde ein Meister des Melodramatischen, wie die folgenden Beispiele aus *Lady Windermere's Fan*, *A Woman of No Importance* und *An Ideal Husband* zeigen[27]: »Aber Sie wollen sich doch nicht um meinetwillen Ihr wunderschönes Leben selbst verderben. [...] Sie wissen nicht, was es heißt, ins Bodenlose zu stürzen, verachtet, verspottet, verworfen und verlacht zu werden – draußen zu sein!« – »Kind meiner Schande, sei dieses Kind meiner Schande!« – »Komm mir nicht zu nahe. Fass mich nicht an. Ich fühle mich schmutzig, durch deine Hand, für immer. Oh! Diese Maske, die du getragen hast, all die Jahre! Die bemalte Maske eines Dämons! Du hast dich verkauft, für Geld. Oh!« Das gleiche Pathos, die gleiche Vorliebe für Hyperbel und Exklamation finden sich in *De Profundis*. Der Bericht von den Entbehrungen, die Wilde hinter Gittern zu ertragen hatte, wirkt daher wenig authentisch, ganz im Gegensatz zu den Briefen über die nötigen Reformen des Gefängniswesens, die Wilde nach seiner Entlassung an den *Daily Chronicle* schickte.[28] Sie sind frei – nicht von jedem Sentiment, aber von jedem *falschen* Sentiment. Sie sind ebenso aufrichtig wie ergreifend.

Wie unaufrichtig dagegen wirken manche Stellen in *De Profundis*! Was soll man etwa von dem an Douglas gerichteten Vorwurf halten, er sei kein unschuldiger Engel mehr gewesen, als sie einander zum ersten Mal begegneten? »Die Morgenfrische der Kindheit mit ihrem zarten Hauch, ihrem klaren, reinen Licht, ihrer unschuldigen, erwartungsvollen Freude hattest Du weit hinter Dir gelassen.«[29] Und das aus der Feder eines Mannes, der André Gide gegenüber einmal verlauten ließ, er hoffe, Algier »gründlich korrumpiert« zu haben![30] Und was soll man zu folgender Bemerkung sagen: »Als ich in einem meiner Aphorismen schrieb, erst die tönernen Füße machen das Gold der Bildsäule so kostbar, dachte ich natürlich an Dich.«[31] Besagter Aphorismus findet sich in der Buchausgabe von *Dorian Gray*, erschienen im April 1891 – drei Monate bevor er Douglas kennen lernte. Geschmacklos war es, seinen Freund nachträglich wegen seines erfolglosen Universitätsstudiums abzukanzeln[32] – während er seinerzeit amüsiert eine Parallele zu Shelley und Swinburne gezogen hatte, die ihr Studium ebenfalls abgebrochen hätten. Und noch geschmackloser war es, Douglas an »die Schuljungenschnitzer«[33] in dessen *Salomé*-Übersetzung zu erinnern, wenn man bedenkt, dass Wildes französischer Text von grammatikalischen und orthografischen Fehlern wimmelte und von Pierre Louÿs, André Gide, Adolphe Retté und Stuart Merrill verbessert werden musste.[34] Wildes Darstellung der *Chameleon*-Episode kam bereits zur Sprache; und ist es wirklich glaubhaft, dass Alfred Taylor, der Zuhälter aus der Little College Street, der ein Kleid im Schrank hatte und es trug, als er im kleinen Kreis eine »richtige Hochzeit« mit dem Strichjungen Charles Mason feierte – ist es wirklich glaubhaft, dass dieser Alfred Taylor Wilde »mehr als einmal«[35] vor dem Umgang mit Bosie gewarnt habe?

Gleichermaßen zweifelhaft ist Wildes Abschweifung über die Demut, die sich übrigens unmittelbar an eine entschieden größenwahnsinnige Erörterung seiner eigenen genialen Fähigkeiten anschließt.[36]

»Vielleicht ist ein Kardinal, wenn er niederkniet, um den Bettlern die Füße zu waschen«, wie Max Beerbohm 1905 in seiner Besprechung der unvollständigen Publikation von *De Profundis* schrieb, »von Demut erfüllt und genießt dieses Erlebnis. Solcherart war Oscar Wildes Demut, ein Luxus, den er sich als Pendant zu seinem Stolz leistete.«[37]

Seinen Stolz pflegte Wilde ausgiebig. Seine unglückselige Aktion gegen Queensberry hatte ihn von seinem Sockel gestoßen, für seine Gemütsruhe war es von wesentlicher Bedeutung, diesen Sockel wieder zu besteigen. Er tat dies, indem er in *De*

Profundis einerseits seine Position als brillanter Schriftsteller in den leuchtendsten Farben malte und andererseits Douglas den Verlust dieser Position in die Schuhe schob. Eine Dolchstoßlegende, an die Wilde während der Niederschrift seines monumentalen Briefes und auch noch ein paar Wochen danach felsenfest glaubte, aber nicht viel länger.

Die Zeile aus der *Ballade vom Zuchthaus zu Reading* »Ein jeder tötet, was er liebt«[38] bekommt eine sehr emphatische Bedeutung, wenn man die hysterischen Ausfälle gegen Douglas in *De Profundis* liest. Bosie: ein undankbares, blasiertes, egoistisches, *garstiges* Jüngelchen, das holprige Gedichte schrieb.

Wieder auf freiem Fuß, ließ Wilde sich sehr bald ganz anders vernehmen. Nicht nur gegenüber Bosie, von dem er, noch bevor sie sich wiedersahen, in einem Brief an einen Bekannten sagte, er sei »ein überaus feinfühliger und kultivierter Dichter, […] eine Persönlichkeit von einzigartigem Zauber. […] Wir lieben uns zutiefst«[39], sondern auch gegenüber seinen anderen Freunden. Denn Douglas war nicht der Einzige, den er abgekanzelt hatte: Robert Ross, More Adey und Ernest Leverson, die seine Interessen vertraten, hatte er in seinen Briefen unter anderem als »herzlos«, »unehrlich«, »lächerlich«, »betrügerisch«, »schwachsinnig« und »völlig inkompetent« beschimpft.[40] Ross hatte er sogar zu verstehen gegeben, dass er und Douglas sich in nichts nachstünden.[41]

Man braucht nicht über große psychologische Einsicht zu verfügen, um diese für Wilde uncharakteristischen Ausbrüche mit dem in Zusammenhang zu bringen, was man als Gefängniskoller bezeichnet; und so wie die Rückkehr in die vertraute Umgebung das Heimweh vertreibt, so bedeutete das Ende von Wildes Haftstrafe das Ende seines Haftkollers. »Vergiss die dummen, unfreundlichen Briefe«, schrieb er am 19. Mai 1897 − am Tag, an dem er entlassen wurde − an Robert Ross, der sich in Dieppe befand. »More ist mir ein so treuer Freund gewesen, und ich bin Euch allen so dankbar, dass ich meine Empfindungen nicht in Worte fassen kann.«[42]

Nachdem er diesen Brief aufgegeben hatte, bestieg er die Fähre nach Dieppe, um sich Ross und Reginald Turner anzuschließen. Ob er geahnt hat, dass er dem ›perfiden Albion‹ für immer den Rücken kehrte? Er hatte noch knapp vier Jahre vor sich.

KAPITEL VI

1

Auf dem Gipfel seines Ruhms war Oscar Wilde ein gern ge-
sehener Gast auf den Empfängen der Upper Ten; während eines
Lunchs bei Lady de Grey, der Wilde *A Woman of No Importance*
gewidmet hatte, kam das Gespräch einmal auf Tischreden.
Er könne über jedes Thema aus dem Stegreif sprechen, behauptete Wilde. Lord Ribblesdale nahm ihn beim Wort und hob
feierlich das Glas. »The Queen.«
»Sie ist doch kein Thema«, antwortete Wilde schlagfertig.[1]
Es geschah nur sehr selten, dass Wilde sich nicht dazu überreden ließ, der Königin seine Reverenz zu erweisen, denn er ver-
ehrte sie und pflegte, wie Douglas sich erinnerte[2], die phantas-
tischsten Anekdoten über sie zu erzählen. Seine Verehrung erlitt
auch durch die zwei Jahre Zwangsarbeit, zu der er in ihrem Namen verurteilt worden war, keinen Abbruch; und so ließ er auch
ihr diamantenes Kronjubiläum am 22. Juni 1897 nicht unbeach-
tet vorübergehen. Fünfzehn Kinder aus Berneval-sur-Mer –
dem Dorf an der Kanalküste, in dem Robert Ross ihn unterge-
bracht hatte – wurden mit Erdbeeren mit Sahne, Kuchen und
Limonade bewirtet; sie sangen die englische und die französische
Nationalhymne, um schließlich unter den Rufen »Es lebe die
Königin von England! Es lebe Monsieur Melmoth!« nach Hause
zurückzukehren. Melmoth war der Name, den Wilde angenommen hatte, nach dem ruhelosen Helden des kunstvollen, wenn
auch etwas wirren Schauerromans *Melmoth the Wanderer* seines

Großonkels Charles Robert Maturin aus dem Jahr 1820. Als Vornamen hatte Wilde ›Sebastian‹ gewählt.

Das Fest zu Ehren der Königin beschrieb er einen Tag später in einem Brief an Bosie[3], der sich in Paris aufhielt und darauf brannte, wieder mit seinem Freund vereint zu sein. Das war nicht ganz leicht zu bewerkstelligen, denn von mehreren Seiten wurden den Freunden Steine in den Weg gelegt: von Constance Wilde, die in Douglas die »Bestie«[4] sah, die ihren Mann zu Grunde gerichtet hatte; von Lady Queensberry, die Wilde für den Verderber ihres Sohnes hielt; von Robert Ross, Bosies Rivalen; und von Queensberry, der angedroht hatte, beide umzubringen, falls sie sich wiedersähen, und Wilde durch einen Privatdetektiv beschatten ließ. Aus diesem Grund sagte Wilde eine Verabredung mit Bosie in letzter Minute ab. »Ich denke immer an Dich und liebe Dich immer«, hatte er Douglas geschrieben, »doch Abgründe mondloser Nächte trennen uns.«[5] Der Ton dieses Briefes steht in scharfem Kontrast zu dem in *De Profundis*.

Wie hatte Douglas übrigens auf diese ›Enzyklika‹ – wie Wilde den Brief scherzhaft nannte[6] – reagiert? Überhaupt nicht, aus dem einfachen Grund, weil er ihn nie erhalten hatte.

Wilde hatte ursprünglich die Absicht gehabt, Douglas das Manuskript aus dem Gefängnis über Ross zukommen zu lassen, aber das Verschicken eines solchen Konvoluts von achtzig Seiten verstieß gegen die Vorschriften, und daher hatte er es Ross in einem versiegelten Umschlag bei seiner Ankunft in Dieppe ausgehändigt. Hätte Wilde das Elend vorhersehen können, das *De Profundis* nach seinem Tod verursachen sollte, hätte er ein Vorgefühl von der zukünftigen Fehde zwischen Ross und Douglas gehabt, so hätte er dieses Dokument gewiss vernichtet, umso mehr, als es seine therapeutische Wirkung bereits entfaltet hatte. Doch *De Profundis* enthielt außer der Abrechnung mit Douglas auch eindrucksvolle Abschnitte metaphysischer Art, die vielleicht noch einmal zu gebrauchen waren.

Dieser Doppelcharakter seines Werkes war Wilde bereits im Gefängnis bewusst geworden, denn am 1. April 1897 hatte er Ross beauftragt, einigen Freundinnen Kopien dieser Stellen mit »guten und freundlichen Absichten« zu senden. Außerdem sollten zwei getippte Kopien des vollständigen Textes angefertigt werden (eine für Ross und eine für Wilde), wonach das Original ›A.D.‹ geschickt werden könne. Der Brief sei hier und da vielleicht ein wenig ungerecht; aber Ungerechtigkeit sei genau das, was ›A.D.‹ verdiene. So Wilde.[7]

Einmal in Freiheit und vom Haftkoller genesen, wird er in seinem Domizil in Berneval erleichtert darüber gewesen sein, dass man es ihm verboten hatte, *De Profundis* aus dem Gefängnis Douglas zu schicken. Wilde war – darüber sind sich seine Biographen einig – kein nachtragender Mensch. Und jetzt, da er erkannte, dass sein Freund ihn *nicht* vergessen hatte, sondern sich ganz im Gegenteil immer wieder für ihn eingesetzt hatte – in Petitionen, in Zeitungen, in dem Artikel für die *Revue Blanche* –, fiel ihm eine große Last vom Herzen. Warum sollte er Douglas noch nachträglich mit seiner ›Enzyklika‹ das Leben schwer machen?

Robert Ross behauptete Jahre später, als der Krieg zwischen ihm und Douglas ausgebrochen war, Wilde habe ihn in Berneval angewiesen, Douglas nicht das Manuskript von *De Profundis*, sondern eine der maschinenschriftlichen Kopien zu schicken; dieser Bitte sei er am 9. August 1897 nachgekommen. Douglas hat immer abgestritten, dieses Typoskript je erhalten zu haben. Hier steht, so wird man sagen, Aussage gegen Aussage. Aber ist es nicht äußerst unwahrscheinlich, dass Wilde einerseits mit seiner Epistel Douglas einen Faustschlag versetzen wollte, einer Epistel, in der er ihn einen Feind nannte, einen »Feind, wie kein Mensch ihn je gehabt hat«[8], den Zerstörer seiner Kunst, während er ihm zur gleichen Zeit schriftlich versicherte, er könne nur dann hoffen, wieder Schönes in der Kunst zu schaffen, wenn er mit ihm zusammen sei?[9] Gleichermaßen unwahrscheinlich ist es, dass Douglas nach der Lektüre des Dokuments zur Tagesordnung überging, dass er es nie auch nur mit einem Wort, weder in Briefen noch Gesprächen, erwähnte, nie Wilde den mindesten Vorwurf machte. Das würde von einem Grad an Langmut zeugen, den man ihm im Allgemeinen nicht zugesteht. Völlig abwegig ist schließlich die von Vyvyan Holland[10] und anderen vertretene These, Douglas habe das Typoskript verbrannt, »in einem seiner Anfälle von Naivität, die ihn bisweilen überkamen, in der Annahme, sein Exemplar sei das einzige, und dieser Akt würde einer heiklen Angelegenheit ein Ende bereiten«.[11] Douglas wusste sehr wohl, dass einem Häftling in einem englischen Zuchthaus keine Schreibmaschine zur Verfügung stand.[12]

»Meine Sehnsucht nach Oscar frisst Tag und Nacht an meinem Herzen«, schrieb er Ross am 13. Juli.[13] Das lange Warten sollte bald zu Ende sein. Oscar und Bosie trafen einander schließlich im August in Rouen. Es war eine filmreife Szene: Bosie stand auf dem Bahnsteig, als Wildes Zug einfuhr, und Oscar – deutlich gealtert – brach in Tränen aus, als er den Freund umarmte. »Wir spazierten den ganzen Tag Arm in Arm oder Hand in Hand«, schreibt Douglas in seiner Autobiographie, »und waren vollkommen glücklich.«[14] Wilde reiste am nächsten Tag nach Berneval zurück, die Freunde hatten verabredet, einander in Neapel wieder zu treffen.

Monatelang hatte Wilde den Besuch seiner Frau herbeigesehnt. Sie war nicht gekommen, hatte ihm jedoch Briefe geschrieben, die eine Annäherung nicht gerade erleichterten. Sie hatte ihn zudem wissen lassen, dass ihre Söhne in England bleiben würden. Dies und das trübselige Wetter hatten Wilde fast in den Selbstmord getrieben. Er war die Einsamkeit gründlich leid. Verständlich, dass er nun der Versuchung erlag, mit Bosie ins sonnenüberflutete Italien zu reisen. Er hoffte, dort seine *Ballade vom Zuchthaus zu Reading* zu vollenden, die vom Londoner

Verleger Leonard Smithers herausgegeben werden sollte. Wilde hatte ihn in Berneval kennen gelernt. »Er liebt Erstausgaben, besonders von weiblichen Wesen: kleine Mädchen sind seine Leidenschaft.«[15] Eine Anspielung auf die pornographischen Bücher, die Smithers heimlich vertrieb, neben den Büchern, die seinen Ruf begründeten: Werke von Künstlern wie Beardsley, Cander oder Max Beerbohm oder Dichtern wie Ernest Dowson und Vincent O' Sullivan.

Im Oktober bezogen Wilde und Douglas die Villa Giudice in Posilippo bei Neapel, romantisch an der Küste gelegen, mit einer Marmortreppe, die zum Strand führte. Aber es wimmelte dort, wie sich herausstellte, von Ratten, die erst durch die vereinten Anstrengungen eines Rattenfängers und einer Zauberin vertrieben werden konnten. Sie verbrannte Kräuter und murmelte Zaubersprüche; die Zukunft, die sie den beiden voraussagte, war nicht besonders rosig.

Die Nachricht ihrer Wiedervereinigung verursachte eine wahre Hysterie unter den Freunden. Ross war wütend und überrascht, denn Wilde hatte sich aus taktischen Gründen in seinen Briefen an ihn stets kritisch über Douglas ausgelassen und ihn nicht in seine Pläne eingeweiht. Constance Wilde, so lässt sich denken, war tief verletzt. Auch im Lager von Douglas herrschte Panikstimmung. Seiner Mutter gegenüber hatte Douglas Wilde absichtlich eine Zeit lang mit keinem Wort erwähnt, und Lady Queensberry sah nun alle ihre Hoffnungen schwinden, ihr Sohn könnte Wilde jemals vergessen. Sein Umgang mit einem Ex-Sträfling drohte seine Rückkehr in die Adelskreise endgültig unmöglich zu machen. Wie schockiert das Establishment war, geht aus der Tatsache hervor, dass ein Abgesandter des britischen Botschafters in Italien in der Villa eintraf, um Lord Alfred unter vier Augen zu bewegen, Wilde zu verlassen. Was Lord Alfred ablehnte. Seine Unbeugsamkeit schadete übrigens nicht nur seinem Ruf, sondern kostete ihn auch den beträchtlichen Zuschuss zu seinem

Lebensunterhalt, den ihm sein Vater in Aussicht gestellt hatte, falls er mit Wilde breche. Es ist daher gleichermaßen ungerecht wie töricht zu behaupten, Wilde hätte sich in Neapel »einem gewissenlosen Genussmenschen« ausgeliefert.[16]

Wilde fühlte sich durch Ross' Briefe dermaßen brüskiert, dass er sie anfänglich unbeantwortet ließ. »Ich kehre zu einem Dichter zurück«, schrieb er Reginald Turner, der seine Zweifel geäußert hatte, ob Wilde einen vernünftigen Entschluss gefasst habe. »Wenn die Leute also sagen, wie grässlich es von mir sei, dass ich zu Bosie zurückkehrte, bitte sage, *nein* – sage, dass ich ihn liebe, dass er ein Dichter ist und dass mein Leben, was immer es vom ethischen Standpunkt aus gewesen sein mag, stets eine *Romanze* war, und Bosie ist meine Romanze. [...] Also brich eine Lanze für uns, Reggie, und sei nett.«[17]

Besuchern der Villa fiel auf, wie gut sich die beiden verstanden. Ein gewisser Knapp notierte, dass Bosie »sehr vernarrt in Oscar«[18] sei, und als der Entdeckungsreisende Harry de Windt einmal mit Wilde allein war, konnte dieser sich nicht genug darin tun, seinen jungen Freund zu loben, der, wie er sagte, »durch dick und dünn zu ihm gehalten« habe.

Im Oktober vollendete Wilde *Die Ballade vom Zuchthaus zu Reading*, während Douglas einige Sonette von großer Schönheit schrieb. Gemeinsam begannen sie ein Opernlibretto, aber die Muße, nach der sie sich sehnten, war ihnen nicht vergönnt.

Constance Wilde hatte sich verpflichtet, ihrem Mann wöchentlich den bescheidenen Betrag von drei Pfund auszuzahlen, allerdings unter der Bedingung, dass er nicht mit »übel beleumdeten Personen« verkehre. Dazu zählte sie Lord Alfred Douglas, und im November stellte sie daher die Zahlungen ein. Auch sein eigener Anwalt, stellte Wilde überrascht fest, hatte diesem Schritt zugestimmt. Zu Unrecht, meinte Wilde, denn gegen Bosie seien niemals die geringsten Vorwürfe erhoben worden. Seine Wut und Entrüstung kannten aber keine Grenzen, als er erfuhr, dass

Ross und More Adey auf eine entsprechende Anfrage hin Constance Recht gegeben hatten. Wilde tunkte die Feder in Gift und Galle. »Inwiefern, mein lieber More«, schrieb er, »ist Bosie übler beleumdet als zum Beispiel Du oder Robbie?« Und er erinnerte ihn daran, dass seine Frau heftig protestiert habe, als sie von einem Besuch Mores in Reading erfuhr. »Wenn Robbie hier mit mir lebte, würdest Du dann die gleiche Haltung eingenommen haben?«[19] Auch Douglas mischte sich ein, aber es half alles nichts: Wilde erhielt keinen Pfennig mehr. Er war zwar in Freiheit, doch ihm waren die Hände gebunden.

Als kurz darauf auch Lady Queensberry drohte, Douglas seine wöchentliche Rente von acht Pfund zu streichen, dämmerte es den beiden Freunden, dass eine Kapitulation unabwendbar war. Nach Rücksprache mit Douglas unterbreitete Wilde also Ross und Adey einen Vorschlag. Es wäre absurd, zu versprechen, Bosie fortan zu schneiden, nicht mehr mit ihm zu sprechen oder mit ihm zusammenzukommen. Er habe zwei Jahre Schweigen und Einsamkeit hinter sich, ihn aufs Neue dazu zu verurteilen, wäre barbarisch. Er sei durchaus zu der Erklärung bereit, nie wieder mit Bosie im gleichen Haus zu wohnen. Würde Constance unter dieser Bedingung ihre Zahlungen an ihn wieder aufnehmen?[20] Eine Antwort blieb aus.

Inzwischen hatte Douglas Verhandlungen mit seiner Mutter aufgenommen. Er erklärte sich bereit, Wilde zu verlassen, jedoch zu seinen Bedingungen. Erstens: Sie müsse die Miete der Villa im Voraus bezahlen, so dass Wilde noch mindestens drei Monate in Neapel bleiben könne. Zweitens: Sie müsse dem Dichter einen ansehnlichen Geldbetrag zukommen lassen.

Die Marchioness ging eiligst auf diesen Vorschlag ein, verlangte jedoch von Wilde die schriftliche Zusage, nicht mehr mit ihrem Sohn unter einem Dach zu wohnen. Wilde entsprach dieser Aufforderung[21] und erhielt über More Adey in zwei Raten die Summe von 200 Pfund.

Alles war verloren, außer der Ehre. So konnte Douglas mit Anstand und Würde von Wilde Abschied nehmen; im Dezember reiste er nach Paris ab. Aus Rom schrieb er seiner Mutter einen Brief, in dem er ihr ein bemerkenswertes Geständnis machte:

»Ich bin so froh, ach so froh! dass ich fort, dass ich entkommen bin. Ich habe große Angst, dass Du mir nicht glaubst und dass ich den Eindruck erwecke, als ob ich Dir nur etwas vormache; aber ich bin kein Heuchler – Du musst mir einfach glauben. Ich wollte unbedingt zu ihm zurück, ich habe mich nach ihm gesehnt, weil ich ihn liebe und bewundere und ihn für groß halte und beinahe für gut, aber als ich es getan hatte und wieder zurück war, da fand ich es abscheulich, es war erbärmlich von mir. Ich wollte fort. Aber ich konnte nicht. Ich war durch die Ehre gebunden.

Wenn er mich gebeten hätte zu bleiben, hätte ich ihn nie verlassen, aber als ich merkte, dass er das nicht wollte und dass ich fortgehen konnte, ohne ihm untreu zu werden, war ich sehr froh. Sogar dann habe ich es vor mir selbst verborgen gehalten, habe ich gegen diesen Gedanken angekämpft, und erst in den zwei Tagen, die ich hier bin, ist es mir ganz klar geworden ist und gestehe ich es mir ein, wie froh ich darüber bin, fort zu sein. Sogar als ich hier ankam, redete ich mir ein, dass ich mich elend fühlte und zurückkehren wollte und das habe ich Dir geschrieben. Aber jetzt begreife ich, wie erleichtert ich bin, *ehrenhaft* einer Art Gefängnis entronnen zu sein.

Ich glaube noch immer, dass ich recht daran tat, zu ihm zu gehen, als er mich darum bat, und damals sehnte ich mich auch danach. Ich fand, dass ich die Sache klären müsste. Und solange ich bei ihm war, war es meine Pflicht, für ihn zu kämpfen, und das tat ich bis zum bitteren Ende. Da ich eigentlich nicht bei ihm bleiben wollte, war ich umso entschlossener, nicht die geringste

Treulosigkeit zu zeigen. Wenn er vorgeschlagen hätte, gemeinsam Selbstmord zu begehen, hätte ich das akzeptiert. [...]
Es hat keinen Sinn zu wünschen, ich wäre nie mit ihm nach Neapel gegangen. Es war das Beste, was geschehen konnte. Wenn ich mich nicht mit ihm wieder vereinigt und zwei Monate mit ihm zusammengewohnt hätte, hätte ich *nie* die Sehnsucht nach ihm überwunden. Das hat mein Leben, meine Kunst, alles verdorben. Jetzt bin ich frei.«[22]

Wilde, der im Februar 1898 nach Paris übersiedelte, wurde von seinen dortigen Freunden wiederholt wegen seines ›Abenteuers‹ mit Douglas kritisiert. Das war, so fand er, »sehr unfair«,[23] aber er begriff nicht, warum seine Schecks noch immer ausblieben, obwohl er – wie er Ross wiederholt versicherte – von Bosie »für immer getrennt« war. Zweifelte Constance etwa an seiner Aufrichtigkeit? War er vielleicht nicht deutlich genug gewesen? Gut, dann würde er einen Brief schreiben, der an Deutlichkeit *nichts* zu wünschen übrig ließe.

Das Thema Neapel, schrieb er um den 2. März an Ross, lasse sich sehr knapp und rasch abhandeln. Bosie habe ihm vier Monate lang in endlosen Briefen ein ›Zuhause‹ angeboten. Er habe ihm Liebe, Zuneigung und Geborgenheit offeriert und versprochen, es solle ihm an nichts fehlen. Nach vier Monaten habe er das Angebot angenommen, aber als sie sich dann auf dem Weg nach Neapel in Aix wiedergesehen hätten, hätte sich herausgestellt, dass Bosie weder Geld noch Pläne hatte und dass all seine Versprechungen vergessen waren. Er habe nur einen Gedanken gehabt: Er, Wilde, solle für beide Geld beschaffen. Das habe er denn auch getan, nämlich eine Summe von 120 Pfund. Davon lebte Bosie recht angenehm. Als er dann seinen Anteil, wie sich von selbst versteht, zurückzahlen sollte, wurde er unleidlich, unfreundlich, gemein und – wenn es nicht gerade um sein eigenes Vergnügen ging – knauserig; als schließlich seine Bezüge ausblieben, reiste er ab. Das Ganze sei in der Tat die bitterste Erfahrung eines bitteren Lebens, schloss Wilde, ein grässlicher und lähmender, aber unvermeidlicher Schlag. Bosie wolle er nie wiedersehen. »Er erfüllt mich mit Abscheu.«[24]

Dieser Brief – von Lady Queensberry als »verdorben und abscheulich« bezeichnet[25] – verfehlte seine Wirkung nicht. Robert Ross, der sehr wohl wusste, dass diese Darstellung nicht der Wahrheit entsprach, da More Adey ihn über den ganzen Hergang informiert hatte, zeigte ihn Constance, die daraufhin endlich die Zahlungen an ihren Mann wieder aufnahm. Der Brief verschwand in Ross' Schreibtischschublade. Douglas ahnte von seiner Existenz nichts, aber der Tag sollte kommen, an dem er unter entschieden dramatischen Umständen sowohl von diesem Brief, als auch von dem vollständigen Text von *De Profundis* Kenntnis nehmen sollte. Eine Zeitbombe für Douglas.

2

Oscar Wildes Schwanengesang, *The Ballade of Reading Goal*, erschien am 13. Februar 1898 unter dem Pseudonym C.3.3. – Wildes Nummer im Gefängnis – und war ein durchschlagender Erfolg. Die erste Auflage war in kürzester Zeit ausverkauft, weitere folgten in kurzen Abständen, die siebte mit Wildes Namen auf dem Titelblatt.

Constance erhielt ein Exemplar und fand die Ballade »wundervoll«.[26] Den Dichter wollte sie nie mehr sehen, er aber sah sie noch einmal, am 7. April, nachts, in einem beängstigenden Traum. In der gleichen Nacht, so erfuhr er, war sie gestorben, einundvierzig Jahre alt.[27] »Hätten wir einander nur ein einziges Mal gesehen, einen einzigen Kuss getauscht«, schrieb Wilde einem Freund. »Zu spät. Wie grausam ist das Leben.«[28]

Douglas bezog kurz darauf eine Wohnung an der Avenue Kléber in Paris und ließ sich bei der Wahl des Mobiliars von Wilde beraten. Ihre ehemals leidenschaftliche Beziehung war nach der neapolitanischen Episode in stilleres Fahrwasser eingemündet und sieben Jahre nach ihrer ersten Begegnung einer warmen Freundschaft gewichen. Douglas versicherte seiner Mutter, dass er den Dichter immer noch liebe, ihn noch immer bewundere, seine künstlerische Rehabilitation herbeisehne, sich in allem mit ihm verbunden fühle[29] – aber Oscar war nicht länger der Mittelpunkt, um den sein Leben sich drehte. Zur Zufriedenheit von Ross übrigens.

Douglas hatte Heimweh nach England, und nachdem gut unterrichtete Kreise ihm versichert hatten, er könne zurückkehren, ohne von Scotland Yard verhaftet zu werden, reiste er im November 1898 nach London, wo er Kontakt zu zwei Verlegern aufnahm, zu Edward Arnold, der noch vor dem Jahreswechsel einen Band Nonsens-Verse herausgab, die Douglas in seiner Studentenzeit geschrieben hatte, *Tails with a Twist* ›by a Belgian Hare‹; und zu Grant Richards, dem er *The City of the Soul* anvertraute. Der Band enthielt neben neueren Gedichten auch die bereits in *Poems* (1896) erschienenen, außer denjenigen, in denen Douglas »mit griechischem Feuer spielte«[30], etwa ›In Praise of Shame‹ und ›Prince Charming‹.

The City of the Soul erschien anonym im Mai 1899 in einer Auflage von fünfhundert Exemplaren. Der kleine Band wurde begeistert aufgenommen. »Dies ist Poesie der stolzen Art, die vulgäre Anerkennung verschmäht und die Zustimmung des Connaisseurs sucht«, meinte *The Scotsman*.[31] Die *St. James's Gazette* sprach von »einem Schatzhaus voller Juwelen«.[32] »Ein großer Unbekannter«, urteilte *The Outlook*. »Inmitten einer Menge gerissener Verseschmiede ist hier ein Dichter hervorgetreten. Mehr zu sagen, erübrigt sich.«[33] Die letztere Besprechung stammte von Lionel Johnson, der seinerzeit Douglas mit Wilde bekannt gemacht hatte. Johnson – der sich im Gegensatz zu vielen anderen nach Wildes Verurteilung nicht von Douglas distanziert hatte[34] – trieb schon seit langem Raubbau mit seiner Gesundheit. Er war Alkoholiker, lebte in völliger Zurückgezogenheit und starb drei Jahre später unter elenden Umständen. Die erste Auflage von *The City of the Soul* war innerhalb weniger Wochen ausverkauft, und eine zweite von ebenfalls fünfhundert Exemplaren befand sich im Druck. Douglas verlangte nun, dass in der zweiten Auflage, wie mit Richards vereinbart, sein Name auf der Titelseite erschien. Doch der Verleger befürchtete eine abschreckende Wirkung. Douglas hingegen betrachtete sein Buch als eine würdige Antwort auf die Beschimpfungen, die er hatte hinnehmen müssen, und bestand auf der Abmachung. Aber als im Dezember die zweite Auflage unter Douglas' Namen herauskam, reagierte das Publikum nicht, und auch die Rezensenten, die sich hintergangen fühlten, hüllten sich in Stillschweigen. Die Wilde-Affäre war allen Journalisten noch zu frisch im Gedächtnis. Erst 1911 sollte eine dritte Auflage bei John Lane erscheinen.

Es war Leonard Smithers, der im Dezember 1899, kurz bevor seine Firma Bankrott ging, noch ein weiteres Werk von Douglas publizierte, *The Duke of Berwick* ›by the Belgian Hare‹, ein komisches Gedicht, das von Anthony Ludovici – dem künftigen Privatsekretär Rodins – illustriert wurde. Später, als Achtzigjähriger, sollte Ludovici sich an Begegnungen mit Douglas erinnern.

Ludovici wurde eingeladen, die Ausgabe von *The Duke of Berwick* im Haus von Lady Queensberry zu besprechen, und traf dort außer Douglas auch Smithers an. Man empfing ihn äußerst herzlich. Ein Butler servierte Tee, und Smithers fragte Ludovici, was er für die zwölf Illustrationen verlange. Verlegen schlug der junge Mann den Betrag von vierundzwanzig Guineas vor, den ihm sein Vater genannt hatte, und noch bevor Smithers antworten konnte, forderte Douglas ihn auf, das Angebot zu akzeptieren. Anschließend las Bosie »mit seiner melodiösen, hellen Baritonstimme« sein Gedicht vor. Ludovici, der annahm, es handele sich um eine Persiflage auf den Marquess of Queensberry, war entzückt.

In den darauf folgenden Wochen war er regelmäßig in Smithers Büro, wo er dem Dichter und dem Verleger seine Illustrationen vorlegte. Seine Begegnungen mit Douglas »machten diese kurze Periode seines Lebens zu einer der glücklichsten, an die er sich erinnern konnte«; im Besonderen blieb ihm der Nachmittag in Erinnerung, an dem Douglas ihn beiseite nahm, ihm scherzhaft einen Rippenstoß versetzte und ihn im Flüsterton fragte, was ihn in Gottes Namen dazu veranlasst habe, Smithers' Sekretärin als Mademoiselle de la Ponghèra zu karikieren, eine der Gestalten seines Gedichts. Erst in dem Moment fiel es Ludovici wie Schuppen von den Augen. Die Ähnlichkeit, schwor er, sei rein zufällig. Er bot an, die Abbildung zu verändern, aber Douglas wollte nichts davon wissen; allerdings legte er ihm ans Herz, der betreffenden Dame aus dem Weg zu gehen...

Mit tiefem Bedauern lieferte Ludovici schließlich seine letzte Zeichnung ab. Rückblickend schrieb er über den jungen Dichter:

»In jenen lang verflogenen Tagen hatte ich mir noch keine festen philosophischen Ansichten über die Natur des Menschen und die Beziehung zwischen Körper und Seele gebildet, aber ich bin seitdem zu vielen starken Überzeugungen hinsichtlich dieser Fragen gelangt, von denen ich an einer im Besonderen festhalte, nämlich dass – im Unterschied zum sokratischen Standpunkt – die körperliche Erscheinung, das Äußere innig mit Charakter und Veranlagung verbunden sind, und dass jemand, der Lord Alfred Douglas' unwiderstehliche Anmut und seinen Charme besaß, unmöglich zu den Schandtaten fähig sein konnte, die ihm seine Feinde angelastet haben.«[35]

Queensberry – der übrigens in *The Duke of Berwick* nicht verspottet wird; der komischen Figur liegt ein Puritaner aus *Das Bildnis des Dorian Gray* zugrunde – starb am 31. Januar 1900, im Alter von sechsundfünfzig Jahren. Ein Versuch, sich mit Bosie zu versöhnen, war gescheitert. Sie hatten sich durch die Vermittlung eines Neffen im Rauchsalon des Londoner Hotels getroffen, in dem Queensberry abgestiegen war, und der Marquess hatte Bosie schluchzend umarmt und ihm die Wiederaufnahme der Unterhaltszahlungen versprochen, doch bereits eine Woche später schrieb er seinem Sohn einen geharnischten Brief, in dem er ihm kundtat, er brauche mit keinem Pfennig zu rechnen, bevor er ihn nicht über seine Beziehung zu »diesem Ungeheuer Wilde« *genauestens* informiert habe. Douglas lag mit Grippe im Bett, als er das Schreiben erhielt. Seine Antwort war alles andere als diplomatisch. Der Marquess, der nie begriff, wie sehr er andere verletzte, selbst jedoch rasch gekränkt war, fühlte sich tief beleidigt. Er wollte seinen Sohn nie mehr wiedersehen. Aber Douglas sah seinen Vater noch einmal, Monate später, allerdings nur aus einer Kutsche. Der Anblick des kranken und verstörten Vaters weckte sein Mitleid. Queensberry litt an Verfolgungswahn und glaubte, »die Oscar Wildes« hätten es auf ihn abgesehen. Bosie schrieb ihm, sein Brief täte ihm Leid, er wünsche ihm alles erdenklich Gute. Queensberry hüllte sich in Schweigen, aber sein Schwiegersohn berichtete Douglas später, die Worte hätten ihm gut getan.

Auf seinem Sterbebett empfing der Edelmann seinen Sohn Percy, seinen Erben, dem er ins Gesicht spie; seine erste Frau, die zu hören bekam, dass er nur sie aufrichtig geliebt habe; und seinen Bruder, einen katholischen Priester, dem er seine Sünden beichtete. Queensberry widerrief alle seine atheistischen Ansichten, legte Zeugnis von seiner gläubigen Liebe zu Jesus Christus ab und empfing die Absolution. Daraufhin sei er, so der Priester, glücklich und friedlich gestorben.[36]

Douglas erbte 15 000 Pfund, ein Betrag, der es ihm erlaubt hätte, für den Rest seines Lebens zu privatisieren. Stattdessen kaufte er sich ein paar Rennpferde, die er in Chantilly, einer Stadt nördlich von Paris, unterbrachte und wo er sich in den nächsten anderthalb Jahren vorzugsweise aufhielt.

Unter Wildes Einfluss, der wie die meisten Exponenten der ästhetischen Bewegung sportliche Betätigung verachtete, hatte Douglas seit dem Beginn ihrer Freundschaft kaum noch Sport getrieben. Jetzt stand der junge Lord, der sich einmal in *The Spirit Lamp* über die Gesundheitsapostel lustig gemacht hatte[37], in aller Herrgottsfrühe auf, um mehrere Stunden lang durch die waldreiche Umgebung zu galoppieren. Seine Reitkunst wurde von Jockeys bewundert.

Wilde traf sich oft mit Douglas in Paris, interessierte sich aber für dessen »lächerliche Gäule« nicht im Geringsten, desto mehr für seine Erbschaft. Schenkt man seinen Briefen aus dieser Zeit Glauben, so unterstützte ihn Douglas kaum oder gar nicht, da er nur noch Augen für sein eigenes Vergnügen hatte. »Er ist ein ausgesprochener Geizhals«, schrieb Wilde etwa am 29. Juni 1900 an Ross, »aber sein Geiz besteht im Verschleudern: ein neuer Typ.«[38] Das war zwar geistreich formuliert, entsprach jedoch keineswegs der Wahrheit. Douglas war nicht geizig. Ein verlässlicher Zeuge, Reginald Turner, erklärte später[39], Bosie sei verschwenderisch mit seinen Zuwendungen an Wilde gewesen, ja, niemand habe ihn mehr unterstützt als er. Er lud Oscar regelmäßig in Restaurants ein und steckte ihm dann immer Geld zu. Außerdem schickte er ihm aus Chantilly Schecks von 10 bis 125 Pfund.[40] Wilde allerdings, so muss man, wenn auch ungern, einräumen, kannte in seinen letzten Jahren in finanzieller Hinsicht wenig Skrupel. Er erhielt auf Grund des Testaments seiner Frau eine monatliche Rente. Hinzu kamen Geldgeschenke von Freunden wie Leonard Smithers und Frank Harris. Not litt Wilde gewiss nicht, aber er hatte ein Loch in der Tasche und pflegte sich über den Geiz der Leute zu beklagen, deren Freigebigkeit einen solchen Vorwurf nicht rechtfertigte. Er scheute sich nicht, die Exklusivrechte an einer Komödie an sechs verschiedene Personen zu verkaufen, die sich sehr wunderten, als sie merkten, dass die Transaktion nicht so exklusiv war, wie sie angenommen hatten! Das Stück wurde nie geschrieben, denn nachdem sein »böser Genius« gezwungen war, ihn in Neapel zu verlassen, fügte Wilde seinem Œuvre keine Zeile mehr hinzu.

Die Gabe der Konversation hatte er jedoch nicht verloren, und wie gebannt hingen seine Freunde manchen Abend an seinen Lippen. Es war dieser Aspekt seiner Persönlichkeit, der Douglas zu einem seiner bewegendsten Gedichte inspirieren sollte, ›The Dead Poet‹, »ein Gesang der Erinnerung, in dem, wie in einem Spiegel, vor dem buntgemischten Hintergrund von Gegenwart und Vergangenheit, jener geheimnisvolle Mensch aufersteht, dessen Wort wie ein Funke sprühte und dessen geistreiche Rede wie ein Kranz um seine Schläfen lag«.[41]

Bevor Douglas im August nach England reiste, traf er sich mit Wilde zum Dinner. Dieser war in glänzender Form, sein Gesicht verfinsterte sich jedoch, als Bosie Abschied nehmen wollte. Er habe nicht mehr lange zu leben, sagte er. Unsinn, meinte Douglas, und reiste ab.[42]

Aber seine Ahnung trog Wilde nicht. Im Oktober wurde er krank, und als Douglas davon erfuhr, schickte er ihm »einen sehr netten Brief«[43] und einen Scheck. Wilde war gerührt und vergoss einige Tränen. Es sollte der letzte Kontakt zwischen den beiden bleiben.

Ross war sich anfänglich nicht über den Ernst der Situation im Klaren, aber als sich Wildes Zustand nach einigen Wochen verschlimmerte, versuchte Turner, der ihn pflegte, Douglas zu benachrichtigen. Dieser hielt sich in Schottland auf und konnte nur mit Mühe aufgespürt werden; bei seiner Ankunft in Paris war alles vorbei. Der Dichter war, erst sechsundvierzig Jahre alt, am 30. November 1900 im Hôtel d'Alsace in der Rue des Beaux-Arts an den Folgen einer allergischen Reaktion auf Paraphenylendiamin gestorben.[44]

Douglas konnte es kaum begreifen. Fassungslos stand er vor dem bereits zugenagelten Sarg und ließ sich von Ross über alle Einzelheiten informieren. Man kam überein, dass Douglas die Begräbniskosten übernehmen würde; wie nebenbei erwähnte Ross, er habe Oscars Papiere durchgesehen, aber nichts Wichtiges gefunden. Was damit geschehen solle? Ob er sie an sich nehmen solle? Douglas hatte andere Dinge im Kopf und antwortete, Ross solle mit den Papieren tun, was er für richtig halte. Damit war Ross de facto zum Verwalter von Wildes literarischem Nachlass geworden, er hatte nun sowohl das Manuskript von *De Profundis* als auch Douglas' Briefe an Wilde in seinem Besitz, Briefe, die er... aber wir wollen den Ereignissen nicht vorgreifen.

Wilde war auf dem Sterbebett zum Katholizismus übergetreten. Als Student hatte er mit der Mutterkirche kokettiert – anders kann man es kaum nennen; sein Leben lang hatte er sich, wie der Protagonist in *Das Bildnis des Dorian Gray*, von der Schönheit des katholischen Ritus angezogen gefühlt.

»Das tägliche Messopfer, grausiger noch als alle Opfer der Antike, erregte ihn nicht nur durch seine erhabene Verwerfung der Sinnenwelt, sondern auch durch die urwüchsige Schlichtheit seiner Elemente und das ewige Pathos der menschlichen Tragödie, die es zu symbolisieren bestrebt war. [...] Die qualmenden Weihrauchfässchen, die die ernsten, in Spitze und Scharlach gekleideten Knaben wie große, vergoldete Blumen hin und her schwenkten, übten eine tiefe Faszination auf ihn aus.«[45]

Der englische Priester, den Ross zum Kranken gerufen hatte, stellte fest, dass dieser zwar nicht mehr zu einem Gespräch in der

Lage, aber bei Bewusstsein war; er taufte ihn und gab ihm die Sterbesakramente.

Am 3. Dezember wurde der Dichter begraben. Sechsundfünfzig Menschen folgten dem Sarg, an der Spitze Douglas. Es kam ihm vor, als wäre »die Sonne untergegangen«.[46] »Ich fühle mich elend und verzweifelt über unseren lieben Oscar«, schrieb er an Adey. »Mein lieber More, was soll man mit seinem Leben anfangen? Ich bin den ganzen Zirkus so satt.«[47]

Was soll man mit seinem Leben anfangen? Diese Frage sollte früher beantwortet werden, als Douglas sich hätte träumen lassen. Denn während das Orchester den Trauermarsch für seinen gestorbenen Freund spielte, wartete hinter den Kulissen bereits die *prima donna* auf ihren Auftritt. Sie hieß Olive Custance und war dazu ausersehen, Lord Alfred zu heiraten.

KAPITEL VII

1

In *The Adventure of the Noble Bachelor*, einer Sherlock-Holmes-Geschichte aus dem Jahr 1892, liest Doktor Watson dem berühmten Privatdetektiv aus einer Zeitung vor.»Man wird bald für protektionistische Maßnahmen auf dem Heiratsmarkt plädieren«, heißt es in dem Artikel,»denn das Freihandelsprinzip scheint unsere einheimische Ware stark zu benachteiligen. Ein adeliges Haus nach dem anderen geht in die Hände unserer bildschönen Cousinen auf der anderen Seite des Teiches über.«[1]

Mancher englische Adlige gab um die Jahrhundertwende in der Tat einer amerikanischen Frau den Vorzug. Die Motive waren eher praktisch als romantisch: Zahlreiche Millionärstöchter der Neuen Welt brannten darauf, einen europäischen Aristokraten zu heiraten. Die Braut erhielt einen Titel und der Bräutigam ein fürstliches Einkommen. Es war ein Handel, bei dem beide Seiten gewannen.

Dass Douglas ebenfalls den Plan fasste, sich in den Vereinigten Staaten eine Gattin zu suchen, überraschte seine Zeitgenossen daher nicht. Wie man Wildes Briefen entnehmen kann, hatte Bosie sich bisher nur mit jungen Männern beziehungsweise Strichjungen abgegeben. Diese Kontakte gehörten inzwischen der Vergangenheit an, und obwohl er noch nicht von Reue geplagt wurde, betrachtete er diesen Abschnitt seines Lebens doch als abgeschlossen. Er wandte sich nun dem weiblichen Geschlecht zu, und die Aussicht, die Verbindung mit einer attraktiven Amerikanerin könnte mit einem Schlag seine finanziellen Probleme lösen – seine Erbschaft hatte er so gut wie verschleudert –, bildete einen zusätzlichen Ansporn, auf Freiersfüßen zu gehen. In seiner Autobiographie sollte Douglas später erklären, dass er sich dieser wenig edlen Beweggründe nicht allzu sehr schäme, weil es ja schließlich bei bloßen Plänen geblieben sei.[2] Denn ihm war Olive Eleanor Custance begegnet, eine bezaubernde siebenundzwanzigjährige Frau, die zu den festen Mitarbeitern von *The Yellow Book* gehört hatte, einer der wichtigsten Zeitschriften der ›décadence‹.

Olive schrieb Gedichte und schwärmte für Dichter beiderlei Geschlechts: Sie hatte einmal John Gray angebetet, und zu dem Zeitpunkt, da sie in Douglas' Leben auftauchte, flirtete sie mit Natalie Clifford Barney, der »Amazone von Paris«, deren Sonette sie sehr bewunderte. Auf Einladung dieser amerikanischen Millionärin, in deren Salon in der Rue Jacob sich ein Großteil der lesbischen Intelligenz von Paris traf, begab sie sich in die Lichterstadt, um dort eine ›Sapphische Kolonie‹ zu gründen. Zum Missvergnügen von Renée Vivien übrigens, Natalies damaliger Geliebten. Sie fand Miss Custance »fade wie alle englischen Mädchen« und wurde hysterisch, als sie entdeckte, dass Natalie und Olive gemeinsam eine Nacht in einem Hotel verbracht hatten. Olive lief Gefahr, erschossen zu werden, denn Renée Vivien besaß einen Revolver, aber zu einem *crime passionnel* kam es glücklicherweise nicht.[3] Der Liaison war ohnehin kein langes Leben vergönnt. In Venedig, der Stadt, die Olive und Natalie kurz darauf besuchten, hängte Olive ein Porträt von Antinoüs über ihr Bett – dem Favoriten Kaiser Hadrians, der posthum zur Gottheit erhoben wurde und der sie, so gestand sie Natalie, an Lord Alfred erinnere. Ihm gehöre ihr Herz.[4]

Im Juni 1901 hatte sie Bosie einen begeisterten Brief über *The City of the Soul* geschrieben. Dieser Sympathiebeweis hatte Douglas gut getan, denn seit seiner Rückkehr nach England hatte er feststellen müssen, dass man ihn wegen seiner Verwicklung in die Wilde-Affäre mied. Wo er sich zeigte, runzelte man die Stirn und machte zweideutige Bemerkungen; manche Freunde übersahen geflissentlich die Hand, die er ihnen hinstreckte.»Ich wünschte sie alle zum Teufel«, so Douglas,»und in vielen Fällen hat der mich beim Wort genommen.«[5] Es konnte nicht ausbleiben, dass diese schmerzvollen Erfahrungen ihm die Spontaneität und Herzlichkeit raubten, die ihn früher ausgezeichnet hatten. Er fing an, eine gewisse Distanziertheit zu kultivieren, und machte es sich fortan zur Regel, keine Notiz mehr von Leuten zu nehmen, die nicht als Erste das Wort an ihn richteten.

Er beantwortete Olives Brief postwendend. Ein erstes Rendezvous in einem Museum platzte, weil Douglas sich im Saal geirrt hatte, aber kaum war er wieder in seiner Wohnung in der Duke Street, Portland Square, als es an der Tür klingelte. Es war Olive. Und es war Liebe auf den ersten Blick.

In den folgenden Wochen machten beide einander den Hof. Olive schenkte Bosie ein Exemplar ihres Gedichtbands *Opals*; Bosie schickte ihr sein Porträt und ein Medaillon mit einer Haarlocke. Sie gingen zusammen essen, ins Theater, und sie fuhren nach Paris. Douglas empfing glutvolle Briefe wie diesen:

»Mein geliebter Junge, – welche Freude hat mir Dein letzter Brief gemacht... aber jetzt habe ich das Gefühl, dass Du wirklich fort bist; ich bin todunglücklich ohne Dich. Diese Nacht träumte ich von Dir, und als ich erwachte, war mein Kopfkissen von Tränen nass... ich streckte Dir meine Arme entgegen und rief Dich, mein Prinz, ganz leise... aber Du warst schon zu weit fort, um mich zu hören... Ach, wie vermisse ich Dich... Deinen schönen Blondkopf... Deinen süßen roten Mund... der meine Küsse immer ein bisschen schüchtern entgegenzunehmen scheint... und vor allem Deine großen blauen Augen...

110

die schönsten Augen, die ein Junge je gehabt hat [...] Ich glaube, ich drücke mich sehr ungeschickt aus... aber ich vergesse sogar gut zu schreiben, wenn ich an Dich schreibe... ich vergesse alles, außer dass ich Dich liebe... Sieh, was ich für ein Kind bin! Aber Du wirst mich verstehen, weil auch Du ein Kind bist... mein geliebter Junge, mein einziger Bosie, den Gott bestimmt für mich schuf...

Deine Dich liebende Olive.«[6]

Der zitierte Brief, der auch deutlich macht, warum Olive auf einige Zeitgenossen einen etwas *affektierten* Eindruck machte[7], datiert vom Oktober 1901 und erreichte Douglas in Amerika, wohin er aufgebrochen war, um eine Ehefrau zu suchen. Das erscheint paradox, aber die beiden Liebenden hatten sich schweren Herzens davon überzeugt, dass eine Heirat ausgeschlossen sei. Denn Olives Vater, Oberst Frederic Custance − ein Freund König Edwards VII. und ein Mann mit viktorianischen Prinzipien −, würde niemals seine Einwilligung zu einer solchen Verbindung geben. Nicht nur war Douglas knapp bei Kasse − weshalb er seinen Rennstall in Chantilly hatte verkaufen müssen −, er war auch der Freund Oscar Wildes gewesen. Olive hatte ihrem Vater daher ihre Leidenschaft für Bosie ängstlich verheimlicht. Dass diese Beziehung ›hoffnungslos‹ war und von ›der Welt‹ nicht gebilligt wurde, beeinträchtigte natürlich nicht ihre Intensität, im Gegenteil. Sie war *romantisch* und stand ganz in der Tradition berühmter Vorbilder: Tristan und Isolde, Romeo und Julia, Werther und Charlotte... Diese Namen werden zweifellos bei den heimlichen Begegnungen gefallen sein. Als Bosie ihr mitteilte, er könne seine Reise nach Amerika nicht länger aufschieben, zeigte Olive Verständnis.

An die Reling des Linienschiffs gelehnt, das Kurs auf Portland nahm, wurde Douglas jedoch klar, dass seine Unternehmung von vornherein zum Scheitern verurteilt war. Denn wie, so schrieb er von unterwegs der Geliebten, könne er je um die Hand einer Plutokratentochter anhalten, da er nur an seine Olive denken könne?[8]

Die See war sehr rau während der Überfahrt, ein Vorgeschmack der stürmischen Szenen, die Douglas in den Vereinigten Staaten erwarteten. In Buffalo wollten die Leute nichts mit ihm zu tun haben. In Washington wohnte er einige Tage im Hotel Raleigh, wo er, einem Journalisten zufolge, »die Aufmerksamkeit der Hotelangestellten und Gäste [...] durch seine kleine Gestalt und durch die Tatsache auf sich zog, dass er besser als die meisten Männer gekleidet war, die sich in der Lobby aufzuhalten pflegten. Seine Kleidung war äußerst korrekt, immer auf die jeweilige Tageszeit abgestimmt. [...] Der Aristokrat hat sehr blondes Haar und blaue Augen und spricht wie ein typischer Engländer. Während seines Aufenthalts verbrachte er jeden Abend bis spät in die Nacht in der Stadt.«[9]

Der Reporter erinnerte kurz an Douglas' Beziehung zu Wilde. Im Großen und Ganzen war der Artikel wohlwollend, aber einige Leser zeigten sich dem Neuankömmling gegenüber weniger freundlich gesinnt.

Ein Vetter, der bei der britischen Botschaft angestellt war, hatte dafür gesorgt, dass Douglas als Ehrenmitglied in den exklusiven Metropolitan-Klub aufgenommen wurde.

Als er sich nun am 17. Dezember, dem Tag, an dem der Artikel erschien, im Klub etwas zu trinken bestellte, machte ein Gast mit absichtlich lauter Stimme eine beleidigende Bemerkung über Oscar Wilde. Es war eine offensichtliche Provokation; Douglas konnte sich nur mit Mühe beherrschen. Er trank sein Glas aus und verließ den Raum. Sein Vetter, an den er sich Trost suchend wandte, berichtete ihm, der Klub habe in einem geharnischten Brief eine Erklärung für den befremdlichen Schritt verlangt, warum er ein so »verrufenes« Subjekt in den Klub eingeführt habe. Die Botschaftsangehörigen solidarisierten sich zwar mit Douglas, aber er war verständlicherweise tief gekränkt und reiste nach New York ab, wo der *Herald* der Affäre einen Artikel widmete:

KLUB WEIST EINEM BRITISCHEN LORD DIE TÜR.
*Der Metropolitan-Klub in Washington
entzieht Alfred Douglas die Mitgliedschaft.*

»Einige Tage lang amüsierte er sich [in der Hauptstadt] prächtig«, hieß es. »Aber dann verbreitete sich das Gerücht über seine Londoner Lebensweise und seine Freundschaft mit zweifelhaften Personen. Die Affäre hat ziemlichen Staub aufgewirbelt, und das Echo dieses Skandals hallt noch lange nach.«[10]

Douglas konterte mit einem Leserbrief, der am Tag vor Weihnachten abgedruckt wurde und der mit den Worten schloss:

»Die Abneigung des Metropolitan-Klubs und der amerikanischen Presse im Allgemeinen mir gegenüber beruht offensichtlich auf der Tatsache, dass ich auch nach dem Sturz Oscar Wildes und seiner Entlassung aus dem Gefängnis sein Freund blieb und dass ich fast als Einziger seiner zahllosen früheren Freunde seinem Begräbnis beiwohnte.

Ich habe nie versucht, diese Tatsachen zu leugnen; ich werde noch lernen müssen, dass sie eine schwerwiegende Anklage gegen meinen Charakter darstellen, sowohl als Gentleman wie als Christ.«

Es wäre jedoch ein Irrtum zu glauben, Douglas' Aufenthalt in den Vereinigten Staaten hätte nur aus einer Reihe unerfreulicher Szenen bestanden. Der Ton seiner Briefe an Natalie Barney, die er in dieser Zeit oft sah, ist recht frivol. »Ich werde Frank vollständig angezogen zum Lunch mitbringen«, teilte er ihr am

14. Januar 1902 mit, »und falls nötig kann er danach vollkommen ausgezogen sein.«[11] Was mögliche Heiratskandidatinnen betraf, so habe er, wie er Olive berichtete, ihrer »eine Menge« kennen gelernt, habe ihnen auch durchaus gefallen, sich ihnen gegenüber aber kühl verhalten.[12] Mit einem Seufzer der Erleichterung kehrte er im Januar nach England zurück. Dort erfuhr er, dass Olive sich in der Zwischenzeit mit George Charles Montagu verlobt hatte.

An und für sich war dies keine überraschende Wendung. Oberst Custance hatte seine Tochter seit langem gedrängt zu heiraten. Sie wusste so gut wie Bosie, dass sie ihn ihren Eltern gar nicht erst vorzustellen brauchte. Aber dass ihre Wahl ausgerechnet auf Montagu gefallen war, damit hatte er seine Mühe. George war ein Jugendfreund gewesen, den aber die Wilde-Affäre gleichgültig gelassen hatte. Er hatte Bosie, nachdem dieser aus dem französischen Exil nach England zurückgekehrt war, mit offenen Armen empfangen, ja, beide waren geraume Zeit fast unzertrennlich gewesen. Bis zu dem Moment, da Montagu sich zur Wiederwahl in das Unterhaus stellte. Auf Drängen seiner Eltern hatte er von einem Tag auf den anderen den Kontakt zu Bosie abgebrochen – denn was sollten die Wähler von einem Abgeordneten denken, der mit dem ›berüchtigten Lord Douglas‹ verkehrte? Douglas' Enttäuschung lässt sich denken, er verglich seinen Freund in einem Sonett (›The Traitor‹) mit Judas Ischariot.

Montagu besaß schauspielerisches Talent und pflegte Olive damit zu amüsieren, dass er Douglas täuschend ähnlich imitierte. Solche Fähigkeiten interessierten Oberst Custance nicht im Geringsten, desto mehr jedoch die Tatsache, dass George der Erbe eines Grafentums war und zu gegebener Zeit über ein Jahreseinkommen von 30 000 Pfund verfügen würde.

Bosie lud Olive in Kettners Restaurant ein, wo er in der Vergangenheit so oft mit Wilde getafelt hatte. Er merkte bald, dass

Olive nicht von Herzen in die Ehe mit Montagu eingewilligt hatte; sie fand ihn »ganz nett«, aber sie liebe nur ihn, Bosie. Sie habe angenommen, dass er sich in Amerika wirklich nach einer reichen Braut umschauen wollte, und daher gemeint, George nicht abweisen zu können.

Welch eine verfahrene Situation! Douglas dachte angestrengt nach und machte ihr einen abenteuerlichen Vorschlag. Eine schlichte Hochzeitsfeier (die Formalitäten würde er erledigen), und dann, für die Flitterwochen nach Frankreich! Dieses sei, beschwor er sie, der einzige Ausweg. Olive brauchte keine lange Bedenkzeit. Sie versprach, sich am nächsten Dienstagmorgen, dem 4. März 1902, um neun Uhr vor der Kirche St. George's am Hanover Square einzufinden.

Am Abend vor dem großen Ereignis zog Douglas seine Mutter und seine Schwester Edith ins Vertrauen. Sybil Queensberry war entzückt und schenkte ihrem Sohn für ihre zukünftige Schwiegertochter einen Diamantring; Edith erklärte sich bereit, als Trauzeugin zu fungieren. Ansonsten waren nur Robert Ross, Douglas' Vetter Wilfried Blunt und ein Freund, Cecil Hayes, eingeweiht, während Olive ihre Zofe beauftragte, einen kleinen Koffer mit dem Nötigsten zu packen und aus dem Haus zu schmuggeln.

Als Oberst Custance und seine Frau am nächsten Morgen am Frühstückstisch saßen, ahnten sie nicht, dass in diesem Augenblick ihre Tochter von Lord Alfred Douglas zum Traualtar geführt wurde. Groß war ihre Konsternation, als sie von dem Brautpaar, das inzwischen auf dem Weg nach Paris war, ein Telegramm empfingen.

Oberst Custance war wütend. Die in solchen Fällen übliche Vorgehensweise hätte darin bestanden, die Braut zu enterben, aber das war unmöglich, da Olives Großvater seiner Enkelin sein ganzes Vermögen als unveräußerliches Erblehen vermacht hatte.

Olive Custance, Ehefrau von Lord Alfred Douglas

Der Oberst begab sich spornstreichs zu Scotland Yard und verlangte Einsicht in die Akte seines Schwiegersohns, musste jedoch zu seiner Überraschung feststellen, dass eine solche nicht existierte. Er kehrte nach Weston Old Hall, seinem Landhaus in Norfolk, zurück und ließ seinen Unmut an seiner Frau aus, der, so begann es ihm zu dämmern, Olives Interesse für Bosie nicht verborgen geblieben war.

Die Nachricht von der Hochzeit verbreitete sich wie ein

Lauffeuer in der so genannten besseren Gesellschaft und erregte großes Aufsehen. Die Montagus waren tief gekränkt und machten viel Aufhebens davon, mit Ausnahme von George selbst, der seine Enttäuschung würdig und stoisch verarbeitete (er heiratete drei Jahre später eine Amerikanerin). König Edward VII. äußerte seine Verärgerung, was Douglas zu der Äusserung veranlasste, er sehe überhaupt nicht ein, was *ihn* diese Sache denn eigentlich angehe.[13] Andere reagierten phlegmatischer. Percy Wyndham etwa, ein Onkel des Bräutigams. »Alles andere als Mord in der Douglas-Familie«, bemerkte er, »ist Grund zur Gratulation.«[14]

Vor vollendete Tatsachen gestellt, machten Olives Eltern gute Miene zum bösen Spiel; Custance ließ die Neuvermählten wissen, alles sei vergeben und vergessen, und lud sie nach Norfolk ein. Der Besuch verlief durchaus angenehm. Der Oberst kam besser mit Douglas aus, als er erwartet hatte, und weihte ihn in die Geheimnisse des Angelsports ein. Er war außer sich vor Freude, als seine Tochter am 17. November 1902 einem Jungen, Raymond Wilfrid Sholto, das Leben schenkte – denn nach einem Sohn hatte er sich immer gesehnt.

Lord und Lady Douglas bezogen ein malerisches altes Landhaus, Lake Farm, in der Nähe von Salisbury. Hier verlebten sie einige sehr glückliche Jahre. Olive widmete ihren dritten Gedichtband, *The Blue Bird* (1905), ihrem Mann, und er sang ihr Loblied in sechs Sonetten.

Einen Abglanz dieser halkyonischen Tage vermittelt das Interview, das ein französischer Freund, Merlet, mit Douglas führte und das am 14. Februar 1904 in *L'Éclaireur de Nice* erschien. Merlet hatte die Familie in ihrer Villa an der Riviera besucht. Den Lunch nahmen sie in einem Salon ein, dessen Fenster auf das Mittelmeer hinausgingen.

›Ich lauschte dem Dichter von *The City of the Soul*«, schrieb Merlet, »und ahnte, wie sehr dieser kultivierte und feinfühlige Mensch, der dieses Buch geträumt hat, unter der Banalität seines

Jahrhunderts leiden musste. Er ertrug die Ungerechtigkeit der Narren, denen man vergeben müsse, da sie nichts von den Empfindungen, den Illusionen und den Geheimnissen der Seele begriffen.«

»Ich bin mir immer treu geblieben«, sagte Douglas. »Ich habe das, was ich in der Kunst geliebt habe, nie verleugnet; ich habe nie verlangt, dass meine Werke gepriesen oder anerkannt würden.«

Merlet geriet ins Schwärmen über Olives Charme und bekam auch Raymond zu sehen, »ein goldiges Baby mit himmelblauen Augen und einem reizenden Lächeln auf den Lippen.«

»Er ist«, sagte Merlet zu seinem Gastherrn, »Ihr Meisterwerk.«

»Ja«, antwortete Douglas.

Et in Arcadia ego. Eine solche Ruhe hatte er schon lange nicht mehr genossen. Doch es stand in den Sternen geschrieben, dass diese Ruhe nicht lange währen sollte.

2

Der Kritiker der *Illustrated London News*, der 1902 der Aufführung von *The Importance of Being Earnest (Ernst sein ist alles)* einen kleinen Artikel widmete, sprach zwar von »dem unschuldigen Vergnügen«, das den Zuschauern geboten worden sei, hütete sich jedoch, den Namen des Autors zu nennen.[15] Gleichermaßen zurückhaltend verhielt sich das Blatt zwei Jahre später, als es von einer Neuaufführung von *Lady Windermere's Fan* berichtete.[16] In England war Oscar Wilde offenbar noch immer eine umstrittene Figur, ein Umstand, den sein literarischer Nachlassverwalter Robert Ross zutiefst bedauerte. Er wollte Wildes gesammelte Werke herausgeben, um die Schulden des Schriftstellers begleichen zu können und um dessen Söhne zu unterstützen – aber er war sich darüber im Klaren, dass das Publikum zunächst einmal davon abgebracht werden musste, Wilde als einen pathologischen Fall zu betrachten. Und Ross wusste, wie dieser Sinneswandel zu bewerkstelligen war.

In seinem Archiv befand sich das Manuskript von *De Profundis*, und bestimmte Stellen, in denen Wilde über Demut, Reue und Christentum philosophierte, würden, in einem kleinen Bändchen herausgegeben, sicher ihre Wirkung nicht verfehlen. Im Unterschied zu den Attacken gegen Douglas, die Ross nach Rücksprache mit dem Herausgeber Algernon Methuen wohlweislich zurückhielt. Wichtig war jedoch, dass Douglas verborgen blieb, dass es bei der geplanten Veröffentlichung um Auszüge aus einem an ihn gerichteten Brief ging, den er nie erhalten hatte; denn sonst, das lag auf der Hand, würde er versuchen, die Publikation zu verhindern.

Douglas war natürlich überrascht, als er erfuhr, dass ein posthumes Werk von Wilde erscheinen würde. Ross verweigerte ihm den Einblick in das Manuskript und erklärte, es handele sich um Stellen aus einem Brief, den Wilde ihm, Ross, geschrieben habe – und dies war auch der Eindruck, den Ross im Vorwort zu erwecken suchte.[17] Die Epistel, teilte Ross Douglas mit, sei durch bittere Kritik an einigen Freunden verunziert (darunter Bosie), aber sie bräuchten sich keine Sorgen zu machen, er habe diese Seitenhiebe mit dem Mantel der Liebe zugedeckt.[18] Douglas gab sich damit zufrieden, und als das Buch erschien, besprach er es wohlwollend in einer Zeitschrift für Geschwindigkeits-Fanatiker.[19]

Der Erfolg von *De Profundis* übertraf die kühnsten Erwartungen. Einen Tag, nachdem die erste Auflage von zehntausend Exemplaren am 23. Februar 1905 ausgeliefert worden war, teilte Methuen Ross mit, dass die zweite Auflage vorbereitet werde; die dritte folgte im März des gleichen Jahres, die zwölfte im Dezember 1908.[20] Die Kritiker waren des Lobes voll. Nicht so Hochwürden Henry Charles Beeching, der von seiner Kanzel in

Westminster Abbey herab seine Zuhörer ermahnte, sich vor Wildes »satanischer Doktrin« in Acht zu nehmen, und als er erfuhr, dass Methuen Wildes Gesammelte Werke herausbringen wollte, drängte er den Verleger in einem Brief, diesen unseligen Entschluss fahren zu lassen. Methuen antwortete, anscheinend sei der Geist der spanischen Inquisition noch nicht zur Ruhe gekommen; woraufhin Beeching, Verfasser der *Bible Doctrine of Atonement*, bemerkte, die Inquisition hätte Wilde zum Tod auf dem Scheiterhaufen verurteilt. »Er hätte wunderbar gebrannt.«[21]

Mit der Veröffentlichung von *De Profundis* begann Wildes literarische Rehabilitierung in England. Auf dem Kontinent hatte sein Ruhm nie gelitten, vor allem in Deutschland nicht, wo eine Inszenierung der *Salomé* in Hedwig Lachmanns Übersetzung 1902 Triumphe feierte und wo drei Jahre später Richard Strauss seine großartige Vertonung des Stückes vollendete.[22] Diese Wertschätzung des Wildeschen Œuvres in Deutschland – angesichts der Aversion, die der Dichter gegen das Kaiserreich hegte, entbehrt sie nicht einer gewissen Ironie – warf so viele Tantiemen ab, dass Robert Ross 1906 alle Schulden aus Wildes Nachlass zurückgezahlt hatte. Darauf war er mit Recht stolz.

Douglas hatte also eine Rezension von *De Profundis* geschrieben; in den vor ihm liegenden Jahren sollte er noch einige journalistische Arbeiten verrichten, denn im Mai 1907 wurde ihm die redaktionelle Leitung eines literarischen Wochenblatts, *The Academy*, angeboten. Besitzer dieser Zeitschrift war kurz zuvor der Mann seiner Cousine Pamela, Edward Tennant, geworden. Pamela war nicht entgangen, dass sich Douglas auf dem Land zu langweilen begann. Bosie packte die Gelegenheit beim Schopf und zog mit seiner Familie nach London.

Das Büro der *Academy* befand sich in Lincoln's Inn Fields, wo Douglas eine Sekretärin, Alice Head, und ein Laufbursche zur Verfügung standen, der von seinem Chef immer als ›der Lord‹

sprach. Wenn Miss Head ihn nach dem Geschäftsbuch fragte, antwortete er mit ernster Miene: »Der Lord hat es.«[23] Die Sekretärin behielt ihren Vorgesetzten – als »liebenswürdige Persönlichkeit« charakterisierte sie ihn in ihren Memoiren – in guter Erinnerung. Er weckte ihr Interesse für die schöne Literatur, und sie war ihm »ewig dankbar für zahllose Zeichen seiner Güte«. (Weniger angetan war sie von den Avancen des Vermieters, eines älteren Botanikers, der ihr »fragwürdige Abbildungen in alten Büchern« zeigte.)[24]

Douglas war fest entschlossen, die *Academy* zu einem herausragenden Forum zu machen. Als Herausgeber hegte er hohe Ideale. Man könne nicht, legte er dar, gute Bücher lieben, ohne schlechte von ganzem Herzen zu hassen. Die Sphäre der Literatur sei eine Arena, ein Schlachtfeld; jeden Tag würden im Namen der Kunst die schrecklichsten Verbrechen begangen, die Hydra würde Tag für Tag ihre Grauen erregenden Häupter erheben: Schwindelei, Geschwätz, Scheinheiligkeit, Scharlatanerie und billige Gefühle. Nur die Wut, die Wut des Mannes, dessen Geliebter Gewalt angetan wird, vermöge die nötigen Kräfte frei zu setzen, sich dieses vielköpfigen Ungeheuers zu erwehren.[25] Für Nepotismus sei kein Platz in *The Academy*. Den Musen müsse Reverenz erwiesen werden. *The Academy* strebe nicht nach Gewinn. Es gelte, die Geldwechsler aus dem Tempel zu jagen.

Douglas versicherte sich der Mitarbeit von Richard Middleton, James Elroy Flecker, Frederick Rolfe (alias Baron Corvo), Andrew Lang, Rupert Brooke, Siegfried Sassoon und George Bernard Shaw. Er selbst schrieb Artikel über Dante Gabriel Rossetti, ›Michael Field‹ und François Villon[26]; seine eigenen Gedichte zeichnete er mit seinen Initialen. »Dieses Jahr«, schrieb ein begeisterter Leser, »darf, was die Dichtung betrifft, ohne Übertreibung als 1907 ›A. D.‹ bezeichnet werden.«[27] Ein anderer nannte *The Academy* »den Inbegriff einer vernünftigen, gesunden und unerschrockenen Kritik«; wieder ein anderer klagte, die interessantesten Beiträge könne man nur ausschneiden, wenn man zwei Nummern kaufe.[28] Die Zeitschrift war eindeutig im Aufwind.

Dann aber beging Douglas den Fehler, einen Mann in die Redaktion aufzunehmen, der einen verhängnisvollen Einfluss ausüben sollte, nicht nur auf die Geschäftsführung der *Academy*, sondern auch auf sein eigenes Leben. »I made myself as wax / To your fierce seal«, bekannte er später in einem Sonett[29], das er ihm gewidmet hatte. Sein Name war Thomas William Hodgson Crosland.

In der Fleet Street, wo er sich seit 1890 als Journalist mühsam sein Brot verdiente, war Crosland eine auffällige Erscheinung. Er sah immer so aus, als hätte er in seinen Kleidern geschlafen; meist blickte er finster drein, und sein mächtiger Schnauzbart weckte Assoziationen an ein Walross. Wenn er verärgert war (und das war er oft), stand ihm der Schweiß auf der Stirn. Er war ein Diabetiker mit einem Herzleiden; es kam nicht selten vor, dass sich Douglas in ein Krankenhaus sputen musste, wo sein Angestellter angeblich im Sterben lag. Crosland war immer knapp bei Kasse, lunchte täglich auf Douglas' Kosten und lieh sich Geld von allen seinen Freunden; zweimal musste ihm Douglas aus einer finanziellen Zwangslage helfen, um zu verhindern, dass sein Hausrat gepfändet wurde. Bevor Crosland seine Stelle bei Douglas antrat, hatte er kurzlebige Wochenblätter herausgegeben. In einem, der *English Review*, waren auch Gedichte von Douglas erschienen – der dafür nie einen Penny erhalten hatte. Nur widerwillig begleitete Douglas Crosland auf seinen Kneipentouren, und ebenso ungern begleitete Crosland Douglas zu einem wichtigen Abendessen. Bei gesellschaftlichen Ereignissen musste Bosie seinem Kollegen erst die Krawatte binden und das Haar bürsten. Wenn Crosland guter Laune war, gab es keinen angenehmeren Gefährten, meinte Douglas.[30] Sein Sinn für Humor war jedoch wenig subtil, wie seine Satire *The Unspeakable Scot*

(1902) beweist. Den Hochländern warf der Autor – selbst Alkoholiker – übermäßigen Alkoholkonsum vor[31] und legte ihnen ans Herz, vor allem *zu Hause* zu bleiben:»If without serious inconvenience to yourself you can manage to remain at home, please do«.[32] (Bosie musste Crosland versprechen, dieses Buch, das ein großer Erfolg war, nie zu lesen.) Vom gleichen Niveau waren *The Egregious English, Lovely Woman* und *The Fine Old Hebrew Gentleman.* Croslands Liebe zur Literatur war echt, seine Gedichte aber waren mittelmäßig. Als Familienvater brach er in seinen Artikeln eine Lanze für sittliche Erneuerung, doch er selbst hielt sich eine Mätresse. Er war stolz auf seinen Geschäftsinstinkt und drohte den Inserenten, mit denen er im Streit lag, er werde sie in den Aufzugsschacht werfen. Crosland, den Douglas nach einer gewissen Zeit zum Mitherausgeber machte, war ein Unruhestifter; ein Kollege, zugleich ein Spezialist auf dem Gebiet der okkulten Wissenschaft, verglich ihn mit einem ›Poltergeist‹.[33]

Die Freundschaft zwischen Douglas und Crosland – gewürzt mit heftigen Streitereien, die in einem simulierten Herzinfarkt des Letzteren gipfelten – war Alice Head ein Rätsel. Die Atmosphäre in der Redaktion wurde dermaßen hektisch, dass sie beschloss zu kündigen.

The Academy beschränkte sich inzwischen nicht nur auf die Literatur; seit Croslands Mitarbeit und auf sein Drängen hin nahm man auch zur Politik Stellung, ein, wie sich später erweisen sollte, für Douglas äußerst unglücklicher Kurswechsel. Denn wenn es einen Künstler gab, der gut daran getan hätte, seinen Elfenbeinturm nicht zu verlassen, dann war es Lord Alfred Douglas. Mehr als jeder andere Dichter hätte er sich die Worte des Parnassien Gautier zu Herzen nehmen und seine Verse schreiben sollen, ohne auf den Orkan Acht zu geben, der an seinen verschlossenen Fenstern rüttelte.[34] Statt sich über das Frauenwahlrecht zu ereifern (das er nicht befürwortete[35]) oder über die Politik des liberalen Premierministers Asquith (die er ebenfalls nicht befürwortete) oder über die beabsichtigte Reform des Oberhauses (die er nicht befürwortete), hätte er sich dem widmen sollen, was ihm in die Wiege gelegt worden war: der Poesie. Edward Tennant befand sich in einer schwierigen Lage. Als Abgeordneter der liberalen Partei im Unterhaus und Schwager des Premierministers war es für ihn schwer erträglich, dass Bosie, dem er ein jährliches Gehalt von 300 Pfund zahlte, Woche für Woche in *The Academy* gegen die Regierung vom Leder zog. Tennant hoffte, in den Adelsstand erhoben zu werden, doch es war nicht zu erwarten, dass Asquith ihn unterstützen würde, solange sein angeheirateter Vetter den Premierminister in seiner eigenen Zeitschrift immer wieder attackierte. Tennant forderte Douglas daher auf, in Zukunft auf politische Äußerungen zu verzichten, und als dieser sich weigerte, teilte er ihm mit, er werde *The Academy* verkaufen.

Douglas traf diese Ankündigung schwer, im Unterschied zu Crosland, der um die Vollmacht bat, mit Tennant verhandeln zu dürfen. Da Crosland sehr selbstsicher auftrat, kam es zu einem unerquicklichen Streit, der damit endete, dass Tennant, der ganzen Sache überdrüssig, die Zeitschrift Douglas nebst einer Summe von 500 Pfund überließ.

In seiner Autobiographie bedauert es Douglas, dass Crosland sich bei dieser Gelegenheit nicht wie ein Gentleman verhalten habe.[36] Die Wahrheit gebietet es aber, darauf hinzuweisen, dass er selbst als Chefredakteur der *Academy* in dieser Hinsicht regelmäßig versagte. Sein Temperament und die Anspannung verleiteten ihn bisweilen dazu, Briefe zu schreiben, die nicht als Inbegriff der Höflichkeit gelten können. Er sollte mit den Jahren weniger reizbar und weiser werden, aber noch als alter Mann ließ er sich zu schriftlichen Äußerungen hinreißen, die bewiesen, dass er nicht aus der Queensberry-Art geschlagen war. »Liebes Kind«, schrieb ihm George Bernard Shaw 1941 anlässlich eines

Leserbriefes von Douglas, »liebes Kind. Sie müssen wirklich nicht *unverschämt* sein. Sie verraten damit Ihre Klasse.«[37] Das war ein vernünftiger Ratschlag.

Mit Shaw kreuzte Douglas im Mai 1908 die Klingen, als in *The Academy* eine vernichtende Besprechung von Shaws Komödie *Getting Married (Heiraten)* erschien. Shaw war sehr überrascht, denn die Zeitung war ihm bisher immer sehr gewogen gewesen; Douglas hatte ihn zuvor als den »tiefsinnigsten und brillantesten unserer modernen Dramatiker« bezeichnet.[38] *Heiraten* allerdings war dem anonymen Rezensenten zufolge schlichtweg unanständig. Shaw erkundigte sich bei Douglas, »wer in aller Welt« diesen Artikel auf dem Gewissen habe, und bat ihn, sich in der nächsten Ausgabe von dem Inhalt zu distanzieren, er legte Douglas sogar nahe, den Kritikaster zu entlassen. Douglas hielt diesen Vorschlag für ein krasses Beispiel der zweifelhaften sozialistischen Ethik. Die Besprechung stamme aus seiner Feder, ließ er Shaw wissen; möglichen gerichtlichen Schritten des ›Nietzsche von Bayswater‹ sehe er mit belustigtem Interesse entgegen. Es stelle sich die Frage, konterte Shaw, wer den Chefredakteur redigiere? Es gebe zwei Douglase, A. D., den Dichter, und den »hereditären Douglas«. Ersterer solle die Führung übernehmen; der andere sei nämlich dazu fähig, sowohl die Zeitung, als auch sich selbst zugrunde zu richten.[39] Das waren prophetische Worte.

Nun war es bemerkenswert, dass Douglas, der seinerzeit in *The Spirit Lamp* gegen den Beschluss des Zensors protestiert hatte, die Aufführung von Wildes *Salomé* zu verbieten[40], jetzt in *The Academy* meinte, *Heiraten* hätte den Zensor niemals passieren dürfen. Dieser Sinneswandel ging zum Teil auf einen Mann zurück, von dem der oben zitierte Vergleich Croslands mit einem Poltergeist stammt: Arthur Machen. Machen, dessen Schauergeschichten von Liebhabern des Genres sehr geschätzt werden, war in *The Academy* für das Ressort Religion verantwortlich, und es waren seine Beiträge, die Douglas zu jenem Glauben zurückführten, von dem er als Internatsschüler abgefallen war. Er sah die Zeitschrift immer mehr als »einen Pfeiler der Anglikanischen Kirche«[41] oder, genauer, jener Richtung, die, mehr auf Rom ausgerichtet, *High Church* genannt wird und von der *Low Church* unterschieden werden muss, die allem Papistischen abhold war und ist.

Douglas' ziemlich abrupte Bekehrung hatte weit reichende Folgen. Er wurde von Reue geplagt über seine homosexuelle Vergangenheit – was seiner Bewunderung für Wilde noch keinen Abbruch tat, dessen Werk in *The Academy* wiederholt gepriesen wurde – und vertrat hinsichtlich der ›griechischen Liebe‹ nun einen Standpunkt, der, wie er meinte, mehr mit der Lehre desjenigen übereinstimmte, der den Sanftmütigen und Barmherzigen das Himmelreich versprochen hatte. Einst hatte Bosie die Homosexuellen »das Salz der Erde« genannt.[42] Jetzt galten sie ihm als Abschaum der Nation. Diese Intoleranz, nicht ungewöhnlich für einen Neophyten, bedauerte er später zutiefst. »Ich möchte mich von dieser Haltung distanzieren«, schrieb er in seiner Autobiographie, »es ist nicht meine Sache, andere zu verdammen oder ein Urteil über sie zu fällen.«[43]

Auch Robert Ross schrieb gelegentlich für die *Academy*, aber seine Beiträge stießen sowohl bei Crosland als auch bei Pamela Tennant auf Ablehnung. Sie wiesen Douglas darauf hin, dass ein so notorischer Verehrer der Venus paidika wie Ross kein geeigneter Mitarbeiter sei. Ross seinerseits ärgerte sich schon seit längerem über den Tenor der meisten Artikel – obwohl man zu Douglas' Verteidigung sagen muss, dass er den Autoren, deren Werke zerpflückt wurden, reichlich Gelegenheit bot, sich zu verteidigen. Sehr verständlich war allerdings Ross' Entrüstung, als er eines Tages feststellte, dass Crosland eine Besprechung von ihm ›verbessert‹ hatte, wodurch der Artikel einen völlig anderen Sinn bekam. Als Ross sich darüber beklagte, ließ ihn Crosland wissen, aus welchem Grund man auf seine Mitarbeit eigentlich keinen Wert lege. Das traf Ross tief. Eine solche Behandlung war er nicht gewohnt; als Kunstexperte und Vorkämpfer Wildes genoss er ein gewisses Ansehen. Wildes künstlerische Rehabilitation – zwischen dem 30. November 1909 und dem 23. September 1910 wurde *The Importance of Being Earnest* in London 316 Mal aufgeführt[44] – war hauptsächlich *seinen* Bemühungen zu verdanken. Als Krönung dieser Arbeit besorgte er 1908 die erste Wilde-Gesamtausgabe in zwölf schönen Bänden. Die ersten hatte Douglas (zum Leidwesen von Crosland) in der *Academy* begeistert besprochen. »Wilde war, aus rein literarischer Sicht, unbestreitbar die größte Gestalt des neunzehnten Jahrhunderts«, schrieb er:

»Wir scheuen uns nicht zu behaupten, dass seit Byrons Tod niemand einen vergleichbaren Einfluss auf die europäische Literatur ausgeübt hat; und dieser Einfluss war im Unterschied zu jenem stets ein heilsamer. Das Böse, das er tat, soweit er ein Zehntel von dem tat, was man ihm anlastete, wurde mit seinen Knochen begraben; das Gute, das er tat (und das den größten Teil dieses Mannes ausmacht!), lebt weiter und ist unvergänglich.«[45]

Dass Bosies Bewunderung für Oscar sich nicht auch auf dessen literarischen Nachlassverwalter erstreckte, wurde Ross noch einmal am 1. Dezember 1908 vor Augen geführt. Ihm zu Ehren fand im schicken Ritz-Hotel ein Dinner statt (eine rührselige Angelegenheit[46]), an dem etwa zweihundert Gäste teilnahmen, und obwohl Douglas eine Einladung erhalten hatte, glänzte er durch Abwesenheit. Überdies ließ er sich nicht dazu herab, Ross zu seinem Erfolg zu gratulieren. Auch dies war eine Kränkung. Aber was Ross am meisten empörte, war die Tatsache, dass er jedes Mal, wenn er an Bosies Tür klingelte, zu hören bekam, dass Mylord und Mylady »nicht zu Hause« seien.

Die Ironie der Geschichte wollte es, dass Ross, der Douglas zu Wildes Lebzeiten immer nur als Hindernis betrachtet hatte, sich nun nicht so ohne weiteres von ihm beiseite schieben lassen wollte. Ein Brief von Douglas im März 1909 nahm ihm jedoch jede Lust, weitere Annäherungsversuche zu unternehmen. Zu dem »absurden Dinner«, schrieb Douglas, sei er nicht erschienen, weil er nicht Leuten wie Frank Harris und Robert Sherard begegnen wollte, mit denen Oscar sich vor seinem Tod überworfen hatte, ebenso wenig wie der Herzogin von Sutherland und anderen, »die mit Literatur rein gar nichts zu tun haben«; und dass er Ross aus dem Weg gehe, hinge mit der Tatsache zusammen, dass er, Douglas, nicht mit Anarchisten und Homosexuellen in Verbindung gebracht werden wolle.[47]

Douglas erhielt keine Antwort, erfuhr jedoch von der verständlichen Reaktion des Briefempfängers. *Eh bien! la guerre.* Sein Anwalt riet Ross, Douglas nicht wegen Verleumdung anzuklagen, wohl weil er befürchtete, sein Mandant könne in diesem Fall Wildes Schicksal teilen, und Ross beherzigte diesen Rat. Im Übrigen hatte er einen besseren Plan. Im Herbst wusste er den Kurator des Britischen Museums zu überreden, das Manuskript von *De Profundis* in seine Obhut zu nehmen, mit der Auflage, es bis zum 1. Januar 1960 zu versiegeln. Zu dem Zeitpunkt, da die Öffentlichkeit erfahren würde, was Oscar Wilde Lord Alfred Douglas alles verübelt hatte, würde dieser nicht mehr in der Lage sein, sich zu verteidigen. Rache ist ein Gericht, das am besten kalt serviert wird, wie man in England zu sagen pflegt.

KAPITEL VIII

1

Post aus den Niederlanden bekam Douglas nicht oft. Er war daher überrascht, als ihm im Sommer 1908 ein Päckchen von einem ihm unbekannten P. C. Boutens aus Den Haag ausgehändigt wurde. Der bekannte Dichter Pieter Cornelis Boutens gab bei Edouard Verbekes Druckerei Sinte-Catharine in Brügge »besondere Editionen in kleiner Auflage« heraus, »sowohl meines eigenen Werkes als auch von anderen für meinen Freundeskreis wichtigen literarischen Werken, die der Öffentlichkeit nicht auf andere Weise zugänglich gemacht werden konnten«.[1] Verbeke hatte zuvor Ausgaben von *Vijf gedichten van Dante Gabriel Rossetti* (1905) und von Boutens' *Verzamelde sonnetten* (1907) herausgebracht; am 30. Juni des darauf folgenden Jahres erschienen *Poems by Lord Alfred Douglas* in einer Auflage von vierzig Exemplaren. In diesem Band – »wahrscheinlich dem begehrtesten von Boutens' Editionen«[2] – waren die Gedichte aus *Poems* (1896) und *The City of the Soul* (1899) aufgenommen. Douglas war entzückt von dem Geschenk. »Das Buch, das Sie mir schickten, ist über die Maßen reizend, & das Papier & der Druck sind wundervoll«, schrieb er Boutens. »Ich fühle mich geehrt, dass einige Connaisseurs in Holland meine Gedichte lesen. Sollten Sie einmal in London sein, so hoffe ich, dass Sie mir das Vergnügen bereiten, mich aufzusuchen.«[3]

Boutens war nicht der Einzige, der Douglas' Gedichte im Ausland herausgab: Aus einem Artikel in *The Academy* (der leider nichts Genaueres mitteilt) geht hervor, dass sie damals auch in Italien und Österreich erschienen.[4]

Viel Beifall erntete Douglas, als am 3. Juni 1909 seine *Sonnets* von der Academy Publishing Company herausgegeben wurden, ein schmaler Band mit neunzehn seiner gelungensten Verse – ziselierte Meisterwerke, die es durchaus mit den Sonetten Platens, Hérédias, ja Shakespeares aufnehmen können. *The Saturday Review* schrieb, niemand außer Douglas sei in der Lage, Dichtung von gleichwertiger Qualität hervorzubringen.[5]

»Diese Gedichte«, meinte P. N. van Eyck, »gehören zum Schönsten, was in England geschrieben wurde.«[6] Und auch Harry Graf Kessler erging sich in einem Begleitbrief an Hofmannsthal zu dem Bändchen in Lobeshymnen über den »wahrhaft genialen Alfred Douglas, [...] der jetzt hier Sachen herausgibt, die mir viel schöner, reiner, endgültiger als irgendetwas von Wilde selbst scheinen.«[7]

Ein gesunder Geist gehöre in einen gesunden Körper, hatte Douglas 1908 in einem ›Art and Sport‹ getitelten Beitrag geschrieben, der in *The Granta* erschienen war, einem von Cambridger Studenten herausgegebenen Wochenblatt. Er zeigte einmal mehr, dass sein Verfasser nicht von Minderwertigkeitsgefühlen geplagt wurde. »Ich habe, offen gesagt, zufällig recht gute Gedichte geschrieben«, hieß es dort etwa.[8] Solche Äußerungen lieferten einem anonymen Kritiker die Munition zu einer geistreichen Glosse, die am 8. Dezember 1908 in *The Granta* erschien: »Berühmtheiten, denen ich nicht begegnet bin, doch trotzdem froh [sic!]. Nr. 1. – Lord Alfred Bruce Douglas.«

Nicht nur Bosies Eitelkeit wurde hierin aufs Korn genommen, sondern auch die Wonne, mit der er in *The Academy* gegen seine Zeitgenossen vom Leder zog.

»Man beobachtet mit Interesse, mit welch seltenem Vergnügen unser Held nicht nur Ärgernis erregende Individuen, sondern ganze Gruppen von Leuten kasteit. Sogar Nationen sind vor seinem Zorn nicht sicher. Ich erinnere mich, wie er in einem seiner Wutanfälle den amerikanischen Kontinent mit einem Orkan griesgrämiger Verwünschungen überzog. Man hat die Vermutung ausgesprochen, diese allumfassende Geißelung rühre von einem mittelalterlichen Gelübde her, das die Mitglieder einer geheimen religiösen Bruderschaft abzulegen haben. Diese Ansicht teile ich jedoch nicht ganz.

Die grimmige Haltung gegenüber dem Universum, die diese rätselhafte Figur einnimmt – der diese bescheidene Huldigung dankbar dargebracht sei –, hängt, so dünkt mir, mit ihrer Eigenschaft als *Humorist* zusammen. Wie können schlichte, orthodoxe Witzbolde wie Mr. Owen Seaman und Mr. Hilaire Belloc mit diesem bestrickenden Narren konkurrieren, der die Vermessenheit eines Don Quichotte und die joviale Mitteilsamkeit eines Scrooge[9] in sich vereinigt? Es mag sein, dass er unseren stumpfen Gehirnen das Gefühl für die Feinheiten seiner Kunst noch beibringen muss; fest steht auf jeden Fall, dass unser nationaler Sinn für Heiterkeit nicht allzu bedroht ist, solange *The Academy* jeden Freitag für drei Pence zu haben ist.«[10]

Douglas nahm diese satirischen Äußerungen keineswegs mit Humor auf und machte seinem Ärger in einem Artikel Luft.[11] Als der Redakteur der *Granta* ihn daraufhin in der *Cambridge Review* als »wöchentlichen und vollkommen unbewussten Beiträger zur Fröhlichkeit der Nation« typisierte, den es »um jeden Preis zu konservieren« gelte[12], drohte Douglas der Redaktion mit einer Verleumdungsklage. Die Nummer mit dem beanstandeten Artikel wurde sofort aus dem Handel gezogen, und man entschuldigte sich bei dem Herausgeber der *Academy*.[13]

Solche Zwischenfälle häuften sich, denn zwischen der Dosis Kritik, die *The Academy* für angebracht hielt, und derjenigen, die ihre Macher selbst vertrugen, bestand eine gewisse Diskrepanz.

131

Am 15. Mai 1909 tat Crosland kund, dass die Zeitschrift mit den eingegangenen Entschuldigungen – in Druckform, getippt und handgeschrieben – inzwischen eine ganze Wand tapezieren könnte; und er fügte hinzu, man werde gegen Verleumder in Zukunft gerichtlich vorgehen.[14] Ein paar Wochen später erhielt er selbst eine richterliche Vorladung, weil er sich geweigert hatte, Äußerungen gegen den hochadeligen Henry Frederick Walpole Manners-Sutton zurückzunehmen. Er hatte ihn einen Feigling und einen Mann ohne Prinzipien genannt. Und dabei blieb er.

Die Affäre war eine direkte Folge der finanziellen Schwierigkeiten, in die The Academy geraten war und die nur noch größer wurden, als Douglas und Crosland im Juli die Zusammenarbeit mit der für Druck und Vertrieb zuständigen Firma W.H. Smith & Son kündigten.[15] Das Ethos dieser Firma, die mit Konkurrenten nicht gerade rücksichtsvoll umsprang[16], missfiel beiden, aber an den rückläufigen Einnahmen merkten sie schon sehr bald, dass jedes Prinzip seinen Preis hat.

In dieser prekären Lage wandte Douglas sich nun an seinen Freund Manners-Sutton, der ihm im Falle eines Liquiditäts-Engpasses des Öfteren seine Hilfe angeboten hatte. Aber jetzt, da es darauf ankam, machte er einen Rückzieher. Er teilte Crosland, den Douglas als Unterhändler geschickt hatte, mit, dass ein Darlehen so lange nicht in Frage käme, wie Douglas das »exorbitante« Gehalt von 15 Pfund pro Woche beziehe. Manners-Sutton entschlüpfte zudem die Bemerkung, Olive habe eine Dummheit begangen, als sie Bosie heiratete. Diese Äußerung, die Crosland ungefiltert weitererzählte, stieß Douglas übel auf. Er schrieb Manners-Sutton einen wütenden Brief, während Crosland am 19. Juni einen Artikel in The Academy veröffentlichte, in dem er den Reiter, nicht aber das Ross nannte. Die Rede war von »einem gewissen Sprössling eines adligen Hauses« – informierte Leser konnten sich unschwer denken, wer damit gemeint war –, der mit zwei Verlagen verbunden sei, von denen der eine Erbauungsliteratur, der andere gewagtere Kost auf den Markt bringe.[17] Als Crosland die Forderung von Manners-Sutton, *The Academy* solle erklären, in dem bewussten Artikel werde nicht auf ihn angespielt, mit den oben zitierten Beleidigungen beantwortete, war für den Grafen aus Canterbury das Maß voll. Er verklagte Crosland wegen Verleumdung. Die Gerichtsverhandlung, die erst am 10. Februar 1910 stattfand, war wenig erhebend. Die Parteien bewarfen sich gegenseitig mit Schmutz: Manners-Sutton wurde über Maggie Dupont ausgeforscht, ein minderjähriges Mädchen, das er angeblich entjungfert hatte; Crosland über seine zahlreichen Gläubiger; und Douglas, der als Zeuge auftrat, über seine Freundschaft zu Wilde. Doch dieses Graben in der Vergangenheit erwies sich als Bumerang. Die Wilde-Affäre hatte nun wirklich nichts mit diesem Rechtsstreit zu tun, und die Geschworenen quittierten diese plumpe Taktik der Kläger mit einem Freispruch für Crosland.[18]

Für Douglas war das Urteil jedoch ein Pyrrhussieg. Zum einen kostete er ihn zeitweilig die Freundschaft mit Manners-Sutton – es war Olive zu verdanken, dass sie sich schließlich wieder versöhnten –, zum anderen führte er in ein finanzielles Desaster, da der Richter den Antrag auf Erstattung der Anwaltskosten durch die Gegenpartei abgelehnt hatte. Und drittens war Douglas auf den Geschmack des Prozessierens gekommen. Er ließ sich von der Leichtigkeit blenden, mit der er die Angriffe von Manners-Suttons Verteidiger pariert hatte – »Douglas hat ihn platt an die Wand gedrückt, ja, buchstäblich an die Wand gedrückt; es gibt keinen anderen Ausdruck dafür«, meinte ein Zuschauer[19] –, und begann seine Fähigkeiten zu überschätzen. Als sich ihm vier Monate später eine neue Gelegenheit bot, als Zeuge zu glänzen, griff er mit beiden Händen zu.

Ein gewisser Reverend Horton hatte in *The Daily News* darauf aufmerksam gemacht, dass *The Academy* »in römische Hände gefallen« sei und Douglas und Crosland als Sprachrohr des Papstes betrachtet werden müssten, eine Anschuldigung, die Douglas sich nicht gefallen ließ.

Dieser Konflikt muss im Licht der damaligen Zeit betrachtet werden. Horton, der meinte, es würde ein Komplott geschmiedet, das Vaterland unter das Joch der Mutterkirche zu zwingen, war nicht der einzige Brite, der in den Jahren vor dem Ersten Weltkrieg an einer Phobie vor dem Katholizismus litt. 1908 hatte der Premierminister unter dem Druck militanter Protestanten, die mit einem Blutbad drohten, im letzten Moment eine katholische Prozession in London verboten. Douglas hatte in der *Academy* scharf gegen Asquiths Kapitulation vor diesem Terror protestiert[20], und es waren Stellen aus diesen und ähnlichen Artikeln, mit denen Horton seine Äußerungen in *The Daily News* zu rechtfertigen hoffte. Der Anwalt, der seine Sache vertrat, Edward Carson, war Bosie nicht unbekannt, hatte jener doch einst Oscar Wilde im Old Bailey in die Knie gezwungen. Dass sie einander nicht sehr gewogen waren, zeigte sich, als Carson am 8. Juni Douglas ins Kreuzverhör nahm. Douglas betonte, dass er sich an das Gericht gewandt habe, weil er sich als unabhängiger Chefredakteur durch Hortons Beschuldigung, an einer Verschwörung teilzunehmen, in seiner Ehre angetastet fühlte.

»Sie respektieren nur sich selbst?«, fragte Sir Edward ihn im Lauf der Verhandlung.

»Davon haben Sie keine Ahnung«, antwortete Douglas. »Sie kennen eine Menge Leute nicht, die ich kenne. Wir verkehren nicht in den gleichen Kreisen.«

»Ich bin froh darüber.«

»Ich ebenfalls.«

Von den Zuschauerbänken erklang Gelächter. Auch die schlagfertigen Antworten von Crosland und Arthur Machen – der an Hortons theologischen Schriften kein gutes Haar gelassen hatte[21] – amüsierten die Anwesenden, aber es war in der Tat betrüblich, wie der Richter in seinem Schlusswort bemerkte, dass anno 1910 religiöse Meinungsunterschiede im Gerichtssaal ausgetragen wurden. Der Spruch der Jury zeigte, dass die zwölf Geschworenen mit dem Fall nichts anzufangen wussten; sie entschieden zu Gunsten des Angeklagten, wiesen jedoch auch darauf hin, dass Horton sich besser hätte informieren müssen.[22] Douglas musste die gesamten Prozesskosten tragen, konnte den Betrag aber nur aufbringen, indem er die *Academy* verkaufte. Er tat es mit blutendem Herzen. Mit der Zeitschrift ging es rasch bergab; als in ihr die dritte Auflage von *The City of the Soul* (1911) besprochen wurde – man bräuchte, meinte der Kritiker, mehr Werke von solcher Qualität in einer Zeit, in der Schneider und Kesselflicker sich mit Literatur beschäftigten[23] –, war die Zahl der Abonnenten bereits drastisch zurückgegangen. Einige Jahre später, 1916, wurde *The Academy* zu Grabe getragen.

Inzwischen hatte Douglas, gerade mitten auf seinem Lebensweg, ein wahres Inferno durchgemacht.

2

Gustav Mahler – Joris-Karl Huysmans – Oscar Wilde – Lionel Johnson – John Gray – Aubrey Beardsley – Ernest Dowson: Was verbindet all diese Künstler des Fin de Siècle? Ihr Übertritt, in manchen Fällen auf dem Sterbebett, zu der Konfession, die sich unter dem Einfluss der (neu)platonischen Philosophie wie keine andere der *Schönheit* bedient – der Schönheit der Musik, der Malerei und Bildhauerkunst, der durch Reim und Rhythmus strukturierten Sprache –, um sich dem Göttlichen zu nähern; mit anderen Worten: ihr Übertritt zum Katholizismus.

Auch Douglas tat diesen Schritt. In seiner Autobiographie schrieb er, die Lektüre der Enzyklika *Pascendi dominici gregis* (1907) von Papst Pius X. sei für seinen Übertritt ausschlaggebend gewesen. Sie war der *Academy* zur Besprechung zugesandt worden und überzeugte ihn von der Richtigkeit des vatikanischen Anspruchs auf die allein selig machende Lehre[24]; aber er hatte es nicht eilig und trat erst 1911 der Kirche bei, an die er sich in den Jahren der Prüfungen, die ihm bevorstanden, klammern sollte. Der Glaube bewahrte ihn vor der Verzweiflung, vor dem Wahnsinn.

Auf der anderen Seite war es gerade sein Bekenntnis zum Katholizismus, das ihm neue Schwierigkeiten einbrachte. Sein Schwiegervater, seit drei Jahren Witwer, war so durch und durch anti-katholisch, dass er die eigene Schwester keines Blickes mehr würdigte, seit sie den Glauben ihres Mannes angenommen hatte. Dass Douglas zum Katholizismus konvertiert war, erboste Custance. Dass Raymond, ihr Sohn, nun ebenfalls getauft wurde, machte ihn rasend.

Der Oberst und seine Frau hatten immer mehr als gewöhnliches Interesse an ihrem Enkel gezeigt. »Mutter und Vater verhielten sich abscheulich«, schrieb Olive an Douglas kurz vor ihrem Tod, »sie schienen zu denken, dass wir ihn [Raymond] ihnen übergeben müssten.«[25] Custance, der es nie verwinden konnte, dass ihm seine Frau »nur« zwei Töchter und keinen Sohn geboren hatte, hatte mit Bosie vereinbart, dass er das Schulgeld für den Jungen übernehmen würde. Raymond verbrachte viel Zeit bei seinem Großvater, aber das genügte dem alten Mann nicht. Er strebte die vollständige Vormundschaft über das Kind an, was naturgemäß den Widerstand von Douglas hervorrief. Immer öfter gerieten sich die beiden in die Haare. Custance gab Douglas zu verstehen, dass er als Vater nichts tauge, und Bosie konterte, indem er sich jegliche Einmischung in seine Erziehungsmethoden verbat. Um sein Ziel zu erreichen, erwog der Oberst anfangs, seinem Enkel nichts zu hinterlassen, sofern er nicht protestantisch erzogen würde. Schließlich verfiel er auf eine andere Idee.

Seinerzeit hatte der Vater des Oberst den Familienbesitz

Olive vermacht, Custance schlug nun seiner Tochter vor, gegen eine lebenslange Rente von jährlich 600 Pfund für sie und ihren Sohn auf alle ihre Rechte zu verzichten. Douglas, der hier böse Absichten witterte, beschwor Olive, eine schriftliche Erklärung über diese Jahresrente zu verlangen. Als Olive ihren Vater in Weston Old Hall aufsuchte, lagen alle Papiere bereit – mit Ausnahme des Dokuments, von dem Douglas gesprochen hatte. Betreten brachte sie es zur Sprache, aber der Oberst murmelte etwas von »mangelndem Vertrauen« und drückte ihr eine Feder in die Hand. Sein Wort müsse genügen. Und Olive unterschrieb.

Innerhalb kürzester Zeit befahl ihr der Oberst, man solle ihm Raymond übergeben. Bosies schlimmste Befürchtungen hatten sich bewahrheitet und er kündigte an, seinen Sohn zu Sybil Queensberry zu schicken, worauf Custance in einem Brief an Olive die Maske fallen ließ. »Sobald er den Jungen holen kommt«, schrieb er, »werde ich alle Zahlungen an Dich einstellen.«[26] Die reinste Erpressung, fand Douglas. Und es blieb nicht bei Drohungen: Olive erhielt keinen einzigen Penny mehr.

Bosie überhäufte seinen Schwiegervater mit wütenden Briefen und – nachdem Custance ihm mitgeteilt hatte, er werde sie künftig ungeöffnet ins Feuer werfen – mit Telegrammen und Postkarten, in denen er den Empfänger einen ehrlosen Betrüger schimpfte. Der Oberst fühlte sich in seiner Überzeugung bestärkt, dass er die Vernunft auf seiner Seite habe. Sollte sein Enkel wirklich von einem Mann erzogen werden, der sich *so* ungeschminkt äußerte?

Douglas beleidigte Custance jedoch ganz bewusst. Er hoffte, ihn dazu zu bewegen, eine Verleumdungsklage gegen ihn einzureichen; die Justiz sollte entscheiden, *wer* hier hinterhältig gehandelt hatte. Zunächst ging Custance nicht auf diese Provokationen ein. Die Zeit, so wusste er, arbeitete für ihn. Douglas, der nur ein spärliches Auskommen hatte, war auf die Einkünfte seiner Frau angewiesen; er würde schon nachgiebig werden, wenn die Schulden erst einmal anwüchsen. Aber als Douglas drohte, Custances Freunde und Geschäftspartner schriftlich von dessen Intrigen zu unterrichten, konsultierte der Oberst einen Anwalt und strengte eine Verleumdungsklage gegen Douglas an. Das geschah am 26. Februar 1913. Doch obwohl ein Rechtsexperte Douglas später versicherte, er hätte diesen Prozess sicher gewinnen können, es hätte genügt, den oben erwähnten Brief an Olive vorzulegen, um die Jury zu überzeugen[27], zog er, als die Sache am 24. April vor Gericht kam, den Kürzeren. Warum verlor er diesen Prozess?

Um diese Frage beantworten zu können, müssen wir ein wenig zurückgreifen und uns zum Büro des Verlegers Martin Secker begeben, der dort im Herbst 1910 eine Unterredung mit Arthur Ransome hatte, einem jungen Schriftsteller, der gerade ein Buch über Edgar Allan Poe vollendet hatte und ihm vorschlug, jetzt eine Studie über Robert Louis Stevenson zu schreiben. Secker war einverstanden, schickte dem Autor jedoch einige Tage später ein Telegramm mit der Bitte, zunächst eine Biographie über Oscar Wilde zu verfassen. Ransome, der nicht ahnte, in welches Wespennest er stechen würde, hatte keinerlei Bedenken.

Ein Freund riet ihm, sich der Mitarbeit von Wildes literarischem Nachlassverwalter, Robert Ross, zu versichern. Dieser erwies sich als die Gefälligkeit in Person. Er stellte dem Autor freien Zugang zu bisher verschlossenen Archiven in Aussicht und erklärte sich bereit, ihm bei seinen Recherchen behilflich zu sein. Ein Glücksfall für Ransome, der sein Buch, *Oscar Wilde: A Critical Study*, denn auch dankbar Robert Ross widmete. Er fand ihn geistreich, sympathisch und selbstlos.[28] Ross seinerseits betrachtete den Autor als nützliches Werkzeug seiner Rache an seinem Intimfeind, Lord Alfred Douglas, den Adonis, der zwanzig Jahre zuvor Oscar Wilde bestrickt und ihn, Ross, um sein Recht betrogen hatte.

Ross behauptete später, er habe Ransome keine Dokumente zur Verfügung gestellt, die sich auf Douglas bezogen.[29] Das entspricht jedoch nicht der Wahrheit. Ross lieh Ransome ein Typoskript von *De Profundis* sowie Wildes Brief an Ross, in dem der Absender sich über den vermeintlichen Verrat von Douglas beklagt, der ihn in Neapel schmählich im Stich gelassen habe. Auf diesen Dokumenten basierte Ransomes Rekonstruktion von Wildes Untergang und dessen Nachspiel. Wie überrascht muss Douglas gewesen sein, als er in dem Buch, das am 16. Februar 1912 erschien, lesen konnte, *De Profundis* sei »nicht an Mr. Ross gerichtet, sondern an einen Mann, von dem Wilde glaubte, er habe zumindest einige der Umstände seiner öffentlichen Schande verschuldet«, einen Mann, »dessen Handlungen, sogar noch nach den Prozessen, ihn sehr verletzt hatten«. Es war, fuhr Ransome fort, dieselbe Person, »deren Freundschaft (Wilde) schon mehr gekostet hatte, als sie wert war, [...] deren Verhalten er missbilligt, deren Einfluss er gefürchtet hatte«, diese Person habe den Dichter nach dessen Entlassung aus dem Gefängnis dazu überredet, sich ihm in Neapel anzuschließen. Dort habe sie den Dichter »im Stich gelassen [...] sobald kein Geld mehr da war«. ›Es war‹, sagte Wilde, ›die bitterste Erfahrung eines bitteren Lebens!‹«[30] Douglas war wie vom Donner gerührt und schrieb, zum ersten Mal seit ihrem Bruch im Jahr 1909, Robert Ross einen Brief.

»Es stimmt, dass dieser Ransome meinen Namen nicht erwähnt, aber jeder, der das Buch sorgfältig liest und mit den Umständen vertraut ist, wird zu dem Schluss kommen, dass ich der ›Freund‹ bin, auf den angespielt wird. Ich schreibe Dir jetzt, um Dich zu fragen, ob es wahr ist, dass *De Profundis* ein an mich gerichteter Brief ist, und warum Du mir dies, wenn es sich so verhält, all die Jahre über verschwiegen hast. Ich würde auch gerne vernehmen, warum Du diesen Brief ohne mein Wissen und ohne meine Zustimmung in Buchform veröffentlicht hast.

Bis jetzt bin ich immer davon ausgegangen, dass *De Profundis* ein an *Dich* gerichteter Brief war, der für mich beleidigende Stellen enthielt, die Du gestrichen hast. Wenn diese letztere Version zutrifft, erübrigen sich weitere Worte. Aber wenn Ransomes Version richtig ist, erscheint die Sache in einem ganz anderen Licht.«[31]

Olive flehte ihren Mann an, keine gerichtlichen Schritte zu unternehmen, aber nach Rücksprache mit Crosland entschloss er sich, Ransome, Secker, den Drucker, sowie *The Times Book Club*, der das Buch an Mitglieder auslieh, anzuklagen. Er forderte kein Schmerzensgeld; er wollte einzig und allein seinen guten Ruf wiederherstellen.

Ransome war völlig überrascht und hätte die Angelegenheit gern gütlich beigelegt, im Unterschied zu seiner Frau, die den Nervenkitzel, den diese Sensation mit sich brachte, liebte und die, phantasievoll wie sie war, ihrer Schwiegermutter telegraphierte, gegen Arthur sei ein Haftbefehl ausgestellt worden, und er sei in London auf Tauchstation gegangen. Auch Ross, der im *Who's Who* »Prozessieren« als seine Lieblingsbeschäftigung angab[32], konnte seine Genugtuung kaum verhehlen. Dem Verleger Secker war das suspekt. Er konnte sich nicht des Eindrucks erwehren, dass Ross sich nur deshalb anbot, die nicht unerheblichen Kosten des Rechtsstreits zu übernehmen, weil er ein bestimmtes Ziel im Auge hatte: Douglas einen Denkzettel zu verpassen.[33] Nun hatte Secker dem Autor gerade die Rechte an *Oscar Wilde: A Critical Study* zurückverkauft, ihm genügte es daher, sich bei Douglas zu entschuldigen, der ihn später aufsuchte und sich sogar mit ihm anfreundete. Ransome hingegen wurde von George Lewis jr., Robert Ross' Anwalt, dazu angehalten, keinen Rückzieher zu machen. Douglas würde ansonsten Ross anklagen, weil er es gewesen sei, der Ransome das Typoskript von *De Profundis* gegeben habe.

Douglas standen nervenaufreibende Monate bevor. Die Gerichtsverhandlungen in Sachen Ransome beziehungsweise Custance sollten unmittelbar aufeinander folgen; aber zuvor trafen den Aristokraten noch herbe Schicksalsschläge, wodurch er die Arena nicht gerade in Topform betrat.

Als er um den Jahreswechsel von einem Familienbesuch nach Hampstead zurückkehrte, musste er feststellen, dass das Haus halb geräumt und Olive verschwunden war. Er fand nur einen Brief vor, in dem sie ihm mitteilte, sie sei bei ihrem Vater. Sie habe vor einem schrecklichen Dilemma gestanden, hin und her gerissen zwischen Bosie und dem Oberst, der sie im Würgegriff halte.»Ich bin ohne einen Penny und tief verschuldet nach Weston gegangen«, schrieb sie später Lady Queensberry,»und mein Vater sagte mir, er werde nichts für mich tun, wenn ich ihm nicht [Raymond] überlassen würde. Ich bin völlig machtlos, seitdem ich jenes Abkommen geschlossen habe.«[34]

Douglas musste sich eingestehen, dass er seine Frau in eine missliche Lage gebracht hatte, indem er so schroff gegen ihren Vater vorgegangen war. Aber hatte ihm Custance eine andere Wahl gelassen? Dass Olive ihn verließ, war in Douglas' Augen schlicht Verrat. Sie scheint sich nicht darüber im Klaren gewesen zu sein, wie sehr ihr Entschluss seine Position untergrub. Denn dem Oberst erschien die Zeit nun reif, beim obersten Gerichtshof einen Antrag auf die volle Erziehungsgewalt über seinen Enkel einzureichen. *Behold, Your House is Left Unto You Desolate* lautete der Titel eines bitteren Sonetts, das der desillusionierte Douglas in diesen dunklen Tagen schrieb.

Den Geldgebern, bei denen er sich Geld zu leihen pflegte, stellte sich die Frage, ob er nach den Prozessen, die ihm bevorstanden, noch zahlungsfähig sein würde. Als sie auf Nummer sicher gehen wollten und ihm im Januar 1913 einen Zahlungsbefehl zustellten, blieb Douglas nichts anderes übrig, als sich am vierzehnten des Monats für bankrott zu erklären. Das hatte

Raymond Douglas, Sohn von Alfred und Olive Douglas
Aufnahme aus den Zwanzigerjahren

automatisch den Ausschluss aus dem ältesten und exklusivsten
Klub Londons, dem White-Klub, zur Folge, dessen Mitglied er
über zwanzig Jahre gewesen war. Dieser Ausschluss war ein nicht
zu unterschätzender moralischer Rückschlag. Noch bevor der
Prozess gegen Ransome stattgefunden hatte – ein Prozess, bei
dem Douglas' Reputation auf dem Spiel stand –, musste er erle-
ben, dass er von Leuten, die er als seinesgleichen betrachtete, wie
ein Schurke behandelt wurde.

Aber das war noch nichts, verglichen mit dem Martyrium, das ihm die Lektüre des vollständigen Textes von *De Profundis* bereitete.

Ransome hatte zu verstehen gegeben, er werde die Behauptungen in seinem Buch vor Gericht rechtfertigen (Douglas forderte daraufhin zusätzlich noch Schmerzensgeld); seine Verteidigung stützte sich auf einige Briefe, darunter die im Zuchthaus zu Reading verfasste ›Enzyklika‹, und Kopien dieser Dokumente wurden Bosie, wie das Gesetz es verlangte, vor dem Prozess zugestellt. In seinem verlassenen Haus musste er nun von den Vorwürfen Kenntnis nehmen, die ihm Oscar – in der Annahme, Bosie habe ihn völlig vergessen – in seiner Zelle gemacht hatte. Sechzehn Jahre nach der Niederschrift hatte *De Profundis* den Adressaten erreicht. Und Bosie sträubten sich die Haare.

»Ohne Bücher, ohne allen menschlichen Kontakt, von jedem humanen und humanisierenden Einfluss isoliert, zu ewiger Stille verdammt, aller Bindung mit der Außenwelt beraubt, wie ein unverständiges Tier behandelt, bestialischer misshandelt als die niedrigste Bestie, kann der Elende, der in einem englischen Gefängnis eingeschlossen ist, kaum dem Wahnsinn entrinnen.«

Dies hatte Wilde den Lesern des *Daily Chronicle* nach seiner Haftentlassung vorgehalten. Und er hatte hinzugefügt:

»Eine der Tragödien des Gefängnislebens liegt darin, dass es das Herz eines Menschen zu Stein macht. Die Gefühle der natürlichen Zuneigung brauchen Nahrung wie alle Gefühle. Sie können leicht an Entkräftung sterben. Ein kurzer Brief viermal im Jahr genügt nicht zur Erhaltung der subtilen und humanen Regungen, denen die menschliche Natur ihre Empfänglichkeit für alle die guten und schönen Einflüsse verdankt, die ein zerschlagenes und zerstörtes Leben wieder heilen können.«[35]

De Profundis bewies nun, wie sehr Wilde unter den Umständen gelitten hatte, die er in dem Brief an die englische Zeitung beschrieb; die »überraschend unwürdigen« Attacken gegen Douglas – so die Formulierung von Bernard Shaw[36] – sind, wie bereits dargelegt, Ausdruck seiner in der Inhaftierung durchlittenen Qualen. Es sollte jedoch noch viel Zeit vergehen, mehr als zehn Jahre, bevor Douglas dies ins Bewusstsein drang. Er fühlte sich verraten, verraten vom Schriftsteller, den er in Ehren gehalten hatte, dessen Charisma er in einem unvergleichlichen Sonett besungen, von dessen Werk er in *The Academy* in den höchsten Tönen gesprochen hatte. Bosie, der fälschlicherweise davon ausging, sein Freund habe verfügt, *De Profundis* solle vollständig nach seinem, Bosies Tod, publiziert werden, war von Hass gegen Wilde erfüllt. Das Idol war zu einem Teufel herabgesunken. Wie konnte es auch anders sein?

KAPITEL IX

1

Die Zuschauertribüne in der *King's Bench Division* – der Kammer des obersten Gerichtshofs, in der die Verhandlung Douglas gegen Ransome am 17. April begann – war bis auf den letzten Platz gefüllt, als die Hauptakteure den Saal betraten. Frauen war der Zutritt verweigert worden; das weibliche Geschlecht sei für einen solchen Prozess zu zart besaitet. Nur Ivy Ransome, die Ehefrau des Angeklagten, weigerte sich hartnäckig, den Rückzug anzutreten, schließlich hatte sie diesem Tag entgegengefiebert.

Militärstrategen pflegen der Rekonstruktion einer Schlacht die Abwägung des Kräfteverhältnisses der Kontrahenten voranzustellen; wenn wir hier ihrem Beispiel folgen, stellen wir fest, dass die Vorteile in diesem Prozess äußerst ungleich verteilt waren. Douglas, der sich keinen Staranwalt leisten konnte, wurde von seinem unerfahrenen Freund Cecil Hayes und einem gewissen Harold Benjamin vertreten. Ransome, nicht zahlungskräftiger als Douglas, standen dank Ross' finanzieller Unterstützung zwei prominente Juristen zur Seite, Sir James Campbell, K.C. (der spätere Lord Glenavy) und H. A. McCardie, während sich *The Times Book Club* durch Eustache Hills, W. G. Howard Gritten und F. Ecclestone Smith, K.C. (dem späteren Lord Birkenhead) verteidigen ließ, der sich »mit Intelligenz, Mut, brennendem Ehrgeiz und purer Unverschämtheit«[1] seinen Weg an die Spitze erkämpft hatte. Mit seiner scharfen Zunge war er ein gefürchteter Gegner im Gerichtssaal.

Es gebe Richter, meinte Douglas in seiner Autobiographie, die, sobald sie sehen, dass eine der Parteien es mit einer Übermacht juristischer Experten aufnehmen muss, dafür sorgen, dass diese Partei die Möglichkeit erhält, ihre Sache angemessen vorzutragen. Aber zu diesen humanen Richtern habe Sir Charles John Darling nicht gehört.[2] Dieses Urteil lässt sich leicht untermauern. Den zeitgenössischen Berichten in der *Times* und der *Daily News* kann man entnehmen, wie voreingenommen Darling gegen Douglas war. Die Zeitungsberichte waren übrigens, obwohl sehr umfangreich, alles andere als vollständig, denn der Richter hatte den Journalisten nahe gelegt, die höchstmögliche Diskretion zu wahren. Es würden äußerst unerfreuliche Geschichten aufgerührt – die Vergangenheit Oscar Wildes, den Darling später als eine »große Bestie« bezeichnen sollte.[3] Die wörtliche Wiedergabe aller Verhöre würde »der öffentlichen Moral unabsehbaren Schaden zufügen«.[4]

Diese Bemerkungen lassen erahnen, wie prekär Douglas' Lage war. Homosexualität galt im England der damaligen Zeit als Gipfel der Verruchtheit[5]; als ehemaliger Freund Oscar Wildes war Douglas der Jury mithin von vornherein suspekt, und die Gegenpartei war sich darüber vollkommen im Klaren.

Ihr Hauptzeuge war Wilde selbst. Nachdem Hayes dargelegt hatte, wie absurd die Annahme sei, ein einundzwanzigjähriger Student habe einen weltgewandten, souveränen Schriftsteller wie den achtunddreißigjährigen Oscar Wilde »korrumpieren« können, und nachdem Douglas betont hatte, dass er, ganz im Gegensatz zu dem, was Mr. Ransome in seinem Buch behaupte, Wilde auch nach dessen Entlassung aus dem Gefängnis keineswegs seinem Schicksal überlassen habe, kündigte McCardie an, er werde den Beweis dafür liefern, welch verhängnisvollen Einfluss der Kläger auf den Dichter ausgeübt habe. Man zeigte Douglas das Manuskript von *De Profundis*, das die Direktion des Britischen Museums für diese Gelegenheit ausgeliehen hatte. Ob

Lord Alfred denn Wildes Handschrift erkenne? Ja, Lord Alfred erkannte Wildes Handschrift. McCardie begann nun, die unveröffentlichen Teile des Briefes vorzulesen. »Lieber Bosie, nach langem, vergeblichem Warten habe ich mich nun entschlossen, Dir zu schreiben, nicht nur in Deinem, sondern auch in meinem Interesse…« Dem Publikum stockte der Atem.

Nach einer Viertelstunde fragte Douglas, sichtlich angeschlagen, ob es ihm erlaubt sei, sich hinzusetzen. Darling erlaubte es und übernahm, als McCardie heiser zu werden begann, die Rolle des Vorlesers. Später löste Campbell ihn ab.

Nachdem McCardie am nächsten Tag die ›Enzyklika‹ weitere zwanzig Minuten vorgelesen hatte, merkte der Richter, dass Douglas nicht zugegen war. Gerichtsdiener machten sich auf die Suche und als sie schließlich mit ihm wieder im Saal erschienen, fragte ihn Darling ungehalten, warum er sich entfernt habe. Douglas erwiderte, er habe gemeint, seine Anwesenheit beim Vorlesen von *De Profundis* sei nicht notwendig gewesen. Habe der Richter am gestrigen Tag nicht sein Verständnis dafür ausgedrückt, dass er den Saal so lange verlassen wolle?

»Ich sagte, es wundere mich nicht, wenn Sie sich setzen wollen«, schnauzte Darling ihn an. »Hören Sie gut zu. Sie sind der Ankläger in dieser Sache, und wenn Sie diese Gerichtsverhandlung noch einmal verlassen, werde ich verfügen, dass ein Urteil zu Ihren Ungunsten gefällt wird.«[6]

McCardie las weiter – bis die Jury zu erkennen gab, genug gehört zu haben. Hayes hingegen wünschte, dass der ganze Text vorgelesen würde; dann würde sich nämlich zeigen, dass der Ton des Briefes nach und nach beträchtlich milder werde. Aber Darling gebot Einhalt, und Campbell unterzog Douglas einem Kreuzverhör.

Natürlich war seine Position zu diesem Zeitpunkt bereits stark geschwächt. Die Stellen aus *De Profundis* – die in der Presse ausführlich und genüsslich zitiert wurden – hatten ihn als ein undankbares, blasiertes, egoistisches, *garstiges* Jüngelchen entlarvt, das mittelmäßige Gedichte schrieb, als die Laus im Pelz Oscar Wildes. Was Ransome in seinem Buch behauptet hatte, schien damit ausreichend bewiesen. Konnte Douglas sich gegen Wildes Vorwürfe verteidigen? Ja und nein. Er besaß Briefe, die eine ganz andere Sprache sprachen:

»Es ist wirklich absurd. *Ich kann ohne Dich nicht leben.* Du bist so lieb, so wundervoll. Ich denke den ganzen Tag an Dich und vermisse Deine Anmut, Deine knabenhafte Schönheit, den funkelnden Stahl Deines Witzes, die aparten Einfälle Deines Genies, das stets überrascht in seinem jähen Schwalbenflug nach Nord und Süd, zu Sonne und Mond – und, mehr als alles, vermisse ich Dich selber. […] Ich habe keine Worte dafür, wie ich Dich liebe.«[7]

»Lieber, lieber Junge, Du bist mir mehr, als irgendjemand sich vorstellen kann; Du bist die Atmosphäre der Schönheit, durch die ich das Leben sehe; Du bist die Inkarnation alles Schönen.«[8]

»Wie seltsam, in einem Land zu leben, wo Anbetung der Schönheit und Leidenschaft der Liebe für schimpflich gelten. Ich hasse England; es ist für mich nur erträglich, weil Du hier bist.«[9]

Das Kafkaeske seiner Lage bestand nun aber darin, dass diese Dokumente ihn, was seine Zeitgenossen betraf, nicht *entlasten* würden; sie würden ihn angesichts der Art der Gefühle, die der Absender ihm gegenüber ausdrückte, ganz im Gegenteil äußerst *belasten.* Er wagte es daher auch nicht, sie ins Feld zu führen.

Das Tabu, mit dem Homosexualität belegt war, erklärt auch, warum Bosies Gegner ihn mit Dokumenten in Misskredit bringen konnten, die eigentlich seiner Verteidigung hätten dienen können. Etwa sein Artikel in der *Revue Blanche* vom Juni 1896, aus dem eindeutig hervorgeht, wie sehr ihn Wildes Verurteilung getroffen hatte. Aber die Tatsache, dass er darin die Behandlung seines Freundes »barbarisch«[10] nannte, ließ die Geschworenen die Stirn runzeln. Wieso »barbarisch«? Aus dem Archiv der *Truth* war zudem ein Brief von Douglas vom Juni 1895 aufgetaucht, in dem er die Wilde-Affäre als »die größte romantische Tragödie des Jahrhunderts« bezeichnete.[11] *Romantisch?*! Auch Wildes Briefe an Douglas, auf die Queensberry seinerzeit die Hand legen konnte und die von seinen Anwälten benutzt worden waren, um den Sohn ihres Mandanten aus den »Klauen eines Monsters zu befreien«, dienten nun den Anwälten der gleichen Kanzlei dazu, diesen Sohn zu verleumden. Douglas wurde übrigens von diesen Briefen völlig überrumpelt, da sie in Ransomes Rechtfertigungsschrift nicht aufgenommen worden waren. Darling sah keinen Anlass, diesen rechtswidrigen Vorgang zu monieren.

Campbell hatte den taktischen Vorteil, *jede* Antwort von Douglas zu dessen Ungunsten auslegen zu können. Hatte der Kläger tatsächlich 360 Pfund zur Begleichung der Kosten des Prozesses gegen seinen Vater beigesteuert? – Jawohl. – Entarteter Sohn! (Im gegenteiligen Fall hätte Campbell Douglas als »treulosen Freund« hingestellt.) Und hatte der Kläger Wilde nach dessen Entlassung wirklich in seine Villa in Neapel aufgenommen? – Jawohl. – Obwohl der Kläger *wusste*, welche Lebensweise Wilde bevorzugte?!

»Sie müssen mich ausreden lassen, wenn Sie die Wahrheit ans Licht bringen wollen«, sagte Douglas irgendwann zu Campbell, der ihn ständig unterbrach, »aber das wollen Sie vielleicht gar nicht.«

Darling herrschte ihn an, sich solcher »Impertinenz« zu enthalten.

»Ich bin nicht impertinent«, erwiderte Douglas.

»Sie sind impertinent, ob Sie es wollen oder nicht«, beharrte der Richter.

»Ich akzeptiere Ihre Ermahnung, Euer Ehren, aber ich war der Meinung, es stehe mir zu ...«

»Unterstehen Sie sich, meine Verfügung nur zu akzeptieren!«

»Ich sagte, ich akzeptiere Ihre Ermahnung.«

»Sie werden nach ihr handeln.«

»Das werde ich. Ich glaubte, ich könnte erklären ...«

»Schweigen Sie!«, donnerte der Richter, der sich jetzt dafür rächte, dass seine poetischen Versuche in der *Academy* verhöhnt worden waren[12], »schweigen Sie, bis Sie etwas gefragt werden.«[13]

Campbell las Wildes Brief an Robert Ross vor, in dem der Schriftsteller sich über den angeblichen Verrat des Klägers beklagte, der sich in Neapel in dem Moment aus dem Staub gemacht hätte, da seine, Wildes, wöchentlichen Bezüge gesperrt wurden. Diesen Vorwurf glaubte Douglas widerlegen zu können. Seine Mutter hatte ja auf sein Drängen hin Oscar Wilde über More Adey 200 Pfund zukommen lassen. Adey trat als Zeuge auf, stellte die Sachlage jedoch ganz anders dar. Das Geld sei ein Teil einer »Ehrenschuld« gewesen und stünde in keinem Zusammenhang mit Douglas' Verlassen der Villa Giudice. »Auch Du«, schrieb Douglas später diesem Intimus von Robert Ross, »warst Deinem alten Freund ein Judas Ischariot. Du hast die Jury wissentlich getäuscht. Ich beglückwünsche Dich zu dem, was Du getan hast.«[14]

Zwar konnte Douglas mit Hilfe seiner Scheckbücher unumstößlich nachweisen, dass er Wilde in dessen letzten Lebensjahren regelmäßig mit ansehnlichen Geldbeträgen unterstützt hatte, aber dies wog nicht die belastenden (und völlig irrelevanten) Tatsachen auf, die die Verteidigung vorbrachte. Der Kläger habe, sagte Campbell, nicht nur einen »widerlichen Artikel« in der *Revue Blanche* veröffentlicht, sondern sei darüber hinaus auch der Autor einiger »äußerst unsittlicher Gedichte«. Und der Anwalt rezitierte »Two Loves«. Als Hayes die Bemerkung machte, Shakespeare dürfe sich glücklich schätzen, nicht von Campbell über seine Sonette befragt zu werden, unterbrach ihn der Richter. Ob Mr. Hayes etwa insinuiere, der Barde sei mit Wildes Perversität behaftet gewesen?!

In diesem Stadium des Prozesses hätte man es den Geschworenen nicht verübeln können, wenn sie glaubten, man erwarte von ihnen ein Urteil über Douglas' frühere sexuelle Aktivitäten. Darauf hatte die Verteidigung zielbewusst hingesteuert, wobei sie den stärksten Trumpf noch gar nicht ausgespielt hatte: Douglas' Briefe an Oscar Wilde.

Douglas, dessen Nerven aufs Äußerste strapaziert waren – er konnte sich auf eine entsprechende Frage hin nicht einmal erinnern, in welchem Jahr seine Sonette erschienen waren –, traute seinen Ohren nicht. Auch diese Dokumente waren in Ransomes Verteidigungsschrift mit keinem Wort erwähnt worden. »Ich freue mich, dass Du Dich in Rom so amüsierst«, hieß es etwa in einem der Briefe.

»Es ist wirklich eine aufregende Stadt; man lebt dort tatsächlich besser als in Neapel. Du hast ganz Recht, die Burschen sind dort viel schöner. Sie sind fast so schön wie englische, finde ich.«[15]

Nachdem sich die Aufregung im Saal gelegt hatte, äußerte Douglas seine Empörung darüber, dass diese Briefe ohne vorherige Ankündigung als Beweismaterial vorgelegt wurden.

»Wenn Sie darüber informiert worden wären«, fragte Darling, »wären Sie dann hier erschienen?«

»Ja, das wäre ich«, antwortete Douglas.

»Worin besteht dann, frage ich Sie, die Unfairness?«

»Ich meine, man hätte mir die Gelegenheit geben müssen, Kenntnis von den Briefen zu nehmen, so dass ich mich auf die Vorwürfe hätte vorbereiten können.«

»Niemand hätte von diesen Briefen erfahren, wenn Sie nicht diesen Prozess angestrengt hätten!«[16]

Wo kamen sie eigentlich her, diese Briefe, vor denen sich, in den Worten des Richters, sogar ein anständiger Heide aus dem Zeitalter des Perikles geschämt hätte?

Die Antwort lautet: aus dem Archiv von Robert Ross. Nach Wildes Tod hatte er sich Bosies Briefe angeeignet und sie all die Jahre sorgfältig aufbewahrt, zumindest jene Briefe – vier an der Zahl –, die geeignet waren, den Absender zu kompromittieren; alle anderen hatte er vernichtet. Es sollten Jahrzehnte vergehen, bis Douglas ihm dies verzeihen konnte.

In seinem Schlussplädoyer, das auf das von F. E. Smith folgte, behauptete Campbell, der Kläger habe die Verleumdungsklage nur deshalb eingereicht, um Wildes Andenken zu beschmutzen; er stellte Douglas Wildes »wahre, loyale Freunde« gegenüber, Mr. Ross im Besonderen, der es sich zur Aufgabe gestellt habe, das Werk des Dichters der Vergessenheit zu entreißen.

Nun war Cecil Hayes an der Reihe. Die Verteidigung habe eine *plea of justification* von dreiundsechzig Seiten eingereicht, aber verabsäumt, den Angeklagten, Ransome, als Zeugen aufzurufen, damit er auch nur eine einzige der zahlreichen Beschuldigungen gegen Douglas begründe.

Campbell protestierte. Dieser Vorwurf sei unbillig. Es sei vollkommen evident, dass sein Mandant »nicht in der Lage« sei, »irgendetwas zu beweisen«. Darling war gleichfalls der Meinung, Hayes' Bemerkung sei völlig unangebracht. Hayes, so der Richter, wolle Ransome nur mit Fragen konfrontieren, die er Douglas nicht zu stellen wage.

Und warum, fuhr Hayes fort, habe die Verteidigung nicht Mr. Ross aufgerufen? Dieser habe dem ganzen Prozess beigewohnt, sei im Gegensatz zu Ransome mit Oscar Wilde befreundet gewesen und hätte wie kein anderer Licht auf die Ereignisse werfen können, die sich vor und nach Wildes Untergang abgespielt hätten. *Er* hätte dem Gericht vielleicht darlegen können, warum *De Profundis* Lord Alfred Douglas nie erreicht hätte und mit welchem Recht das Manuskript, ohne Zustimmung des Adressaten, dem Britischen Museum übergeben worden sei. Der Inhalt dieses Dokuments bildete das Fundament der Verteidigung, aber auch derjenige, der es geschrieben hatte, könne nicht mehr befragt werden. Mr. Ross...

Abermals sah sich der Richter zum Eingreifen genötigt; Mr. Ross habe nichts mit dem Prozess zu tun; er sei nur Oscar Wildes literarischer Nachlassverwalter,[17] und er, Darling, betrachte es daher als seine Pflicht, ihn in Schutz zu nehmen. Der Richter hielt es ebenfalls für seine Pflicht, in seinem Schlusswort Douglas die Leviten zu lesen. Er wies auf die Tatsache hin, dass der Kläger gegenwärtig getrennt von seiner Frau lebe, und sprach die Hoffnung aus, dass »Lady Douglas nicht so viel von ihrem Mann in Erfahrung bringen muss wie Sie und ich«.[18]

Die Geschworenen teilten seine Auffassung und wiesen Douglas' Klage zurück. Er hatte, so verfügte der Richter, die Kosten der Verfahrens zu tragen, die sich auf etwa 1500 Pfund beliefen. Der Gerichtssaal leerte sich. »Der Prozess«, schrieb der Chefredakteur des *Daily Graphic* in einem Brief an Crosland,

»war für jeden, der nur ein wenig Freundschaft für Lord Alfred Douglas empfindet oder nur eine Spur Gerechtigkeitsgefühl besitzt, eine erschütternde Erfahrung. Nichts, was ich je erlebt oder gelesen habe, kommt diesem Spektakel gleich: Wilde bewirft Lord Alfred aus dem Jenseits mit Schmutz, während Ross mit gestohlenen Briefen sein falsches Spiel treibt, Campbell sich wie ein Wilder gebärdet und ein so genannter Richter die ganze Sache manipuliert. Im Vergleich zu Ross und Wilde erscheint Judas immer mehr als eine geradezu altmodische Gestalt.«[19]

Douglas fehlten, was ihm seine Gegner genüsslich unter die Nase rieben, die finanziellen Mittel, Berufung einzulegen. Im Übrigen stand ihm eine weitere Kraftprobe bevor.

Am 24. April 1913, zwei Tage nach dem für Lord Douglas katastrophalen Ausgang des Ransome-Prozesses, kam die Verleumdungsklage, die Custance gegen Douglas angestrengt hatte, vor Gericht. Aber dieser war außerstande, sich angemessen zu verteidigen. Er war so niedergeschlagen, dass er den Wahrheitsbeweis gar nicht erst antrat, und wurde daher wegen Verleumdung zu einer Geldstrafe von 500 Pfund verurteilt. Der Oberst, der Douglas gerne hinter Schloss und Riegel gesehen hätte, war ein wenig enttäuscht, wurde aber durch die Entscheidung des Vormundschaftsgerichts entschädigt, das ihm am 6. Mai den größten Anteil an Raymonds Ferien zusprach.

Custance und Ross schienen sich verschworen zu haben, Douglas zugrunde zu richten. In Zukunft, so meinten sie, würde er kleinlaut sein.

Aber in dieser Hinsicht sollten sich beide gründlich irren.

2

Im Frühjahr 1913 war Bosies Reputation wieder einmal an einem Tiefpunkt angelangt.[20] »Der Ransome-Prozess hat ihm sehr geschadet«, schrieb Olive ihrer Schwiegermutter, »Sie glauben ja gar nicht, wie die Leute reden.«[21]

Einer der wenigen, die sich von all dem nicht beeinflussen ließen und zu ihm hielten, war sein Neffe George Wyndham. Er gab sich ganz besondere Mühe, ihm Mut zu machen, und lud ihn öfter in sein Landhaus ein. Diese Solidarität tat Douglas gut, und daher war es ein neuerlicher empfindlicher Schlag, als Wyndham am 8. Juni während eines Aufenthalts in Paris völlig überraschend starb.

Zu dieser Zeit war jedoch bereits ein neuer Bundesgenosse auf der Bildfläche erschienen. Am Tag vor der Urteilsverkündung im Custance-Prozess stand eine junge Amerikanerin vor seiner Tür. Ihr Name war Doris Edwards[22]; und ihre Großzügigkeit war so außergewöhnlich wie ihre körperlichen Reize. Sie hatte ihren Schmuck mitgebracht und bot an, ihn zu verkaufen, damit er sich finanziell über Wasser halten könne. Douglas, der in seinen Erinnerungen offen lässt, ob er sie bereits kannte, war tief gerührt, ging aber auf ihr Angebot nicht ein. Stattdessen verkaufte er die wenigen Briefe von Oscar Wilde, die er nicht verbrannt hatte, sowie Widmungsexemplare seiner Bücher. Das brachte einige hundert Pfund ein, die es ihm erlaubten, sich mit Doris, die seine Geliebte wurde, in der Öffentlichkeit zu zeigen. Was Custance und Olive darüber dachten, kümmerte ihn nicht. Er wollte mit ihnen nichts mehr zu tun haben.

»Ich finde es bemerkenswert, dass ein Mann die grausamsten und unverdientesten Prüfungen erleidet, ohne verbittert zu werden«, hatte Douglas 1908 in einem Artikel über François Villon geschrieben.[23] Leider sollte er selbst nicht zu der würdevollen Resignation seines Zunftkollegen fähig sein. So wenig wie seine temperamentvollen Vorfahren war er bereit, denen zu vergeben, die ihn ungerecht behandelt hatten. Man hatte ihm einen Schlag unter die Gürtellinie versetzt, und er wollte Gleiches mit Gleichem vergelten.

Zunächst distanzierte er sich völlig von Oscar Wilde. John Long, ein Verleger, der (ironischerweise) in The Academy des Öfteren wegen des zweifelhaften moralischen Gehalts mancher der von ihm herausgegebenen Romane angegriffen worden war[24], hatte sich mit der Bitte an Douglas gewandt, die Beziehung zu Wilde aus seiner Sicht darzustellen. Douglas unterschrieb einen Autorenvertrag, erhielt einen Vorschuss, fühlte sich jedoch der Aufgabe schließlich nicht gewachsen. Daher nahm er Croslands Vorschlag an, ihm das Schreiben zu überlassen.

Bosies abgöttische Verehrung für Wilde, wie sie aus seinen Artikeln für die *Academy* sprach, war Crosland schon immer ein Dorn im Auge gewesen. Über Wildes Werk, soweit er es überhaupt kannte, hatte er sich stets nur geringschätzig geäußert, aber solange sein Vorgesetzter den Romancier und Theaterdichter in Ehren hielt, hatte er mit seiner Meinung zurückgehalten. Ihr posthumes Zerwürfnis bot ihm nun die willkommene Gelegenheit, als Ghostwriter ›der Hohepriester der Décadence‹ an den Pranger zu stellen. Das Manuskript war bereits im Juli fertig, die Publikation der Schrift, die man zu Recht eines der unerfreulichsten Bücher der letzten hundert Jahre genannt hat[25], verzögerte sich jedoch erheblich. Ross hatte nämlich erfahren, dass Douglas ausführlich aus *De Profundis* zu zitieren gedachte – mit der Absicht, Wildes Kritik Punkt für Punkt zu widerlegen –, und machte Urheberrechte geltend. Der Streit kam vor Gericht, und Douglas musste die Zitate entfernen. Nachdem auch der Verleger Änderungen vorgenommen hatte, erschien schließlich im Juli 1914 *Oscar Wilde and Myself*, eine über dreihundert Seiten umfassende Schmähschrift.

Die Lektüre des Werkes stimmt traurig: Auf die tendenziöse Schilderung der »rein platonischen« Beziehung zu Wilde – Douglas behauptete, er habe von der sexuellen Veranlagung des Dichters nichts gewusst und ihn 1895 nur deshalb unterstützt, weil er von seiner Unschuld überzeugt gewesen sei[26] – folgt eine ebenso giftige wie unwirksame Attacke gegen Wildes Werke, wobei das *Bildnis des Dorian Gray* besonders daran glauben muss.[27]

Die Parallelen zwischen *Oscar Wilde and Myself* und *De Profundis* sind unübersehbar. In beiden Texten finden gekränkter Stolz, Enttäuschung und Leid ihren Niederschlag. Beide Bücher sind in hohem Maße ungerecht. Und beide müssen als Momentaufnahmen betrachtet werden: Wilde wie Douglas widerriefen ihre Hasstiraden, jener in seinen Gesprächen und seiner Korrespondenz, dieser in seinen Gesprächen, seiner Korrespondenz und seinen autobiographischen Schriften.[28] Ja, von allen Fehlern, die Douglas in seinem Leben gemacht hatte, bereute er keinen mehr als die Veröffentlichung, unter seinem Namen, von Croslands Plädoyer gegen Wilde; im Jahr 1944 hätte er beinahe einen Herzanfall erlitten, als ein Freund von ihm, nichts Böses ahnend, dieses Buch zur Sprache brachte.[29] »Meine Ächtung Wildes«, hatte er zuvor geschrieben, »war teilweise auf verletzte Gefühle zurückzuführen, teilweise auf einen falsch verstandenen Begriff katholischer Tugenden. Zu meiner ewigen Schande habe ich nicht verhindern können, dass meine Wut über seine feindseligen Äußerungen [in *De Profundis*] mein Urteilsvermögen und meinen Gerechtigkeitssinn trübte. Ich war damals noch nicht lange zum Katholizismus übergetreten und bemühte mich, wie die meisten Bekehrten, päpstlicher als der Papst zu sein, so dass ich durch Hochmut zeitweilig bar jeglicher Milde war. Ich bedauere es zutiefst, dass das Buch erschienen ist.«[30]

Als *Oscar Wilde and Myself* herauskam, hielt Douglas sich seit vier Monaten in Boulogne auf; er war aus London geflohen, um sich dem Zugriff der Polizei zu entziehen.

Was war geschehen? Nachdem Douglas sich vom Schlag der verlorenen Prozesse einigermaßen erholt hatte, war er zusammen mit Crosland zum Angriff übergegangen. Er hatte einen heiligen Eid geschworen, sich an Ross zu rächen, und traf ihn nun an seiner Achillesferse: seinem Privatleben. Ross hatte einmal seinen Ruf mit dem von Caesars Ehefrau verglichen[31], aber Douglas war besser informiert. Er tat jetzt kund, was die Spatzen von den Dächern pfiffen, dass Wildes literarischer Nachlassverwalter gegen den Paragraphen 11 des Zusatzes zum Strafgesetzbuch verstoße. Ross sei, mit anderen, nämlich Croslands Worten, »ein dreckiger Sodomit«.[32]

Wenn die Geschichte etwas lehrt, dann das, dass man aus der

Geschichte nichts lernt. Ross hätte diese Beschuldigungen, die Douglas auch in Briefen an den Premierminister, den Kronstaatsanwalt und andere Notabeln wiederholte, ignorieren sollen. Er tappte in die gleiche Falle wie Oscar Wilde zwanzig Jahre zuvor und ging vor Gericht. Der Zeitpunkt schien günstig, denn Douglas war erneut mit Custance aneinander geraten. Er hatte seinem Schwiegervater in einem Brief die Schuld an der Trennung zwischen ihm und seiner Frau gegeben und damit gegen die Vereinbarung verstoßen, die seinerzeit vor Gericht getroffen worden war und derzufolge er sich jeglicher Kritik am Oberst zu enthalten habe. Anderenfalls drohe ihm eine sofortige Haftstrafe. Als Custance nun auf Anraten seines Anwalts gegen Douglas klagte, dämmerte es diesem, in welche Situation er sich hineinmanövriert hatte. Er konnte sofort inhaftiert werden, und falls Ross nun eine Verleumdungsklage einreichen würde, könnte er nicht mit einer Freilassung gegen Kaution rechnen. Er wäre dann nicht in der Lage, Beweismaterial gegen Ross zu sammeln, er würde den Prozess verlieren und für ein paar Jahre hinter Gittern sitzen. Keine angenehme Aussicht! Daher setzte er sich am 4. März nach Frankreich ab.

Ein hocherfreuter Ross hielt den Zeitpunkt für gekommen, gegen seine beiden Feinde gerichtlich vorzugehen. Er klagte Crosland wegen ›Konspiration‹, Douglas wegen ›Konspiration‹ und noch zusätzlich wegen Verleumdung an. Crosland wurde verhaftet und stand am 27. Juni im Old Bailey vor Gericht, wo er sich wie ein Fisch im Wasser fühlte. Bosies Angebot, ihm zu Hilfe zu eilen, hatte er abgelehnt.

Beide hatten sich bis jetzt auf einen einzigen Zeugen berufen, einen sechzehnjährigen Gassenjungen namens Garratt, der eine für Ross belastende Aussage unterschrieben hatte. Ross' Anwalt erklärte, dieser Zeuge sei von Crosland und Douglas zu einer Falschaussage angestiftet worden. Ross umriss sein turbulentes Verhältnis zu Douglas, gab vor, über Wildes sexuelle Vorlieben »entsetzt« gewesen zu sein, ließ durchblicken, dass Douglas Schuld an Wildes »sittlicher Entartung« habe, und bezeichnete Douglas' Gedichte als »unmoralisch«.[33] Letztere Bemerkung nahm der Richter ihm übel; er wies die Geschworenen in seinem Schlusswort darauf hin, dass sie kein Urteil über den Lebenswandel von Mr. Ross zu fällen hätten, sondern einzig und allein darüber, ob Garratt von dem Beklagten und Lord Alfred angestiftet wurde, einen Meineid zu begehen, oder ob beide aufrichtig an das glaubten, was ihnen der Junge über Ross erzählt hatte. Die Jury war sich innerhalb einer halben Stunde einig. Crosland wurde freigesprochen. Die Zuschauer applaudierten.

Im Oktober 1914 kehrte Douglas nach England zurück; im Zuge des Erfolges von Crosland war das Verfahren wegen ›Konspiration‹ gegen Bosie automatisch eingestellt worden. Dass er nichts von dem Haftbefehl gegen ihn wegen Verleumdung zu wissen schien, war eigenartig, doch noch viel eigenartiger war, dass Ross nach dem verlorenen Zweikampf mit Crosland versäumt hatte, die Klage zurückzuziehen. Jedenfalls wurde Douglas in Folkestone von Kriminalbeamten in Empfang genommen und dem Richter vorgeführt.

Seine Befürchtung, er würde in Zusammenhang mit der Custance-Angelegenheit nicht auf Kaution freigelassen, erwies sich als unbegründet. Es gelang Ross' Anwalt jedoch durch Spitzfindigkeiten, die Haftentlassung zu verzögern. Douglas wurde nach Wormwood Scrubs in London gebracht, in Gefängniskleidung gesteckt und in eine stickige Zelle gesperrt, eine Erfahrung, die er in seiner Autobiographie eindringlich beschrieb.

»Ich dachte an Wilde, als ich mich ›ins Bett‹ legte (ein Brett ohne Matratze), und sagte mir: Der arme Oscar, wie hat er das nur zwei Jahre lang ausgehalten? Es war das erste Mal, dass ich eine verhältnismäßig mitleidige Regung für ihn empfand, seitdem ich den ›unveröffentlichten Teil‹ seines De Profundis gelesen hatte.«34

Falls seine Gegner gehofft hatten, Douglas dauerhaft eingeschüchtert zu haben, so sollten sie enttäuscht werden. Voller Energie bereitete er sich auf den Prozess vor; doch zu seiner großen Verwunderung teilte Crosland ihm mit, er stehe ihm nicht als Zeuge zur Verfügung. Der Journalist, der seit seinem Auftreten in Old Bailey von den meisten Kollegen geschnitten wurde, führte als Entschuldigung ›familiäre Gründe‹ an. Als er nach ein paar Tagen einen Sinneswandel ankündigte – falls Bosie ihm 50 Pfund zahle –, war dessen Antwort kurz und bündig: Crosland solle »zur Hölle fahren«.35

Auch ohne seine Hilfe gelang es Douglas, wenn auch mit viel Mühe, vierzehn Zeugen aufzutreiben, die Ross im Prozess schwer belasteten. Inspektor West von Scotland Yard etwa sagte aus, er habe Mr. Ross häufig in der Jermyn-Street und am Piccadilly in Begleitung junger Männer gesehen, die »auffällig angezogen und geschminkt waren«.36 Ein Soldat, der behauptete, Ross sei indirekt verantwortlich für den Tod seines Bruders, brach in Tränen aus. Die Stimmung war eisig.

Es erübrigt sich, auf dieses Gerichtsdrama, das am 19. November 1914 begann und sich acht Tage lang dahinschleppte, detailliert einzugehen. Die Presse schenkte dem Prozess keine große Aufmerksamkeit; man interessierte sich mehr für die dramatischen Ereignisse auf dem Kontinent. Angesichts der Schlachten an Yser und Marne muss der Ausgang der unseligen Fehde zwischen Bobbie und Bosie von nebensächlicher Bedeutung gewesen sein. Eine Lappalie im Schatten des Ersten Weltkriegs.

Aber für die Betroffenen stand viel auf dem Spiel. Douglas lief Gefahr, zu zwei Jahren Zuchthaus verurteilt zu werden, Ross konnte, falls seine Klage zurückgewiesen würde, wie Wilde 1895 wegen Sittlichkeitsdelikten ins Gefängnis kommen. Welcher der beiden Kampfhähne würde den Kürzeren ziehen? Keiner von beiden, so zeigte sich. Denn ein Geschworener hatte schon am ersten Sitzungstag durchblicken lassen, unter keinen Umständen ein Urteil zugunsten des Beklagten fällen zu wollen (Douglas war der Überzeugung, er sei bestochen worden[37]), und er allein verhinderte denn auch einen einstimmigen Freispruch für Douglas. Zu einem neuen Prozess kam es glücklicherweise nicht. Denn Ross' Anwälte schlugen einen Vergleich vor: Ihr Mandant würde auf weitere Strafverfolgung verzichten (was einem Schuldbekenntnis gleichkam) und Douglas' Kosten von etwa 600 Pfund übernehmen. In seiner finanziell bedrängten Lage war diese Lösung für Douglas ein Geschenk des Himmels, und so stimmte er dem Vergleich zu.

Im Unterschied zu Wilde wurde Ross, der noch einmal mit dem Schrecken davongekommen war, von den maßgeblichen Kreisen nicht wie ein Paria behandelt. Im Gegenteil, mehr als dreihundert prominente Männer, unter ihnen der Premierminister und der Bischof von Birmingham, stellten ihm ein Leumundszeugnis aus, in dem sie seine literarischen Leistungen und seine Großzügigkeit hervorhoben. Diese Huldigung, begleitet von einigen hundert Pfund, verdeutlicht, was gerechterweise nicht verschwiegen werden darf: dass die peinliche Art und Weise, wie Ross sich gegenüber Douglas verhalten hatte, nicht charakteristisch für ihn war. Cyril Holland etwa, Wildes ältester Sohn, sah in ihm einen »zweiten Vater« und Cyrils Bruder Vyvyan betrachtete ihn als seinen besten Freund.[38]

Der Tod überraschte Robert Ross im Schlaf, er starb am 5. Oktober 1918, im Alter von neunundvierzig Jahren. Seinem letzten Willen entsprechend, wurde seine Asche 1950 noch nachträglich im Grab von Oscar Wilde beigesetzt.

L<small>IEBER</small> B<small>OSIE</small> – ich bin so froh – und so dankbar. Es ist ein glänzender Triumph!«, schrieb Lady Douglas am 11. Dezember 1914 ihrem Mann, nachdem er den Kampf gegen Ross für sich entschieden hatte. Aus dem Ton dieses Briefes, der mit den Worten endet:»Gott segne Dich. Deine ergebene Olive«[39], kann man schließen, dass das Einvernehmen zwischen den beiden wieder herzlicher geworden war, seit Olive ihren Mann so plötzlich verlassen und in das Lager ihres Vaters gewechselt war. Custance, der hoffte, seine Tochter zur Scheidung zu bewegen, hatte ihr von der Affäre ihres Mannes mit Doris Edwards erzählt; aber es war gerade diese Nachricht, die Olive veranlasste, sich mit ihm zu versöhnen. Einige Monate nach der Trennung hatte sie ihn angerufen. Der Klang ihrer Stimme bewirkte bei Bosie eine Sinnesänderung: Er bekam Gewissensbisse und brach seine Beziehung zu Doris ab, die schließlich für immer nach San Francisco zurückkehrte. Dies bedeutete jedoch nicht, dass die Eheleute wieder Tisch und Bett teilten. Die Zeit erschien ihnen dafür noch nicht reif. Sie trafen sich gelegentlich und wechselten regelmäßig Briefe, wobei Bosie wie gewöhnlich aus seinem Herzen keine Mördergrube machte.»Ich wäre nur zu froh, wenn ich an die Front gehen könnte«, schrieb er ihr am 2. Februar 1915 in einem Anfall von Niedergeschlagenheit,»und ich wäre gleichermaßen froh, wenn ich dort fallen würde.«[40]

Die Gelegenheit dazu bot sich ihm nicht, denn das Militär hatte keine Verwendung für ihn. Als er daraufhin mit dem Gedanken spielte, in die Fremdenlegion einzutreten, äußerte ein befreundeter Offizier seine Bedenken. Ob es in der Sahara nicht ein bisschen zu heiß sei? Bei näherer Betrachtung musste Bosie ihm beipflichten und beschloss, sich ganz auf seine ewige Fehde mit Custance zu konzentrieren.

Der Leser wird sich erinnern, dass das Vormundschaftsgericht seinerzeit bestimmt hatte, Raymond sollte den größten Teil seiner Ferien bei seinem Großvater verbringen. Diese Entscheidung wollte Douglas vor dem gleichen Gerichtshof anfechten, und er war diesmal voller Zuversicht, da Olive nun auf seiner Seite stand. Ihr gemeinsamer Antrag auf das alleinige Sorgerecht des Kindes war sicher nicht unbillig.

Aber Bosie verschätzte sich auch diesmal. Der Oberst behauptete, Douglas sei seiner Aufgabe als Erzieher nicht gewachsen, und führte einen Beweis an, der zumindest Richter Eve überzeugte. Er legte ein Exemplar von *Oscar Wilde and Myself* vor und machte den Richter auf eine Abbildung gegenüber Seite 174 aufmerksam: Ein Foto von Raymond! Eve war schockiert. Ein Foto von Raymond in einem Buch, das den Lebenslauf eines »notorischen Kriminellen« behandelte![41] Welche Unbesonnenheit, Lord Alfred! Der Richter erklärte, trotz der Referenzen einiger angesehener Freunde sehe er keine Veranlassung, das Urteil seines Vorgängers zu revidieren. Douglas wurden die Prozesskosten auferlegt. Der nächste Fall, bitte!

Douglas verlor angesichts dieser neuerlichen Niederlage die Geduld. Er reiste mit Raymond nach Fort Augustus in Schottland, wohin die englische Rechtsprechung nicht reichte, und verkündete, er werde dort für immer bleiben. Er kaufte sich ein Haus und wartete auf Olive, die ihren Besuch angekündigt hatte.

Für Custance jedoch war damit die Sache keineswegs erledigt. Er setzte sich heimlich mit seinem Enkel in Verbindung und überredete ihn, sich von einem Privatdetektiv abholen zu lassen. Während Raymond nach Norfolk unterwegs war, stand Douglas Höllenqualen aus. Der zwölfjährige Junge war zum Loch Ness angeln gegangen. War er in den See gefallen und ertrunken? Douglas schwebte achtundvierzig Stunden lang im Ungewissen.

Reichlich spät teilte ihm sein Schwiegervater in einem Telegramm mit, Raymond sei wohlauf und befinde sich in seiner

163

Obhut. Douglas war außer sich vor Wut und erwog eine Anklage gegen Custance wegen Kindesentführung, aber als er herausfand, dass sein Sohn in das Komplott eingeweiht war, wollte er, völlig desillusioniert, nichts mehr von ihm wissen. Die erhoffte ›Familienzusammenführung‹ war ein Fehlschlag.

Die folgenden Jahre waren für Douglas sehr bitter, die Sonette, die er schrieb (unter anderem das schöne »Before a Crucifix«), entsprechend düster. In Shelley's Folly, einem Landhaus bei Lewes in der Grafschaft Sussex, das er mit seiner Mutter bewohnte, vertrieb er sich die Zeit mit der Lektüre von Hagiographien und Büchern wie Augustinus' *De civitate Dei*. Er machte lange Spaziergänge in der waldreichen Umgebung, jagte Schnepfen und Enten. Und Oscar Wilde war noch immer ein rotes Tuch für ihn. Er hasste ihn und sein Werk, und er war nicht der Einzige.

Im Frühjahr 1918 wurde im Old Bailey ein Melodrama inszeniert, bei dem Wildes *Salomé* im Mittelpunkt stand und in dessen Verlauf auch Douglas eine leider unrühmliche Rolle spielte.

Die Stimmung in England war damals denkbar schlecht. Der Krieg zog sich in die Länge, ein Ende schien nicht in Sicht – im Gegenteil, mit der Unterzeichnung des Friedensvertrages zwischen den Mittelmächten und Russland Anfang 1918 konnte das Deutsche Reich zahlreiche Divisionen an die Westfront verlegen, und mit diesen Verstärkungen hatte General Ludendorff am 21. März eine gefährliche Offensive eingeleitet. Seine Truppen waren Dutzende von Kilometern vorgerückt, Paris lag nun in Reichweite der Krupp-Riesengeschütze, die die Stadt monatelang unter Feuer nahmen.

Dem unabhängigen Abgeordneten Noel Pemberton Billing zufolge ließ der Sieg der Alliierten nur deshalb auf sich warten, weil die britische Elite in großem Umfang vom deutschen Geheimdienst erpresst wurde. Am 26. Januar 1918 schrieb Billing in der von ihm herausgegebenen Zeitschrift *Imperialist*, der bayri-

sche Prinz Wilhelm von Wied besitze ein Schwarzbuch mit den
Berichten von Agenten, die sich in England darauf verlegten,
»verderbte Ausschweifungen zu verbreiten, wie sie nur deutsche
Gehirne ersinnen und nur deutsche Körper ausführen« könnten.
Nicht weniger als 47 000 Personen – Minister und deren Frauen,
Mitglieder des Staatsrats, Diplomaten, Dichter, Verleger, Chor-
knaben, Bankiers und Ballerinen – wären von Spezialagenten in
die Lüste »von Sodom und Lesbia [!]« eingeweiht werden.[42] Wonach es den Deutschen ein Leichtes sei, sie zu erpressen. Also
sprach Mr. Billing.

Ebenso bemerkenswert war der Bericht, der drei Wochen später in *The Vigilante* erschien, wie der *Imperialist* sich nannte, seitdem Billing sich mit einer Gruppierung liiert hatte, die sich für
eine *ethische Erneuerung* stark machte.

»DER KULT DER KLITORIS

Wer Maud Allans Privatvorstellungen von Oscar Wildes
Salomé beiwohnen möchte, muss sich an Miss Valetta, 9 Duke-
Street, Adelphi, wenden. Würde Scotland Yard die Liste der Mitglieder beschlagnahmen, so hätte man, davon bin ich überzeugt,
die Namen der ersten Tausend von den 47 000 ausgemacht.«[43]

Wer war Maud Allan? »Eine Dame, die, nur gehüllt in keusche
Durchsichtigkeit, darauf beharrt, auf Bühnen herumzuhopsen«,
wie ein Zeitgenosse bemerkte.[44] Oder, anders gesagt, eine Tän-
zerin. Sie hatte schauspielerische Ambitionen, und als ihr Jack
Thomas Grein, ein eingebürgerter Niederländer, der das ›Independent Theatre‹ leitete, die Hauptrolle in Wildes *Salomé* anbot,
ergriff sie diese Chance mit beiden Händen. Das Stück durfte
zwar immer noch nicht öffentlich aufgeführt werden, aber ge-
schlossene Vorstellungen, wie sie Greins Theatergruppe zu geben pflegte, konnte der Zensor nicht verhindern.

Dass Maud Allan von dem Bericht des *Vigilante* wenig angetan war, versteht sich. Sie interpretierte die Titelzeile zu Recht als Beschuldigung, sie sei lesbisch, und klagte Billing wegen Verleumdung an.

Der Prozess war eine Farce.

Billing, der sich selbst verteidigte, konnte glaubhaft machen, dass *Salomé* ein Kunstwerk sei, das dem Sittenverfall Vorschub leiste. Er berief sich dabei auf unterschiedliche Sachverständige: Kritiker, Ärzte, einen Priester und auf Lord Alfred Douglas! Wer sei besser geeignet, das Stück zu deuten, als der Mann, der seinen Verfasser gekannt und es für ihn aus dem Französischen übersetzt hatte? Douglas versicherte den »zutiefst bürgerlichen«[45] Geschworenen, Wilde habe keine Zeile ohne bösartige Absichten geschrieben, er habe nur ein Ziel verfolgt, nämlich die Tugend zu untergraben, ja, er sei recht eigentlich der mächtigste Bundesgenosse gewesen, den der Leibhaftige je gefunden habe. Wildes Lieblingslektüre sei im Übrigen Krafft-Ebings *Psychopathia Sexualis* (1886) gewesen, das Buch, in dem der Nervenarzt seine Forschungen über so genannte Abarten des Geschlechtstriebs zusammenfasste. Sagte das nicht genug?

Ein neutraler Reporter der *Nieuwe Rotterdamsche Courant* (NRC) ließ seine Leser an seiner Bestürzung teilnehmen. Den Prozess, der am 4. Juni 1918 endete, bezeichnete er als »eine einzige Aneinanderreihung irrwitziger Vorkommnisse«,[46] Billing und die Seinen als »eine gefährliche Bande Fanatiker, die einander in ihren unsinnigen Phantasien bestärkt«[47] hätten. Der Richter, Darling, hatte die ganze Sache nicht mehr in der Hand und ließ regelmäßig Personen aus dem Gerichtssaal entfernen, während seiner Schlussrede auch Douglas, der draußen von einer riesigen Menschenmenge begeistert gefeiert wurde. Es war unter anderem seinem Auftritt zu verdanken – nein, zuzuschreiben, dass Maud Allan den Prozess verlor.

Der NRC-Reporter fand Douglas' Haltung absurd und »tragisch« zugleich. Er analysierte die Hintergründe und tieferen Ursachen von Bosies sonderbarem Verhalten:

»Man weiß, wer Lord Alfred Douglas ist. Er ist der Sohn des vorigen Marquess von Queensberry. Er ist ein Dichter wirklicher Schönheit. Er war auch der Freund, dessentwegen 1895 die Katastrophe über Oscar Wilde hereinbrach. [...] Diese unselige Geschichte hat das Leben von Lord Alfred Douglas zerstört. Er ist hernach zur Einkehr gekommen, hat sich nach Wildes Tod (im Jahr 1900) von dem Bann befreit, in dem seine Auffassungen gefangen waren, er hat geheiratet. Und gleichzeitig hat er gegen Wildes Andenken einen erbitterten Kampf geführt. Warum? Um sich selbst wieder ins Lot zu bringen, meinen viele verächtlich; um den Respekt der Redlichen und Arrivierten zu erlangen. Nun! Ich habe diesen Mann im Zeugenstand gesehen, und ich glaube nicht, dass dies ein gerechtes Urteil ist. Ich glaube, dass man seine Aufrichtigkeit nicht in Zweifel zu ziehen braucht. Im Gegenteil, dieser Mann kam zum Gerichtshof aus einem Pflichtgefühl heraus, das auf sonderbare Weise vermischt ist mit blindem, leidenschaftlichem Groll gegen das, was er einst anbetete, jedenfalls aber mit einem bewundernswerten Mut, neue Schmach zu erdulden. Denn wer ist verwundbarer als er! Und wer, dem es darum geht, seinen Ruf wieder herzustellen, würde ein Kreuzverhör nicht um jeden Preis meiden! [...]

Hume-Williams [der Anwalt von Maud Allan] tat nichts anderes, als die alten Sünden des Zeugen in Erinnerung zu rufen, und Lord Alfred wurde zunehmend wilder und wütender. Er schimpfte den Anwalt einen Dieb und Erpresser, der sich nur aus seinem Honorar etwas mache, einen Handlanger der Deutschen und einen verirrten Sünder in der Gewalt deutscher Agenten, et cetera. [...]

Es war, wie gesagt, ein trauriges Schauspiel. Trotzdem blieb, wie unsinnig und krankhaft mir Lord Alfreds Übertreibungen

Alfred Douglas mit Hund

auch erschienen, ein Gefühl des Mitleids in mir zurück, das dem der Sympathie nahe verwandt war.«[48]

Während auf dem Kontinent die deutsche Offensive zum Erliegen kam, blühte Bosies Liebe zu Olive neu auf. Ihre Beziehung hatte im August des vorhergehenden Jahres einen neuen Tiefpunkt erreicht, doch im Oktober 1918, kurz bevor die Mittelmächte die Waffen niederlegten und während Bosie die Veröffentlichung seiner *Collected Poems* vorbereitete, schlossen die beiden Frieden. Es war eine gefühlvolle Szene. »Alles Elend der letzten sieben Jahre löste sich auf wie Schnee an der Sonne«, schrieb Douglas später an Olive, »und ich liebte Dich genauso wie damals, als wir gerade geheiratet hatten.«[49] Obwohl sie auch weiterhin ein gutes Verhältnis hatten und sich fast täglich besuchten, wohnten sie nicht mehr unter einem Dach. Gegenüber einer Freundin, die sich einmal darüber wunderte, meinte Douglas lachend, es sei schwierig, mit einem Dichter zu leben – und er selbst sei ein ganz *besonders* schwieriger Dichter![50]

Und Raymond? Er schrieb seinem Vater 1925 einen Brief, über den dieser sich sehr freute. Es war ein Ölzweig, ein Appell, einen Strich unter die Vergangenheit zu ziehen, der nicht auf taube Ohren stieß. Kurze Zeit darauf starb Oberst Custance; alle Annäherungsversuche seines Schwiegersohns hatte er zu dessen Leidwesen halsstarrig abgewehrt.

Wir haben den Ereignissen vorgegriffen. Zu erzählen bleibt noch, wie Douglas sich mit dem Autor versöhnte, dessen Name unverbrüchlich mit dem seinen verbunden ist. Es ist eine dramatische Episode; denn während Wildes Zerwürfnis mit Douglas durch den Aufenthalt im Zuchthaus bewirkt wurde, war es, welch eine Ironie der Literaturgeschichte, ein Aufenthalt in einem Gefängnis, der Douglas seine alte Verehrung für Wilde zurückgab.

KAPITEL X

1

Die schlichte Tatsache, dass Douglas am 4. Februar 1921 eine Ausgabe der *Evening News* kaufen konnte, unterminierte die Glaubwürdigkeit dieser Zeitung in höchstem Maße. Einem Bericht auf der Titelseite zufolge hatte das Dienstmädchen den Lord nämlich am Tag zuvor tot im Bett angetroffen; Überarbeitung, eine Grippe und ein Herzstillstand seien dem Fünfzigjährigen zum Verhängnis geworden.

Es müsse sich um einen Irrtum handeln, teilte der Totgesagte telefonisch mit; die Zeitung beeilte sich zwar, in ihren späteren Ausgaben eine Richtigstellung zu drucken, und entschuldigte sich für die Ente, hüllte sich aber ansonsten in Schweigen hinsichtlich des voreiligen Nachrufs, über den Douglas sich verständlicherweise aufgeregt hatte. Denn der anonyme Verfasser hatte sich sehr abfällig über ihn ausgelassen und ihn einen degenerierten, exzentrischen Nichtsnutz genannt, an den man sich eher aufgrund der Skandale und Händel, in die er verwickelt war, erinnern würde, als aufgrund seiner dichterischen Meriten.[1]

Da *The Evening News* nicht bereit war, sich für diese Schmähung zu entschuldigen, reichte Douglas eine Verleumdungsklage ein.

Der Anwalt der Zeitung, Sir George Lewis jr., war Douglas kein Unbekannter. Lewis hegte einen tiefen Groll gegen den Schriftsteller – als Verteidiger von Custance und Ross hatte er des Öfteren mit ihm im Gerichtssaal die Klingen gekreuzt –, und er wollte sich diese Gelegenheit, Douglas erneut eine Niederlage zuzufügen, nicht entgehen lassen. Daher riet er seinen Mandanten, nicht einzulenken; es würde ihm ein Leichtes sein, mit Hilfe von Dokumenten aus seinem Archiv nachzuweisen, dass der Nekrolog sich noch freundlich über Douglas ausgelassen habe. Der Chefredakteur ließ sich von dieser Versicherung beeindrucken und zwang somit Douglas, erneut die juristische Arena zu betreten.

Der Prozess begann am 24. November 1921. Frauen war der Zutritt diesmal nicht verboten; aber nachdem der Richter sie auf die »delikate Natur« der Angelegenheit aufmerksam gemacht hatte, zogen es die weiblichen Mitglieder der Jury vor, ihre Ämter niederzulegen. Sie verließen den Gerichtssaal, im Gegensatz zu Olive, die neben ihrem Mann Platz genommen hatte.

Die Verteidigung leitete den Angriff ein, indem sie daran erinnerte, dass der Kläger – ein *verkrachter Student* – in einem Blatt [*The Chameleon*], das »unnatürliche Leidenschaften« verherrlichte, als Vierundzwanzigjähriger *perverse Gedichte* veröffentlicht, *unanständige Briefe* mit dem berüchtigten *Oscar Wilde* gewechselt und ihn nach dessen Entlassung aus dem Zuchthaus *beherbergt* habe – anstatt, wie man es doch redlicherweise hätte erwarten dürfen, ihn geflissentlich zu meiden. Ja, der Kläger habe sogar gemeint, das Werk dieses Psychopathen in *The Academy* bejubeln zu müssen – und nach alldem habe Lord Alfred die Stirn, Anstoß an dem zu nehmen, was die *Evening News* über ihn geschrieben habe?! Auch Douglas' Differenzen mit seinem Schwiegervater dienten der Verteidigung als Munition. Die Gesichter der Geschworenen wurden immer länger.

Bevor Douglas die Gelegenheit erhielt, sich gegen diese vernichtende Kritik an seiner Person zur Wehr zu setzen, rief sein Anwalt einige mit seinem Mandanten befreundete Sachverständige auf: zwei geistliche Würdenträger und einen homöopathischen Arzt, die erklärten, der Kläger führe seit Jahren ein grundanständiges und alles andere als dekadentes Leben. Kurz, er sei ein achtbarer Bürger.

Dann schlug die Stunde der Wahrheit: Der achtbare Bürger betrat den Zeugenstand und wurde von den Anwälten der Gegenpartei ins Kreuzverhör genommen. Das verbale Duell endete mit einem wahren Triumph des Klägers. Nie zuvor hatte er als Zeuge so geglänzt; er war schlagfertig, geistreich, brillant. Die Jury erkannte ihm nach kurzer Beratung eine Entschädigung von 1000 Pfund zu. Die *Evening News* bezahlte die ansehnliche Summe und entließ den Verfasser des Nachrufs, Arthur Machen, den Douglas einst als Mitarbeiter der *Academy* verpflichtet hatte. Was ihn bewogen haben mag, seinen ehemaligen Vorgesetzten derart zu diffamieren, bleibt ein Rätsel, aber dass sich Douglas 1943 an einer privaten Spendenaktion für den verarmten Machen beteiligte, zeigt, dass er nicht so nachtragend war, wie allgemein behauptet wird.[2]

Die nervenaufreibenden Tage hatten Douglas jedoch sehr mitgenommen; kurz nach dem Prozess befiel ihn ein hohes Fieber, und zeitweilig sah es ganz danach aus, als müsste die *Evening News*, und diesmal zu Recht, sein Hinscheiden melden. Wochenlang war er ans Bett gefesselt. Das bedeutete das Ende von *Plain Speech*, einem Wochenblatt, das er seit dem Oktober herausgab, Nachfolger einer ebenso bedeutungslosen Zeitschrift, deren Leitung ihm durch »eine niederträchtige Intrige«[3] abhanden gekommen war: *Plain English*.

Dieses Blatt, finanziert von einem mit Douglas' Bruder Percy befreundeten Plutokraten, unterschied sich in einer Hinsicht von den zahlreichen Zeitschriften, die damals in den Londoner Kiosken auslagen: Es war katholischer Provenienz, sympathisierte jedoch mit den Orangisten in Ulster, die seit dem Januar 1919 mit den Anhängern Sinn Féins in einen Bürgerkrieg verwickelt waren. Vor dem Richterstuhl der Logik würde Douglas'

Haltung wohl kaum bestehen – »Im Politischen«, schrieb ihm Shaw später einmal, »haben Sie den Verstand einer Heuschrecke.«[4] –; die IRA jedenfalls war von seinen journalistischen Aktivitäten nicht sonderlich erbaut und ließ ihn wissen, sein Name werde ihrer Todesliste hinzugefügt.

Douglas, ein erzkonservativer Tory, zog in *Plain English* nicht nur gegen die irischen Nationalisten vom Leder, auch die liberale Regierung bekam ihr Fett ab, sowie Industrielle und Bankiers wie Alfred Mond und Ernest Cassel. Sie waren jüdischer Abstammung, und damit kommen wir auf ein heikles Thema zu sprechen: Douglas' Antisemitismus.

Wenn wir an eine ganze Reihe prominenter Zeitgenossen erinnern – Heinrich und Thomas Mann, Pierre Louÿs, Alphonse Daudet und Rudyard Kipling beispielsweise –, die sich gleichfalls wenig schmeichelhaft über Juden ausgelassen haben, so nur aus dem einzigen Grund, um noch einmal darauf hinzuweisen, dass der Antisemitismus in Westeuropa um 1900 ein weit verbreitetes Phänomen war, das auch in intellektueller Kreisen Anklang fand. Dass Douglas in dieser Hinsicht ein Kind seiner Zeit war, entschuldigt sein Verhalten in keiner Weise, wenn man auch berücksichtigen sollte, dass sich seine Kritik in *Plain English* gegen Individuen richtete und nicht gegen Juden als solche.[5]

Der Antisemitismus im England der Vorkriegszeit[6] wurde von Hilaire Belloc, den Brüdern Cecil und G. K. Chesterton und anderen geschürt, die in ihren Reportagen in *The New Witness* über Finanzskandale wie die Marconi-Affäre (1912–1913) nicht müde wurden, ihre Leser auf die jüdische Herkunft einiger der Beteiligten hinzuweisen. Die Wirkung dieser Propaganda beschränkte sich wegen der bescheidenen Auflage der Zeitschrift nur auf einen kleinen Kreis, aber nachdem am 28. Juni 1914 die Schüsse in Sarajevo gefallen waren, brach für die Juden im Vereinigten Königreich eine schwere Zeit an. Zunehmend wurden sie als Fünfte Kolonne verdächtigt; der *National Review* zufolge wünschte »beinahe die gesamte jüdische Rasse aus irgendeinem Grund den Sieg Deutschlands«[7]. Die Gewinne, die jüdische Schneider und Schuster durch die steigende Nachfrage nach Uniformen und Soldatenstiefel erzielten, weckten blanken Neid, der sich manchmal in Krawallen Luft machte, wobei die Schaufensterscheiben der »Profiteure« daran glauben mussten. Das Misstrauen wuchs, als 1917 die Bolschewisten in Russland die Macht ergriffen, sofort mit den Zentralmächten Frieden schlossen und den Zar und seine Familie ermordeten, ein Blutbad, das Douglas tief erschütterte.[8] Durch die Beteiligung kommunistischer jüdischer Agitatoren wie Lew Trotzki in Russland, Rosa Luxemburg in Deutschland und Bela Kun in Ungarn gewann die Meinung an Boden, alle oder zumindest die meisten Juden seien Teil einer internationalen Verschwörung.[9] Einen unumstößlichen Beweis hierfür schienen die *Protokolle der Weisen von Zion* zu liefern, von denen 1920 eine englische Übersetzung erschien. Die Sitzungsprotokolle einer geheimen jüdischen Organisation, die sich aufmachte, die Weltherrschaft an sich zu reißen, waren ans Tageslicht gekommen! Da stand es schwarz auf weiß: Kein Mittel wurde gescheut, die Regierungen zu unterminieren, die Wirtschaft lahm zu legen, die Jugend zu verderben, die idealistischen Bestrebungen der Christen durch Skepsis und Materialismus zu ersetzen! Es stelle sich die Frage, schrieb die *Times* in einem »Die jüdische Gefahr« betitelten Artikel, ob das Vaterland, das gerade mit Müh und Not einer *Pax Germanica* entronnen sei, nun von einer *Pax Judaica* bedroht werde?[10] Auch Douglas glaubte anfänglich fest an den Wahrheitsgehalt der *Protokolle*, zog jedoch später deren Authentizität in Frage.[11] Und zu Recht, denn es handelte sich um eine schlichte Fälschung. Ein Korrespondent der *Times* wies 1921 in einer Reihe von Artikeln unzweideutig nach, dass die *Protokolle* zum größten Teil einer obskuren, gegen Napoleon III. gerichteten Satire entnommen waren, Maurice Jolys *Dialogue aux enfers entre Machiavel et Mon-*

tesquieu, ou la politique de Machiavel au XIXe siècle (1864).[12] Das Plagiat war um 1905 von einem russischen Geheimagenten verfasst worden, der die Form seines antisemitischen Pamphlets – heimliche Versammlungen der ›Weisen von Zion‹ – aus dem Kolportage-Roman *Biarritz* von Hermann Goedsche entlehnt hatte.

Douglas ging noch von der Echtheit der *Protokolle* aus, als ihm 1920 zwei Aufsehen erregende Gerüchte zu Ohren kamen, über die er in den Spalten von *Plain English* ausführlich berichtete. Diese Gerüchte – beide aus für gewöhnlich unzuverlässiger Quelle – bezogen sich auf Ereignisse, die im Kriegsjahr 1916 stattgefunden hatten.

Am 31. Mai jenes Jahres war es bei Jütland zu einer gewaltigen Seeschlacht zwischen der deutschen und der englischen Flotte gekommen, wobei die Kriegsmarine in taktischer Hinsicht am längeren, in strategischer Hinsicht aber am kürzeren Hebel saß; denn obwohl sie der *Royal Navy* schwere Verluste zugefügt hatte, war es ihr nicht gelungen, die feindliche Blockade zu durchbrechen. Was die deutsche Admiralität nicht daran hinderte, den Zusammenstoß als eine alliierte Niederlage hinzustellen. Groß war daher die Verwunderung des Befehlshabers der englischen Flotte, Sir John Jellicoe, als seine Vorgesetzten in London eine Lesart der Skagerrakschlacht bekannt gaben, die sich von der deutschen kaum unterschied. Die entsprechend düstere Stimmung in England hellte sich erst einige Tage später durch einen nuancierteren Rapport der Admiralität auf.

Dem Gerücht Nr. 1 zufolge wurde damals absichtlich eine Panikstimmung heraufbeschworen, um es jüdischen Spekulanten zu ermöglichen, die durch die Hiobsbotschaft gefallenen britischer Aktien zum Spottpreis aufzukaufen – und anschließend nach dem Kursanstieg mit hohem Gewinn wieder abzustoßen. Winston Churchill, der im Ersten Weltkrieg Erster Lord der Admiralität, später Munitionsminister gewesen war, hätte zu diesem

Zweck mit Ernest Cassel konspiriert. Er hätte das falsche Kommuniqué aufgesetzt, woraufhin Cassel an der Börse seinen Coup gelandet und seinem Komplizen die hübsche Summe von 40 000 Pfund bezahlt habe. Das Gerücht Nr. 2 bezog sich auf die Umstände, unter denen der Kriegsminister, Feldmarschall Kitchener, den Tod gefunden hatte. Noch keine Woche nach der Schlacht bei Jütland hatte er sich nach Archangelsk eingeschifft, um die russische Heeresleitung über militärische Fragen zu beraten. Aber er erreichte seinen Zielort gar nicht erst. Eine von einem deutschen U-Boot westlich der Orkney-Inseln ausgelegte Mine brachte die *Hampshire* zum Sinken; ein plötzlicher Sturm verhinderte den Einsatz der Rettungsboote. Die Gemütsruhe, mit der der Feldmarschall dem Bericht eines der wenigen Überlebenden zufolge seinen Tod hingenommen habe und ertrunken sei, stand in scharfem Kontrast zu der Aufregung, die die Nachricht von seinem Tod in England hervorrief. Es fiel schwer zu glauben, dass sowohl der meteorologische als auch der Minenräumdienst ihren Pflichten so schlecht nachgekommen waren, und manche bezweifelten denn auch die offizielle Stellungnahme zum Hergang der Katastrophe. So zum Beispiel Douglas' Gewährsmann. Er behauptete, ein jüdischer Saboteur namens Nathan hätte eine Zeitbombe in den Laderaum der *Hampshire* geschmuggelt. Denn Kitchener sollte in Russland der »jüdisch-bolschewistischen Kamarilla«, die die Revolution vorbereite, den Garaus machen; es sei daher von größter Wichtigkeit gewesen, ihn zu liquidieren.

Douglas, aufrichtig überzeugt von der Wahrheit dieser Räuberpistolen, betrachtete das Ausbleiben jeglicher offizieller Reaktionen auf seine Berichterstattung als einen zusätzlichen Beweis dafür, dass er einem düsteren Komplott auf die Spur gekommen war. Er wusste nicht, dass man Churchill geraten hatte, einem »Schundblatt wie *Plain English*« keine Beachtung zu schenken. Als Douglas jedoch 1923 ein Pamphlet mit dem Titel

The Murder of Lord Kitchener and the Truth about the Battle of Jutland and the Jews drucken ließ, war Churchills Geduld zu Ende. Sechstausend Exemplare waren bereits verkauft, als Douglas im November verhaftet wurde.

Der Ausgang des Prozesses, der am 10. Dezember 1923 begann und großes öffentliches Interesse fand, stand eigentlich schon vorab fest. Der Beklagte hatte keinerlei Beweise. Ernest Cassel, Bankier, Philantrop und Kunstmäzen, hatte zum fraglichen Zeitpunkt keine Transaktionen an der Börse getätigt, und Churchill hatte nicht das umstrittene erste Kommuniqué, sondern gerade den späteren Rapport über die Seeschlacht verfasst – und zwar auf ausdrücklichen Wunsch des damaligen Marineministers, Lord Balfour. Hatte Churchill niemals von Cassel einen Geldbetrag erhalten? Doch, im *Jahr 1908*, 500 Pfund. Ein Hochzeitsgeschenk. Die Anschuldigungen in *Plain English*, so der Politiker, entbehrten jeglicher Grundlage.

Sie waren der üppigen Phantasie des Kapitäns Harold Spencer entsprungen (Ex-Kapitäns, besser gesagt, denn das Kriegsministerium hatte ihn wegen erwiesener Schizophrenie aus dem Dienst entlassen), der jetzt auch als Zeuge vernommen wurde. Spencer sprach von seiner Karriere als Geheimagent. Er behauptete, Wilhelm von Wied hätte ihm schon vor dem Krieg das »Schwarzbuch« mit den Namen der 47 000 pervertierten und erpressbaren Briten gezeigt. Sein Vorgesetzter hätte die Sache vertuscht und ihn in eine Irrenanstalt eingewiesen, es sei ihm aber gelungen zu fliehen, als Pfleger verkleidet. Auf einem Fahrrad, Euer Ehren. Der Militärarzt, der ihn untersuchte, habe nur »einen Sonnenstich« festgestellt; er, Spencer, habe den Premierminister noch vor der Ermordung des Zaren gewarnt; und was die Schlacht bei Jütland betreffe, so habe Churchill selbst ihm dies alles erzählt!

Man kann sich nur wundern, dass Douglas den Worten eines so offensichtlich geistig gestörten Mannes Glauben schenkte. Für die Folgen seines Irrtums musste er geradestehen. Die Geschworenen befanden ihn der Verleumdung schuldig, der Richter verurteilte ihn zu einer sechsmonatigen Gefängnisstrafe. Der *Times* erschien das Urteil »noch mild«.[13]

2

Douglas war ein Gourmet – Wilde sprach einmal von dessen Vorliebe für klare Schildkrötensuppe, köstliche, in spröde sizilianische Weinblätter gehüllte Ortolane und bernsteinfarbenen Champagner[14] –, so dass der Aufenthalt in der Zelle vor allem in kulinarischer Hinsicht für ihn eine schwere Prüfung war. Ein Hund, schrieb er später, hätte sich noch vor dem Essen in Wormwood Scrubs geekelt: Brocken stinkenden Fleisches, die in lauwarmem Abwaschwasser schwammen, ranziger Käse, Brot so hart wie die Pritsche, und eine Art Speise, die den Namen Pudding nicht verdiente.[15] Er magerte zusehends ab und wurde, mehr tot als lebendig, nach einigen Wochen auf Anordnung des Arztes ins Gefängniskrankenhaus überwiesen. Dort verbüßte er den Rest seiner Strafe, und dort schrieb er in ein Schulheft den Sonettzyklus *In Excelsis*. Dass der Titel, der das Hohe, Erhabene evoziert, mit dem von Wildes ›Enzyklika‹ – Aus der Tiefe – kontrastiert, ist gewiss kein Zufall.

De Profundis und *In Excelsis* haben eine auffällige Dichotomie gemein: So wie in Wildes Epistel gehaltreiche ethische und ästhetische Betrachtungen von unwürdigen und überwiegend ungerechten Tiraden gegen Douglas verunziert werden, so beeinträchtigen in den letzten Gedichten von *In Excelsis* Seitenhiebe auf die ›Weisen von Zion‹ die beeindruckende Gestaltung neuplatonischen Gedankenguts in den vorhergehenden Sonetten. Die betreffenden Gedichte (sieben an der Zahl) verdienen es nicht, in eine Auswahl aufgenommen zu werden; einige Verse mögen jedoch einen Eindruck von der Exaltiertheit vermitteln, die über Douglas während seiner Zeit im Gefängnis gekommen war.

Mein Stern schien hell, mein Engel lächelte,
als ich den weißen Pfad entlangging. Meine Verabredung
mit Schottlands Ehre in einem englischen Kerker konnte ich
nicht brechen.
Und doch ist meine Seele frei, nie beugte ich den Hals vor
einem anderen Kreuz als dem von Christus.
Vor Baal wird Douglas niemals niederknien.

Während Wilde seinerzeit das Manuskript von *De Profundis* aus dem Zuchthaus von Reading hatte mitnehmen dürfen, wurde Douglas mitgeteilt, dass im Zuge verschärfter Bestimmungen alles, was er im Kerker zu Papier gebracht hatte, beschlagnahmt werden musste. Er lernte daher die Gedichte auswendig und schrieb sie nach seiner Entlassung direkt im Büro eines Freundes nieder.

In Excelsis erschien im Dezember 1924 im Verlag Martin Secker in einer normalen Ausgabe und einer nummerierten, signierten Luxusausgabe von hundert Exemplaren. Crosland, mit dem Douglas geraume Zeit vor seiner Verurteilung endgültig gebrochen hatte, erlebte die Veröffentlichung nicht mehr; er war wenige Monate zuvor gestorben.

Im Vorwort dieser Gedichtsammlung, die Douglas als sein Opus Magnum betrachtete, erklärte er, keinerlei Bitterkeit zu empfinden, ja, er nannte die Haftzeit »das Beste, was ihm je passiert« sei.[16] In der Tat markierte sein Aufenthalt in Wormwood Scrubs einen Einschnitt in seinem Leben: Der Mann, der das Gefängnis verließ, war ein anderer als der, der es fünf Monate zuvor betreten hatte. *Fünf* Monate, keine sechs, denn Douglas war wegen guter Führung vorzeitig entlassen worden.

179

Rupert Croft-Cooke, ein junger Bewunderer, der ihn kurz darauf traf und befürchtet hatte, einem grollenden, beleidigten Dichter zu begegnen, war angenehm überrascht. Douglas war heiter, sprach von seiner Haft wie ein Schüler, der einem Freund von der schmerzhaften Unterredung mit dem Schuldirektor erzählt, er strahlte Lebensfreude aus und genoss wie nie zuvor Wein, Musik, Natur, anregende Gesellschaft. Er selbst war jetzt eine äußerst anregende Gesellschaft. Er hatte, fand Croft-Cooke, genau *die* Eigenschaft, der sich Wilde nicht hatte entziehen können: Er hatte Charme.[17]

Mit Wilde versöhnte sich Douglas allmählich. Er fing an, wie ehedem über ›Oscar‹ zu plaudern, dinierte mit Freunden an eben jenem Tisch im Café Royal, wo er früher so oft mit ihm gesessen hatte, und legte dar, wie er durch seine Erfahrungen in Wormwood Scrubs begriffen hatte, was Wilde zum Schreiben von *De Profundis* veranlasst habe. Wenn er über ihn sprach, traten ihm manchmal Tränen in die Augen. »Er erzählte uns viel von Wilde«, notierte ein Besucher in sein Tagebuch, »und meinte nach ein paar Gläsern Sherry, dass ihre Beziehung zwar sein Leben zerstört habe, er es aber nicht bereue, ihn gekannt zu haben…«[18]

Der Kreis schloss sich. Douglas' letztes Buch, *Oscar Wilde: A Summing-Up* (1940), zeugt von der Versöhnung mit dem Idol seiner Jugend. Es ist ein ritterliches Werk, und ebenso ritterlich war das, was Douglas einem Leser antwortete, der nach seiner Haltung zu seinem Erzfeind, Robert Ross, gefragt hatte:

»Ich kann Ihnen versichern, dass ich ihm schon vor langer Zeit verziehen habe, obwohl ich mich erst vor kurzem, nachdem ich dieses Buch abgeschlossen hatte (etwa vor einer Woche), dazu entschloss, zwei Messen für seine Seele bei den Franziskanern in Oxford lesen zu lassen. Er war früher ein mehr oder weniger frommer Katholik, aber ich fürchte, er hat dem Glauben Jahre vor seinem Tod abgeschworen. [...] Ich wiege mich in der Hoffnung, dass er in der Stunde des Todes zur Einkehr gekommen ist, der arme Kerl. Es gab eine Zeit, da war er einer meiner besten Freunde.«[19]

Nach *In Excelsis* schrieb Douglas so gut wie keine Gedichte mehr, aber desto mehr Briefe. Dem achtzehnjährigen John Betjeman, später der Poeta laureatus und Chronist des gutbürgerlichen und altmodischen England, verbot seine schockierte Mutter allerdings, weiterhin mit Douglas zu korrespondieren – mit Wasserdampf hatte sie heimlich einen der Briefe geöffnet. Als Betjeman in Oxford studierte, kam er wieder mit Bosie in Kontakt und erklärte ihm den Grund für sein plötzliches Schweigen. Sein Vater habe ihn ermahnt, sich lieber mehr in der frischen Luft aufzuhalten, als ›dekadente‹ Gedichte zu lesen. Douglas schenkte daraufhin Betjeman ein Exemplar seiner *Collected Poems* (1919) mit der Widmung: »Get out into the open air!«[20]

Betjeman, der sich in den Dreißigerjahren regelmäßig mit Douglas und dessen Frau zum Lunch traf, erinnerte sich an Olive als eine muntere Matrone mit einer Leidenschaft für die Poesie des Lord Byron. Sie sei genauso geistreich wie ihr Mann gewesen, den er als »einen überaus unterhaltsamen Menschen, der einen ständig in Ferienstimmung versetzte«, charakterisierte; und als einen Plauderer ersten Ranges. »Das Spritzige seiner Monologe vermag ich nicht in Worte zu fassen.« Ein Gentleman mit geschliffenen Manieren. Und auch bisweilen ein Phlegmatiker. Betjeman nahm ihn einmal zu einer Aufführung von *The Importance of Being Earnest* mit. Anschließend fand ein kleines Fest statt, auf dem einer der Gäste berauscht von Champagner zu Boden sank, »Engelsgesicht« murmelte und das Bewusstsein verlor. Douglas warf einen mitleidigen Blick auf die Gestalt auf dem Teppich. »*Poor fellow,* er ist krank«, sagte er und brachte das Gespräch auf Wildes Verdienste als Bühnenautor.[21]

Richten wir die Scheinwerfer nun auf zwei Personen, die bisher in keiner einzigen Biographie des Dichters erwähnt wurden: seine Nichte Violet und den Komponisten Havergal Brian. Violet war Percy Queensberrys Tochter. Sie wurde in einem Internat in Wales erzogen, während er sein Glück in Südafrika versuchte. Statt des ersehnten Goldes fand er dort, im August 1920, »unter geheimnisvollen Umständen« den Tod. Douglas, der seinem Bruder versprochen hatte, sich um Violet zu kümmern, nahm sie zu sich in seine Londoner Wohnung an der Hogarth Road. Er erwies sich als ausgezeichneter Vormund. Vor dem Schlafengehen las er ihr aus Romanen von Charles Dickens vor, er improvisierte Nonsens-Verse für sie und nahm sie öfter zum Lunch im Ritz mit. »Er war«, schrieb sie mir, »äußerst charmant. Wenn er Damen begrüßte, zog er den Hut und verbeugte sich. Freundinnen pflegte er die Hand zu küssen.«[22]

Als Douglas Anfang 1924 ins Gefängnis musste, bedeutete das einen dramatischen Einschnitt in Violets Leben. Er hatte sie stets ›Lady Violet‹ genannt, aber im Haus seiner Mutter und seiner Schwester Edith herrschten rauere Sitten. Und als das Mädchen einmal fragte, warum es immer das Haus verlassen müsse, wenn Gäste zum Tee erwartet wurden, erhielt es von der Tante die spitze Antwort: »Du bist Percy Queensberrys uneheliches Kind. Wusstest du das nicht?«

Diese Mitteilung traf Violet wie ein Schlag. Die Identität der Geliebten ihres Vaters bleibt ein Mysterium, nur die Köchin von Violets Großmutter scheint es gewusst zu haben. Einmal zeigte sie ihr ein vergilbtes Foto von einer Dame im Abendkleid, das an der Wand der Waschküche hing. »Das ist deine Mutter«, sagte sie. Möglicherweise stellte das Foto Lily Langtry dar, die Schauspielerin, deren Anmut auch Oscar Wilde nicht kalt gelassen hatte.

»Alle Liebe, die mir als Kind zuteil wurde, kam von Onkel Alfred«, schrieb Violet, die sich mit siebzehn Jahren entschloss,

Krankenschwester zu werden, angespornt nicht zuletzt durch eine Bemerkung ihrer Tante Edith, die sie zufällig aufgeschnappt hatte: »Je eher man sie aus dem Haus wirft, damit sie sich eine Arbeit sucht, desto besser.«*

Während des Zweiten Weltkriegs leitete Violet in Burma eine Kantine für neunhundert Soldaten; dort begegnete sie ihrem zukünftigen Ehemann, Jo Conaghan, der inzwischen gestorben ist. Sie schreibt an ihren Erinnerungen, die sich, so glaubt sie, für eine Verfilmung eignen.[23]

Nicht weniger bemerkenswert war die Laufbahn des Komponisten Havergal Brian (1876–1972). Interesse an seiner Kunst kam in der Zeit zwischen den Kriegen vor allem aus dem Jenseits, zumindest glaubte er während der nächtlichen Stunden, da er an der *Gothic Symphony* arbeitete, die Geister von Bach, Berlioz und Goethe zu spüren.[24] Aber das Rad hat sich gedreht. Eine wahre Brian-Hausse hat in letzter Zeit dazu geführt, dass eine ganze Reihe seiner Kompositionen auf CD erschienen sind, und auch eine Aufnahme der fünften Symphonie, *Wine of Summer*, eine Vertonung von Douglas' gleichnamigem Gedicht für Bariton und Orchester, ist geplant.

Havergal Brian hegte schon früher Pläne, Gedichte von Douglas zu vertonen, hatte sich aber durch die Warnung abschrecken lassen, Lord Alfred würde niemals seine Einwilligung dazu geben. Als er sich 1937 schließlich doch an ihn wandte, wurde er eines Besseren belehrt. Als großer Musikliebhaber war Douglas begeistert und fühlte sich sehr geehrt, als das Werk, das erst 1969 uraufgeführt wurde, bei ihm zu Hause von Brian auf dem Klavier gespielt – und gesungen wurde.[25] Der Komponist seinerseits wusste die Gastfreundschaft des Dichters zu schätzen. Douglas

---

* Die Beziehung zwischen Violet und dem jetzigen Marquess of Queensberry und seinen Verwandten ist glücklicherweise sehr gut.

servierte den besten Bordeaux, den Brian jemals getrunken hatte, und bot ihm zum Abschied jedes Mal eine Havanna an.[26] Ihre Korrespondenz ist leider zum größten Teil verloren gegangen, im Unterschied zu der zwischen Douglas und Shaw, die 1982 von Mary Hyde herausgegeben wurde.

Shaw, der Douglas zuvor zu dessen *True History of Shakespeare's Sonnets* (1933) beglückwünscht hatte, bat ihn 1937, seinen Einspruch gegen die Veröffentlichung einer englischen Ausgabe von Frank Harris' *Oscar Wilde: His Life and Confessions* zurückzuziehen. Es handelte sich um eine äußerst heikle Angelegenheit.

Über die Geschmacklosigkeit, Unzuverlässigkeit und Bösartigkeit dieser 1916 in New York erschienenen Biographie haben andere bereits das Nötige gesagt[27]; festzuhalten ist, dass der meiste Unfug, der im Lauf der Zeit über Douglas verbreitet wurde, in diesem Buch seinen Ursprung hat. Der Vorwurf etwa, es sei Douglas gewesen, der Wilde in die »geheimnisvolle Welt der homosexuellen Halbwelt: der Strichjungen, Bordelle – und der Erpresser« eingeführt hätte[28]. Aber auch im Hinblick auf Wilde tat Harris regelmäßig der Wahrheit Gewalt an. Völlig an den Haaren herbeigezogen ist der Vorfall, der sich unmittelbar nach Wildes Tod ereignet haben soll. Der aufgebahrte Körper sei durch die Anhäufung von Gasen in den Eingeweiden förmlich explodiert[29], eine bösartige Erfindung, die ärgerlicherweise bis heute wiedergekäut wird[30], obwohl sie zu denen gehört, von denen Harris sich später selbst distanzierte.

Diesen Richtigstellungen lagen übrigens nicht so sehr die Skrupel eines gewissenhaften Chronisten, sondern vielmehr finanzielle Probleme eines heruntergekommenen Journalisten zu Grunde. 1925 hatte Harris Lord Douglas, der die Auslieferung des Buches in England mit der Androhung juristischer Schritte stets verhindert hatte, den Vorschlag gemacht, mit ihm gemeinsam eine korrigierte Fassung des Buches zu erarbeiten. Die ›Irrtümer‹ in der Erstausgabe hatte Harris scheinheilig einem bösartigen, inzwischen verstorbenen Informanten[31] in die Schuhe geschoben; die revidierte Ausgabe, versicherte er, würde Douglas »vollständig rehabilitieren«.

Douglas hatte die Entscheidung lange hinausgezögert. Er traute Harris nicht über den Weg. Dieser hatte ihn einmal um 2000 Pfund betrogen und später zu erpressen versucht, indem er ihm mit ›Enthüllungen‹ über die Wilde-Affäre drohte. Sie hatten sich sogar einmal im Café Royal regelrecht geprügelt – »ein tolles Schauspiel«, wie ein Reporter schrieb.[32] Doch die Aussicht, dass gerade der Mann, der seinen Namen am meisten durch den Dreck gezogen hatte, sein Ansehen wieder herstellen würde, hatte schließlich den Ausschlag gegeben. Douglas schrieb seine Randbemerkungen in ein Exemplar von *Oscar Wilde: His Life and Confessions* und erhielt kurz darauf von Harris den Text eines neuen Vorworts, in dem vieles richtig gestellt wurde. Als erneute Differenzen die Ausgabe jedoch vereitelten, veröffentlichte Douglas dieses Vorwort gesondert.

Jetzt, 1937, war Harris' Witwe in Geldnot, und ihr zuliebe gab Douglas auch Bernard Shaw seine Zustimmung zu einer von Shaw redigierten und eingeleiteten Neuausgabe der Biographie. Schon bald entspann sich zwischen den beiden, Gegenpole in nahezu jeder Hinsicht, eine innige Freundschaft. Shaw nannte Douglas »Junker Alfred« (»Childe«) und wurde von Douglas »St. Christophorus« tituliert.

Ebenso überraschend war die Freundschaft, die Douglas seit 1938 mit der namhaften Dr. Marie Carmichael Stopes verband, der Verfasserin von Werken wie *Prevention of Venereal Disease*; *Sex and the Young*; *Mother, How Was I Born?* und *Coital Interlocking: A Physiologic Discovery* – Werke, die, wie sie wusste, Douglas nicht ansprechen würden. Sie hatte daher ihre ersten Briefe, in denen sie ihre Bewunderung für seine Gedichte zum Ausdruck brachte, mit »Marie Carmichael« unterzeichnet. Als sie schließlich ihre wahre Identität enthüllte, antwortete er ihr:

»Ich war völlig verblüfft, als ich heute Morgen die Unterschrift unter Ihrem Brief sah. Ich vermutete nicht im Geringsten, dass Sie Marie Stopes sind. Es ist wirklich ganz außergewöhnlich, denn ich habe Sie in der Vergangenheit (wie Sie vielleicht wissen) ziemlich scharf kritisiert [in *Plain English*]. Natürlich teile ich als Katholik Ihre Einstellung zur Geburtenregelung nicht. Aber da Sie mir jetzt so viele freundliche Briefe geschrieben haben, [...] tut es mir Leid, dass ich je so unfreundlich über Sie gedacht habe.«[33]

Marie Stopes hatte eine philanthropische Einstellung, und als sie merkte, dass es Douglas immer schwerer fiel, sich über Wasser zu halten, versuchte sie, ihm eine Pension zu verschaffen. Nachdem ihr Gesuch, von vierzehn prominenten Engländern unterzeichnet, abgewiesen worden war, übernahm sie mit einigen Sympathisanten die Miete des Hauses in Hove, das Douglas bewohnte; sein Neffe Francis konnte die Miete nicht länger aufbringen.

Dieser Neffe war es, der seinem Onkel eines Tages ausrichtete, der Premierminister habe die Zusendung von Douglas' Sonett »To Winston Churchill« wohlwollend aufgenommen. Die Ode, am 4. Juli 1941 in der *Daily Mail* abgedruckt, blieb zwar künstlerisch weit hinter Douglas' anderen Gedichten zurück, war jedoch eine schöne Geste; eine Hommage für den Politiker, den er, wie er bereits früher eingestanden hatte, zu Unrecht angegriffen hatte.[34]

Die Jahre setzten dem Dichter immer mehr zu. Er machte sich große Sorgen um seinen Sohn, der in eine Nervenheilanstalt eingeliefert worden war. Olive, sein »Darling mouse-girl«, wie er sie nannte (seltsamerweise, angesichts seiner übertriebenen Angst vor Mäusen), verfiel zusehends und starb am 12. Februar 1944. Douglas zog in ihre Wohnung um, vernichtete zuvor jedoch in einem Anfall von Schwermut Stapel Papiere. Versorgt wurde er von der ehemaligen Haushälterin seiner Frau, Eileen.

Lord Alfred Douglas im Jahre 1928, im Alter von 58 Jahren

Sie war eine auffällige Erscheinung: eine riesenhafte Gorgo mit breiten Hüften, schweren Brüsten, schiefen Schultern und einem großen Kopf, den spärliche, fettige Haare bedeckten. Vier Zähne waren alles, was von ihrem Gebiss übrig geblieben war.[35] Sie war Douglas sehr zugetan, dessen Konversation, wie ein Besucher berichtete, übrigens nichts an Faszination eingebüßt hatte.[36]

Als erneut finanzielle Probleme und sein Gesundheitszustand

187

dem Witwer zunehmend schlaflose Nächte bereiteten, kamen ihm Edward und Sheila Colman zu Hilfe. Am 1. Dezember nahmen sie ihn in ihrem Bauernhof, Old Monk's Farm, in Lancing, Sussex, auf, wo sie ihm in den folgenden Monaten – in den Worten des Propheten – manches Festmahl von fetten, markigen Speisen und alten, geläuterten Weinen bereiteten. »Engelhafte Menschen«, nannte Douglas sie.[37] Sie leisteten ihm Gesellschaft, und sie hielten seine Hand, als er, krank und müde, doch gestärkt durch seinen kindlichen Glauben und die Sterbesakramente am frühen Morgen des 20. März 1945 verschied. Er wurde neben seiner Mutter auf dem Friedhof des Franziskaner-Klosters von Crawley beigesetzt.

George Sylvester Viereck, dem Douglas kurz nach der Jahrhundertwende in den Vereinigten Staaten begegnet war, dichtete zum Gedenken an ihn folgende Zeilen.

Ich werde Dich nicht den Akolythen der Schönheit nennen,
wohl aber ihren Hohepriester auf dieser nebligen Insel,
wo die Heuchelei alles zu überwuchern droht,
wo die Scham Liebende wie Mehltau befällt.
Hier warf Wilde Dir den Fehdehandschuh hin,
hier gehen sie immer noch unsterblich um:
die Dark Lady und der jungenhafte Mime, den Shakespeare liebte,
hier warf ein König um der Liebe willen die Krone fort.

Freund, Liebender, Märtyrer, lieber toter Dichter, sag uns,
ob auch die hehren Götter im Himmel eifersüchtig sind
auf jene, die die Allmächtigen zu stören wagen,
indem sie eine Schönheit suchen, die alle Geschlechter überschreitet,
und sag uns, ob Du an den Himmelspforten
auch Deinen Sangesfreund mit der goldenen Stimme trafst?

Viereck konnte übrigens dem Begräbnis nicht beiwohnen, denn er saß wegen Landesverrats hinter Gittern.[38]

3

Zeus hat uns ein schlimmes Los beschieden, dass später wir im Liede noch fortbestehen für die Künftigen.« Diese Worte legt Homer in der *Ilias* Helena in den Mund, der ehebrecherischen Frau des Königs von Sparta, die erkennt, dass sie mit ihrer unbesonnenen Flucht nach Troja ihr eigenes Schicksal und das ihres Geliebten besiegelt hat; Worte, an die Wilde sich vielleicht erinnerte, als er seine Strafe im Zuchthaus von Reading verbüßte. Er wird gewusst haben, dass er der Vergessenheit, die ihm der Leitartikler des *Daily Telegraph* wünschte[39], nie anheim fallen und dass ihm das spektakuläre Ende seiner spektakulären Laufbahn einen Platz auf dem Olymp sichern würde. Diese Erkenntnis wird ihn getröstet haben.

Das Drama des Bühnenautors inspirierte manchen Bühnenautor. Einer der Ersten, wenn nicht der Erste überhaupt, war der Niederländer Adolphe Engers mit *Oscar Wilde, Tragödie in fünf Akten* aus dem Jahr 1917. Es ist ein bizarres Stück. Wilde tritt unter eigenem Namen auf, Bosie hingegen heißt Lord Harry Douglas. Der zweite Akt spielt auf Sizilien, wo Wilde, »in ein weißes, fantastisches Gewand gehüllt, das an die Tunika der alten Römer erinnert«[40], in einer Villa mit seinem jungen Freund über Schönheit und Dichtung philosophiert, bis ein gellender Ton die Ruhe stört.

»*Harry: (zusammenfahrend)* Was ist das?
Wilde: Das Signal eines Schiffes. Hast du dich erschreckt?
Harry: (lächelnd) Ja! Wundert dich das?
Wilde: Nein, du bist ein feinfühliger Junge mit empfindlichen Nerven.

Harry: Woher das Schiff wohl kommen mag?
Wilde: Was geht uns das an?«[41]

Sehr viel! An Bord befindet sich Harrys Vater, der dem Dichter die Leviten zu lesen gedenkt (»Jeder Kutscher kennt die Spelunken, in denen Sie mit Gassenjungen Ihre Orgien feiern.«[42]). Der dritte Akt führt uns in den Gerichtssaal, der vierte zeigt uns Wilde in der Zelle, der Schauplatz des letzten Aktes ist »eine ordinäre Kneipe«[43] in Paris, wo Wilde noch einmal seinen ganzen Esprit entfaltet –

»Was ich anfasste, wurde schöner, hüllte ich in ein neues Kleid der Schönheit! Alle philosophischen Systeme fasste ich in einen Satz, die ganze Existenz in ein Epigramm. Ich ließ mich zu sinnlosen Begierden verlocken und ich verschleuderte mein Genie …«[44]

– bevor er, begafft von Gancven, den Geist aufgibt. Engers' Stück wurde meines Wissens nie aufgeführt und wird wohl auch nie aufgeführt werden, denn die Szenen mit Wildes schwarzem Diener sind alles andere als politisch korrekt.

»*Wilde:* Was hast du da für ein Buch? ›Oscar Wilde – *An Ideal Husband*‹. So, so, liest du in *meinen* Werken?
Johny: Ja, Sir, das sind very schön!
Wilde: Dein Lob schmeichelt mir!
Johny: Ich kein Wort von Buch begreif, aber tönen very schön!«[45]

Politisch *sehr* unkorrekt ist das Vorwort zu *OscarWilde, sein Drama* (1925) von Carl Sternheim. Engers empfand Sympathie für Douglas; Sternheim hingegen porträtiert ihn als einen Halunken, der in der ersten Szene des ersten Aktes Wilde beinahe zu Boden schlägt, ihn ständig beschimpft und ihm nach dem Prozess ins Gesicht sagt:»Keine Spur Mitleid fühle ich mit Dir, hasse Dich, habe keine Sehnsucht, als Dich glatt im Stich zu lassen. *Sauve qui peut!*«[46] Ähnliche Karikaturen von Douglas findet man auch im Theaterstück von Maurice Rostand (1934)[47] und in den meisten Filmen, die über Wilde gedreht wurden, einschließlich des Films von Brian Gilbert mit Stephen Fry in der Titelrolle (1997): Douglas als »böser Giftzwerg«, Wilde, der sich »wie ein Lamm zur Schlachtbank führen lässt«.[48] Eine Interpretation, die nicht Stich hält. Weder war Douglas ein böser Giftzwerg noch Wilde ein Opferlamm. Vielmehr besaß Oscar Wilde, wie Shaw schrieb, »einen unbändigen Willen. Er ging auf die ihm eigene Weise zum Teufel, allen zum Trotz.«[49] Der historischen Wahrheit hingegen verpflichtet ist das Theaterstück *Gross Indeceny: The Three Trials of Oscar Wilde*, das der aus Venezuela stammende und jetzt in New York lebende Autor Moïses Kaufman schrieb und das auch in Europa für Furore sorgte, zuletzt 2001 in Paris.

Die meisten Theaterstücke und Filme aber stützen sich, versteht sich, auf *De Profundis*, der ›Autobiographie‹ eines Mannes, der nach eigener Aussage,»die Wahrheit [preisgab] für ein Epigramm«[50], dem Klagelied, das Schuld daran ist, dass Douglas den zweifelhaften Ruf genießt,»der größte Prolet der Geschichte« zu sein[51] − wie ein Rezensent ihn in einer Besprechung der ›ersten vollständigen und treuen Version‹ von *De Profundis* nannte, die 1949 erschien.»Der größte Prolet der Weltgeschichte.«

Ich bin davon überzeugt, dass niemand dieses Urteil mehr bedauert hätte als Oscar Wilde selbst. Ein Dokument, das sich in der William Andrews Clark Memorial Library in Los Angeles befindet und das meines Wissens bisher noch nicht beachtet wurde, belegt dies einmal mehr. Ein gewisser Frederick William von Herbert schrieb am 18. April 1913 an Douglas' Rechtsanwalt George Cran und teilte ihm mit, Wilde habe ihm nach

191

seiner Entlassung aus dem Zuchthaus einen Brief geschrieben, an den er sich zwar nur schwach erinnern könne, aber es stehe ihm noch deutlich vor Augen,»dass Lord Alfred Douglas erwähnt wurde, und dass er von Mr. Wilde vollständig von allem freigesprochen wurde, was in der Vergangenheit geschehen war, ja, ich erinnere mich an Mr. Wildes genauen Ausdruck,»schuldlos«. […] Ich kenne keine der beiden Parteien, die augenblicklich in den Rechtsstreit verwickelt sind, und ich wünsche sie auch nicht zu kennen. Ich werde weder als Zeuge auftreten, noch wünsche ich, dass mein Name öffentlich erwähnt wird. Vielleicht kann Ihnen aber diese Mitteilung, im Interesse der Gerechtigkeit, bei Ihrer Beweisführung behilflich sein. Mit vorzüglichster Hochachtung, F. W. von Herbert.«

Herbert bezog sich selbstverständlich auf den Prozess Douglas gegen Ransome, in dem Wildes Bannfluch aus dem Grab im Gerichtssaal verlesen und dem Kläger zum Verhängnis wurde. Herberts Brief traf zu spät ein, der Prozess endete am 22. April; Douglas schickte dem Richter am nächsten Tag eine Kopie des Schreibens.

Wilde übertrieb, als er schrieb, Bosie habe mit seinem Untergang nichts zu tun, wie er übertrieb, als er ihm in *De Profundis* die ganze Verantwortung in die Schuhe schob. Die Wahrheit war komplizierter. Schuld an der Katastrophe hatten mehrere Personen, und es war das Schicksal, das diese Katastrophe auslöste, indem es diese Personen zusammenführte: Oscar Fingal O'Flahertie Wills Wilde, Alfred Bruce Douglas und John Sholto Douglas, Marquess of Queensberry, Hauptdarsteller in einem gewaltigen Trauerspiel voller Leidenschaft und Eifersucht.

Eifersucht! Man kann sich des Eindrucks nicht erwehren, als sei die Verunglimpfung, die Douglas im Lauf der Jahre über sich ergehen lassen musste, zum Teil auf bewussten oder unbewussten *Neid* zurückzuführen. Die meisten von uns sind nicht wirklich schön. Die meisten von uns sind nicht von altem

Adel. Die meisten von uns sind nicht so charmant, dass es uns gelänge, charmante Gestalten wie Oscar Wilde für uns zu gewinnen – wenn wir ihnen überhaupt über den Weg liefen. Und dichten können wir auch nicht – jedenfalls nicht so gekonnt, dass sich Meister wie Stéphane Mallarmé lobend darüber äußern.

Douglas war sehr privilegiert. Das erregte – und erregt immer noch – Neid.

KAPITEL XI

In der Blüte seiner Jahre saß Douglas einmal mit Freunden im Café Royal, als ein Dichterkollege, salopp gekleidet und mit zerzausten Haaren, hereintrat. Allen fiel der Unterschied zu Douglas auf, der wie immer wie aus dem Ei gepellt war.

»Welch ein Kontrast!«, rief einer.

»Ja«, meinte ein Bewunderer von Lord Alfred, »der ganze Unterschied zwischen Poesie – und Reimerei.«[1]

Diese Anekdote eignet sich sehr gut als Einstieg für einige abschließende Bemerkungen zum Werk von Alfred Douglas. Was den Lesern seiner Poesie sofort auffällt, ist, dass Douglas große Sorgfalt auf die Form seiner Gedichte verwandte. Er beherrschte das Handwerkliche seines Metiers. Und aus diesem Grund wirkt sein Werk heute antiquiert.

Ein Kunstwerk, so Bosies Überzeugung, könne erst dann Anspruch auf höchste Vollkommenheit erheben, wenn man ihm die Mühsal, die es den Autor gekostet habe, nicht anmerke.[2] *Ars est celare artem*: Die Kunst besteht darin, die Kunst zu verbergen. Das Schreiben eines guten Gedichts kostete Douglas viel Blut, Schweiß und Tränen, was den »erbärmlich mageren«, wie er es selbst einmal formulierte, Umfang seines Œuvres erklärt.[3]

»Durch Teilhaben an der Form, behaupten wir, ist das Diesseitige schön.«[4] Diese Worte des neuplatonischen Philosophen Plotin nahm sich Douglas zu Herzen. Darin stimmte er mit dem symbolistischen Dichter Stefan George überein (dem er möglicherweise ein Mal in Paris begegnet war[5] und der die Ansicht vertrat, dass »der Mensch […] das Dämonische nur durch die Form überwinden« könne. »Form ist Schöpfung, Form ist Prinzip, Form ist Voraussetzung. Form heißt auch: Zucht, Disziplin, Ordnung, Norm. Die Kunst nimmt das Maßlose an der Hand, es ist die Kunst, die ordnet.«[6] Für Douglas lag die ethische Komponente der Kunst darin, dass der Künstler den Mächten des Chaos und der Finsternis den Krieg erkläre.[7] Unter diesem Gesichtspunkt ist jedes Gedicht, jedes Gemälde, jede Symphonie eine Heldentat. Das Feilen verfeinert. Gestaltung ist Sinngebung. Douglas betrachtete das petrarkische Sonett mit den Reimschemata cde, cde oder cdecde oder cdc ded oder cdcdcd als »die Quintessenz der Form«,[8] und in seinen Sonetten – wahren ›Miniaturmonumenten‹ – tritt seine dichterische Meisterschaft am deutlichsten zutage.

Form ist also von höchster Wichtigkeit (Douglas hätte einen Begriff wie *art brut* als eine Contradictio in adjecto abgelehnt), aber der wahre Dichter versteht es, die Form zu beleben. Erst aus dem Wechselspiel von Imagination, Herzensglut und formaler Anstrengung entsteht große Dichtung.[9] Kunst ist, mit einem Wort Antoine Bodars, stilisierte Ergriffenheit.[10] Emotionen überwältigen den Dichter und zwingen ihn, seine Gefühle auszudrücken. Dieser innere Zwang, diese Sehnsucht nach Schönheit, ist, Douglas zufolge, eine Frage der Chromosomen. Entweder besitze man das künstlerische Gen oder man besitze es nicht.[11] Die Originalität eines Dichters zeige sich nicht so sehr in der Thematik – denn es gibt nichts Neues unter der Sonne –, sondern in seiner Fähigkeit, die ewigen Themen zu variieren: Liebe, Freude, Trauer, Sehnsucht, Reue, et cetera.[12]

Was Douglas an den Gedichten vieler seiner Zeitgenossen missfiel, war ihre Ungereimtheit, in zweifacher Bedeutung. Sie entbehrten des Reims, die »einzige Saite, die wir der griechischen Lyra hinzugefügt haben«[13], und ihnen fehlte ein wirklicher

Inhalt, ein Thema, so dass sie oft obskur wirkten. Nun gehöre das Mysteriöse selbstverständlich zur Domäne des Dichters; jeder vernünftige Mensch sei jedoch sehr wohl in der Lage, zwischen dem, was er nicht begreifen könne, und dem, was nicht zu begreifen sei, zu unterscheiden,[14] und wenn er auf Verse stieß wie –

Put it there in there where they have it,
Put it there in there there and they halve it
Put it there in there there and they have it
Put it there in there there and they halve it[15]

– reagierte er wie das Kind in Andersens Märchen, das sich nicht übertölpeln lässt, sondern laut ruft, der Kaiser habe ja gar nichts an. Dass Douglas' Gedichte nicht in Anthologien, die ein Gedicht wie das obige enthielten, aufgenommen wurden, sei nur folgerichtig, meinte E. B. Osborn: »Es war nicht zu erwarten, dass eine Brüderschaft von Fröschen, die in einem Teich ihr Gequake probte, eine Nachtigall an ihren Lärm-Orgien teilnehmen ließ.«[16]

Douglas' Gedichte, deren Musikalität erst zu ihrem Recht kommt, wenn man sie laut liest, bedürfen keiner eingehenden Exegese. Sie sind nicht hermetisch, was nicht bedeutet, dass ihnen Tiefsinn fehlt.

In einer Rezension von *The City of the Soul* im Jahr 1899 gab Lionel Johnson eine Charakterisierung seines Zunftkollegen, der wenig hinzuzufügen ist. »Für ihn«, schrieb er, »ist Dichtung die künstlerische Umsetzung der Einbildungskraft, ein Zufluchtsort, eine Zitadelle, in der sich die Seele vor dem Ansturm der Außenwelt zurückziehen kann. ›Die Kunst als Trösterin‹ ist ein bekannter Manierismus von Pseudo-Poeten; die Aufrichtigkeit *dieses* Künstlers ist jedoch evident. Ihm gilt Dichtung als Quelle wahrhaftiger Freude. Gut zu schreiben ist ihm sowohl eine Leidenschaft als auch eine Erleichterung. Und er schreibt in der Tat gut und auffällig vornehm. Wir begegnen hier nicht der langweiligen Glätte eines talentierten Epigonen; hinter diesen Versen steckt eine Persönlichkeit.«[17] Eine Ansicht, die in den Niederlanden Schriftsteller wie P. N. van Eyck und P. C. Boutens teilten.

Wir haben an anderer Stelle darauf hingewiesen, dass Lord Alfred Douglas gut daran getan hätte, seinen Elfenbeinturm nicht zu verlassen. Aber zum Glück hielt er sich dort, in einem Leben, das er selbst »so melodramatisch wie ein Roman von Balzac« nannte, lange genug auf, um ein kleines, aber gewichtiges Werk zu schaffen, ein Testament der Schönheit, in dem das Beste, was in ihm steckte, Gestalt gewann. [18]

»Dafür«, schrieb George Bernard Shaw, dem Bosie 1936 seine Gesammelten Gedichte geschickt hatte, »seien Dir all Deine Sünden vergeben.«[19]

ANMERKUNGEN

Schlüssel zu den verwendeten Abkürzungen

Autobiography	*The Autobiography of Lord Alfred Douglas*. London 1929. Die Angaben in Klammern beziehen sich auf: Lord Alfred Douglas, *Freundschaft mit Oscar Wilde*. Deutsch von E. McCalman, Leipzig 1929.
Berg	The Berg Collection, New York Public Library, New York.
Bosie	Rupert Croft-Cooke, *Bosie. The Story of Lord Alfred Douglas, his Friends and Enemies*. London 1963.
Clark	The William Andrews Clark Memorial Library, University of California, Los Angeles.
Colman	Archiv von Sheila Colman, Lancing, Sussex.
Ellmann	Richard Ellmann, *Oscar Wilde. Eine Biographie*. Aus dem Amerikanischen von Hans Wolf. Zürich 1997.
Hyde	H. Montgomery Hyde, *Lord Alfred Douglas, A Biography*. London 1984.
Letters	*The Letters of Oscar Wilde*. Edited by Rupert Hart-Davis. London 1962. Die Angaben in Klammern beziehen sich auf: Oscar Wilde, *Gesammelte Werke in zehn Bänden*. Hrsg. von Norbert Koch, Bde. 8–10: *Briefe*. Übersetzt von Hedda Soellner. Frankfurt/M. 1982.
Oscar Wilde: A Summing-Up	Alfred Douglas, *Oscar Wilde: A Summing-Up. (1940)*. With an Introduction by Derek Hudson. London 1961.
Rosenbach	The Rosenbach Museum & Library, Philadelphia, P.A.
Texas	Harry Ransom Humanities Research Center, University of Texas, Austin.
Trials	H. Montgomery Hyde, *The Trials of Oscar Wilde* (1948). New York 1973.
Werke	Oscar Wilde, ›Zürcher Ausgabe‹. *Werke in fünf Bänden*. Vollständig neu übersetzt von Hans Wolf, Eike Schön-

feld, Susanne Luber, Georg Deggerich und Bernd Eilert. Zürich 2000.

Without Apology   Alfred Douglas, *Without Apology*. London 1938.

Works   [*The Works of Oscar Wilde*. Herausgegeben von Robert Ross]. 14 Bände. London 1908.

Einleitung

1 Martin Koomen, ›Een tot in het merg verwende ruziezoeker. Biografie van Lord Alfred Douglas‹. *Vrij Nederland*, 22. Juni 1985, *Boekenbijlage*, 6.

2 J.C.E. Lanters/W. van Maanen, ›Oscar Wilde‹, in: A.G.H. Bachrach u.a., *Moderne encyclopedie van de wereldliteratuur*, Weesp/Antwerpen 1980-1984, X, 261.

3 Michel van der Plas, ›Een poging tot geluk in ballingschap. Het korte treurige leven van Sebastian Melmoth: Parijs‹. *Elsevier*, 21. Januar 1989, 92.

4 Martin Koomen, op. cit., 7.

5 Michel van der Plas, ›Oscar Wilde's kwade genius. Bosie: een hopeloos geval‹. *Elsevier*, 15. Dezember 1984, 127.

6 Ernest La Jeunesse, ›Alfred Bruce Douglas, poète‹. *Le Journal*, 11. Januar 1897.

7 Frank Harris, *New Preface to ›The Life and Confessions of Oscar Wilde*. London 1925, 53-55.

8 Michel van der Plas, ›Een poging tot geluk in ballingschap. Het korte trieste leven van Sebastian Melmoth: Parijs‹. *Elsevier*, 21. Januar 1989, 95.

9 *The Times*, 18. April 1913; *Autobiography*, 323 (270); *Bosie*, 179; Hyde, 185.

10 Martin Koomen, op. cit., 7.

Kapitel I

1 Douglas' Vater wird meist als der achte Marquess of Queensberry bezeichnet, aber in Wirklichkeit war er der neunte. Cf. Hyde, 340.

2 *Letters*, [5. oder 6. November 1894], 376 (*Briefe* 8, 391).

3 Hugh Trevor-Roper, *A Hidden Life. The Enigma of Sir Edmund Backhouse*. London 1977, 245.

4 Lionel Johnson, ›Oxford‹. *Ireland with Other Poems* (1897). Poole/New York 1996, 32.

5 Max Beerbohm, *Letters to Reggie Turner*. Herausgegeben von Rupert Hart-Davis, London 1964, 91. William Rothenstein, *Men and Memories* (1931), London 1934, I, 147.

6 Alfred Douglas, *Oscar Wilde and Myself*. London 1914, 36–37.

7 Douglas an A. J. A. Symons, 8. Juli 1935: Clark.

8 *Letters*, 215, Anm. (*Briefe* 10, 113, Anm. 238).

9 Cf. das 26. Sonett.

10 »Mr. Wilde besitzt Verstand, künstlerisches und stilistisches Empfinden; doch wenn er nur für geächtete Adelige und pervertierte Telegrafenboten schreiben kann, so muss man sagen: je eher er sich entschließt, das Schneidern (oder sonst ein ehrsames Handwerk) zu erlernen, umso besser für seinen eigenen Ruf und für die öffentliche Moral.« Zit. nach *Briefe*, 10, 138 (Anm. 382). Der Kritiker spielt auf einen Skandal an, der sich einige Jahre zuvor zugetragen hatte, als ans Licht gekommen war, dass einige Aristokraten in einem Bordell in der Cleveland Street Unzucht mit minderjährigen Angestellten des Hauptpostamts trieben. Cf. H. Montgomery Hyde, *The Cleveland Street Scandal*. London 1976.

11 Hesketh Pearson, *Oscar Wilde. Sein Leben und Werk*. Deutsch von René Koenig. Bern 1947, 152.

12 *Works*, XII, 168–169. *Werke* I, 157.

13 J.-F. Louis Merlet, ›Passants de la Rivièra: Lord Alfred Douglas‹. *L'Éclaireur de Nice*, 14. Februar 1904.

14 *Works*, XII, 183. *Werke* I, 169.

15 *Without Apology*, 52.

16 *Oscar Wilde: A Summing-Up*, 36.

17 *Bosie*, 92.

18 Theodore Wratislaw in: *The Artist and Journal of Home Culture*, November 1893, zitiert in: G. A. Cevasco, *Three Decadent Poets: Ernest Dowson, John Gray, and Lionel Johnson. An Annotated Bibliography*. New York/London 1990, 188.

19 Violet Wyndham, *The Sphinx and her Circle. A Biographical Sketch of Ada Leverson 1862–1933*. London 1963, 105.

20 *Letters*, 426 (*Briefe* 9, 441).

21 Ibid., 2: Juli 1896, 402 (*Briefe* 9, 417).

22 *Works*, XII, 15–16. *Werke* I, 22–23.

23 Sonett 38.

24 Selten sind Beziehungen wie die zwischen Wilde und Douglas – zwischen einem Künstler und einer Person, die die schöpferische Kraft des Künstlers stimuliert – natürlich nicht. Man denke an die Verehrung Dantes für Beatrice, Boccaccios für Maria d'Aquino (›Fiammetta‹), an die Liebe Petrarcas zu Laura de Sade, die Liebe Michelangelos zu Tommasso dei Cavalieri, an Wagners Leidenschaft für Mathilde Wesen-

donck (der wir *Tristan und Isolde* verdanken) oder an Stefan Georges Zuneigung zu Maximilian Kronberger (›Maximin‹).

25 *Letters*, 20. Mai 1895, 398 (*Briefe* 9, 413).

Kapitel II

1 Douglas an A. J. A. Symons, 14. März 1939/16. März 1939: Clark.

2 Hyde, 28.

3 John Stokes, ›Wilde at Bay: The Diaries of George Ives‹, *English Literature in Transition 1880–1920*. Vol. xxvi, Nr. 3, 1983, 178.

4 *Letters*, 440–441 (*Briefe* 9, 460–461).

5 Douglas an Charles Kains-Jackson, 9. April 1894: Clark.

6 Douglas zeigte diesen Koffer 1938 George Sylvester Viereck. Cf. Francis Queensberry/Percy Colson, *Oscar Wilde and the Black Douglas* (1949), London 1950, 147.

7 *Letters*, 492 (*Briefe* 9, 524: *De Profundis*).

8 E. F. Beresford Chancellor, ›The Spirit Lamp‹. *The London Mercury*, xxv, Nr. 148, Februar 1932, 387-389.

9 Alfred Douglas, ›An Undergraduate on Oxford Dons‹. *The Spirit Lamp*, ii, Nr. 3, 18. November 1892, 73.

10 Harry Currie Marillier, *University Magazines and their Makers*. London 1902, 59.

11 ›Lines Suggested by Fred. Leslie's Death‹. *The Spirit Lamp*, iii, Nr. 1, 3. Februar 1893, 17.

12 *The Ephemeral*, 18. Mai 1893, 2.

13 Ibid., 20. Mai 1893, 23.

14 *Bosie*, 66.

15 Hyde, 6-7.

16 Violet Wyndham, *The Sphinx and her Circle. A Biographical Sketch of Ada Leverson 1862–1933*. London 1963, 111.

17 Douglas an John Lane, 30. September 1893: Rosenbach. Zitiert nach *Ellmann*, 550.

18 *Letters*, 344, Anm. 3 (*Briefe* 10, 178, Anm. 190).

19 ›TO MY FRIEND/LORD ALFRED BRUCE DOUGLAS/THE TRANSLATOR OF/MY PLAY‹ (Hyde 146).

20 Rosenbach. Zitiert nach *Ellmann*, 550 f.

21 *The Times*, 23. Februar 1893.

22 *Letters*, 432 (*Briefe* 9, 449).

23 *Bosie*, 91-92.

24 Douglas an Robert Ross, 20. Dezember 1893: British Library, London (Fotokopie).

25 Robert Hichens, *The Green Carnation* (1894). London 1949, XIII.

26 *Letters*, 435 (*Briefe* 9, 452-453).

27 Pariser Homosexuelle trugen grün gefärbte Nelken, eine Angewohnheit, die Wilde und sein Anhang übernahmen.

28 Robert Hichens, op. cit., 165.

29 Ibid., 1.

30 Ibid., 2.

31 Ibid., 3.

32 Lady Queensberry hatte arrangiert, dass Douglas zum Honorarkonsul an der englischen Botschaft in Konstantinopel ernannt wurde. Als der Botschafter jedoch erfuhr, dass Douglas ein Protegé Wildes war, hatte er die Anstellung rückgängig gemacht. Cf. Hyde, 54.

33 Michel van der Plas, ›Oscar Wilde's kwade genius. Bosie: een hopeloos geval‹. *Elsevier*, 15. Dezember 1984, 127.

34 Martin Koomen, ›Een tot in het merg verwende ruziezoeker. Biografie van Lord Alfred Douglas‹. *Vrij Nederland*, 22. Juni 1985, *Literaturbeilage*, 6.

35 [Christopher Millard], *Oscar Wilde: Three Times Tried*, London [1912], 95. Zitiert nach *Ellmann*, 607.

36 Ibid., 95-96. Zitiert nach *Ellmann*, 607 f.

37 *Without Apology*, 247.

38 *Letters*, ? Dezember 1894, 379 (*Briefe* 8, 394).

39 Wie aus einem Brief von Bloxam an Charles Kains-Jackson vom 19. November 1894 hervorgeht: Clark.

40 *The Chameleon*. A Facsimile Edition. London 1978, 3. *Werke* 4, 485, 486.

41 Herbert M. Schueller/Robert L. Peters [Hrsg.], *The Letters of John Addington Symonds*. Detroit 1969, III, 5. September 1892, 747. Der Lehrer war John Gambril Francis Nicholson (1866-1931).

42 *The Chameleon*, 58.

43 Ibid., 36, 45. Zitiert nach Oscar Wilde, *Teleny und Der Priester und der Messnerknabe*. Deutsch von Wulf Teichmann. Reinbek bei Hamburg 1984, 166, 172.

44 Bloxams Erzählung wurde nicht nur mehrmals in England neu aufgelegt, sondern erschien auch auf Spanisch, Französisch und Deutsch (manchmal in illustrierten Ausgaben), wobei das Werk merkwürdigerweise Wilde zugeschrieben wurde. »Der ausgezeichnete Kenner Carl Hagemann hat unzweifelhaft recht«, schrieb Rainer Maria Schulze [*i.e.* Paul Steegemann] im Nachwort einer deutschen Ausgabe, »wenn er dies vortrefflich gefügte kleine Kunstwerk, dessen Tendenz völlig durch die Form ausgelöst wird, mit aller Entschiedenheit für Wilde in Anspruch nimmt« (*Der Priester und der Messnerknabe*, Hannover 1922, 42–43).

45 *Trials*, 104; 106-109.

46 »Es wird großen Schaden anrichten«, sagte Wilde, »das ist gut.« John Stokes, ›Wilde at Bay: the Diaries of George Ives.‹ *English Literature in Transition 1880-1920*, xxvi, Nr. 3, 1983, 179.

47 *Letters*, ? Dezember 1894, 379 (*Briefe* 8, 394).

48 *Letters*, 441 (*Briefe* 9, 461: *De Profundis*).

49 *The Illustrated London News*, 12. Januar 1895, 35.

50 John Stokes, op. cit., 180.

51 Im Gegensatz zum Deutschen bezeichnet das Wort Sodomit im Englischen nach 1. Moses einen Homosexuellen, was auf die Schilderung Sodoms im Alten Testament zurückgeht (Gen. 13,13 und 19,4 ff.)

Kapitel III

1 Michel van der Plas, ›Oscar Wilde's kwade genius. Bosie: een hopeloos geval‹. *Elsevier*, 15. Dezember 1984, 127-128.

2 Ibid.

3 *Letters*, Juli–August 1894, 360 (*Briefe* 8, 374).

4 Ibid., 28. Februar 1895, 384 (*Briefe* 8, 398).

5 Douglas an Robert Ross, 11. Februar 1895: Hyde.

6 *Letters*, etwa 17. Februar 1895 (*Briefe* 8, 397). Ich habe mir einige Freiheit in der Reihenfolge der Sätze erlaubt.

7 Rupert Hart-Davis (Hrsg.), *More Letters of Oscar Wilde*. London 1985, 28. Februar 1895, 129–130.

8 *De Telegraaf*, 6. April 1895 (Morgenausgabe).

9 Michel van der Plas, op. cit., 127.

10 Hesketh Pearson, *Oscar Wilde. Sein Leben und Werk*. Deutsch von René Koenig. Bern 1947, 288-291.

11 *Letters*, 466 (*Briefe* 9, 490: *De Profundis*).

12 Ibid., 477 (*Briefe* 9, 504: *De Profundis*).

13 Hesketh Pearson, op. cit., 289.

14 Michel van der Plas, op. cit., 128.

15 *Letters*, Januar–Februar 1886, 185 (*Briefe* 8, 212).

16 Ibid., 92, Anm. 2 (*Briefe* 10, 54, Anm. 22).

17 Ibid., 492 (*Briefe* 9, 523: *De Profundis*).

18 Ibid.

19 *Trials*, 232–233, Anm.

20 Ibid., 14. Zit. nach *Ellmann*, 597.

21 Diese Stelle findet sich nicht in der Buchausgabe des Romans. Carson zitierte aus dem Vorabdruck in *Lippincott's Monthly Magazine*. Wilde überarbeitete ihn und strich einige ›verfängliche‹ Stellen. Cf. Oscar

Wilde, *Das Bildnis des Dorian Gray. Der unzensierte Wortlaut des Skandalromans*. Hrsg., übersetzt, mit Anmerkungen und einem Dossier versehen von Jörg W. Rademacher. Frankfurt a.M. 2000, 107.

22 *Trials*, 112.

23 Ibid., 117; *Letters*, März 1893, 336 (*Briefe* 8, 353).

24 Auf einer Auktion in London erzielte ein Brief von Oscar Wilde vor einigen Jahren den Betrag von 14 300 Pfund (*The Daily Express*, 20. November 1993).

25 *Trials*, 129.

26 Ibid., 132-133. Zitiert nach *Ellmann*, 608 f.

27 Ibid., 145.

Kapitel IV

1 H. Montgomery Hyde, *Oscar Wilde. A Biography*. New York 1975, 228.

2 *The National Observer*, 6. April 1895, zitiert in *Trials*, 156.

3 Ibid.

4 *Autobiography*, 108-109.

5 In: *Die Seele des Menschen unter dem Sozialismus: Werke* IV, 268.

6 Sogar Mrs. Robinson hätte nicht vorhersehen können, dass man noch keine hundert Jahre später den Plan erwägen würde, dieses Gebäude als Oscar-Wilde-Museum einzurichten. Cf. *Keynotes. The Newsletter of the Eighteen Nineties Society*, New Series: Vol. 1, Nr. 12, Juni 1992, 10.

7 *Works*, v, 46. *Werke* V, 288.

8 Vgl. den Brief, den W.E. Henley am 8. April 1895 an Charles Whibley schrieb: »Hyazinth [Douglas] sagt, er werde, wenn Apollo [Wilde] in den Knast geht, ein Haus gegenüber beziehen und dort wohnen, bis Apollo rauskommt. Es könnte ihm passieren, daß er das Haushalten nicht nötig hat, denn man sagt, die Netze würden so lange ausgeworfen, bis der Teich leer ist.« Zitiert in John Connell, *W. E. Henley*. London 1949, 297-298.

9 Ross' Mutter hatte versprochen, Oscar und Lady Wilde finanziell zu unterstützen, falls ihr Sohn England verlasse.

10 *Trials*, 161.

11 *Letters*, 9. April 1895, 389 (*Briefe* 9, 405).

12 Rupert Hart-Davis (Hrsg.), *More Letters of Oscar Wilde*. London 1985, 15. April 1895, 133.

13 *Letters*, 23. April 1895, 392.

14 H. Montgomery Hyde, *The Cleveland Street Scandal*. London 1976, 45.

15 *De Telegraaf*, 6. April 1895 (Morgenausgabe).

16 *Autobiography*, 119–120 (102).

17 *Trials*, 201. Zitiert nach *Ellmann*, 625

18 *Letters*, 441 (*Briefe* 9, 461: *De Profundis*).

19 Mary Hyde (Hrsg.), *George Bernard Shaw und Alfred Douglas.* ›*Seien Sie nicht so undankbar, mir zu antworten.*‹ *Briefwechsel.* Aus dem Englischen von Ursula Michels-Wenz. Frankfurt am Main 1986, 16. April 1931, 51.

20 David Cecil, *Max. A Biography of Max Beerbohm* (1964), New York 1985, 121–122. Zit. nach *Ellmann*, 625.

21 *Trials*, 223.

22 Ibid., 244.

23 Ibid., 273.

24 *The Review of Reviews*, Juni 1895, 492; Alfred Douglas, ›Une introduction à mes poèmes, avec quelques considérations sur l'affaire Oscar Wilde‹. *La Revue Blanche*, 1. Juni 1896, 487; *The Times*, 26. November 1921; Jonathan Gathorne-Hardy, *The Old School Tie. The Phenomenon of the Old English Public School.* New York 1978, 156–180; Alisdare Hickson, *The Poisoned Bowl. Sex, Repression and the Public School System.* London 1995, passim.

25 *Letters*, ? 18. Februar 1898, 705 (*Briefe* 9, 781).

26 *Trials*, 252.

27 *Le Figaro*, 12. April 1895.

28 *Oscar Wilde: A Summing-Up*, 32.

29 Gilles de Rais, Marschall von Frankreich, Weggefährte der Jeanne d'Arc und berüchtigter Kindermörder. Er wurde 1440 hingerichtet.

30 *Letters*, 431 (*Briefe* 9, 447: *De Profundis*).

31 A. L. Rowse, *Quiller-Couch. A Portrait of* ›Q.‹. London 1988, 5.

32 »Oskar Wildes Werke wurden nicht eingereiht«, heißt es in Hugo Hayns *Bibliotheca Germanorum Erotica & Curiosa* (München 1912–1914, VIII, 533), »da Urningthum mit Venuskult nicht vereinbar ist.«

33 Joseph Jerome [Brocard Sewell], *Montague Summers: A Memoir.* London 1965, 88. Man möchte gerne wissen, was Summers vom Erstlingswerk seines Sohnes hielt, dem ›dekadenten‹ Gedichtband *Antinous and Other Poems* (1907), der 1995 bei Cecil Woolf, London, neu aufgelegt wurde.

34 Dal Young, *Apologia pro Oscar Wilde.* London 1895, 7.

35 *Letters*, 1. April 1897, 515 (*Briefe* 9, 554).

36 Louis Perceau, *Bibliographie du roman érotique.* Paris 1930, II, 41–43.

37 *Autobiography*, 128–129 (109f.).

38 *Letters*, 448 ff. (*Briefe* 9, 470 ff: *De Profundis*).

39 *Without Apology*, 77.

40 *Letters*, ? Mai 1895, 397 (*Briefe* 9, 412).

Kapitel V

1 Douglas an Henry Labouchère, 9. Juni 1895: TS. Clark.

2 *Bosie*, 382.

3 H. Montgomery Hyde, *Oscar Wilde: the Aftermath*, London 1963, 5.

4 *Letters*, 20. Mai 1895, 397–398 (*Briefe* 9, 412f.)

5 *Bosie*, 137–138; teilweise zitiert nach *Ellmann*, 664.

6 Ibid., 135.

7 *Letters*, 551 (Anm.).

8 Ibid., 459 (*Briefe* 9, 483: *De Profundis*).

9 Ibid., 448; 490 (*Briefe* 9, 470, 521: *De Profundis*).

10 *Bosie*, 141; Hyde, 100–101. Cf. *The Daily Telegraph*, 19. April 1913: Im Verlauf des Prozesses Douglas gegen Ransome wurde Douglas von seinem Anwalt befragt:
»Warum haben Sie ihm [Wilde] nicht während seiner Haftzeit geschrieben?«
»Weil man mir ausdrücklich gesagt hat, dass er es nicht wollte, da es seiner Sache schaden würde.«
»Hätten Sie ihm geschrieben, wenn man es Ihnen nicht abgeraten hätte?«
»Selbstverständlich. Ich war ihm ergeben, ich hätte alles getan, um ihm zu helfen.«

11 *Letters*, 423-424; 448; 458; 462-464; 510.

12 Douglas an More Adey, 27. September 1896: T. S. Colman/Ms. Hyde.

13 ›Une introduction à mes poèmes, avec quelques considérations sur l'affaire Oscar Wilde.‹ *La Revue Blanche*, 1. Juni 1896, 484–490.

14 Alfred Douglas, ›Réponse à quelques journalistes‹. *La Revue Blanche*, 15. Juni 1896, 552–553: »Dieser Artikel hat mir nichts als Beschimpfungen und Beleidigungen eingebracht, dazu einige dreckige Witze und erschreckende Erkenntnisse über die geballte Dummheit und den mangelnden Großmut vieler Leute, von denen ich anderes erwartet hätte.«

15 Douglas an André Gide, [14. Februar 1896]: Doucet. Cf. François J.-L. Mouret, ›Quatorze lettres et billets inédits de Lord Alfred Douglas à André Gide, 1895–1929‹. *Revue de Littérature Comparée*, Vol. XLIX, Nr. 3, Juli–September 1975, 487–488.

16 ›Les deux rois‹. *Les Tentatives passionnées*. Châtillon-sur-Seine, 1898, 167–177.

17 Douglas an Rachilde, 26. Juli 1897. Zitiert in: *Catalogue de lettres autographes* [...] *adressées à Rachilde (Madame Alfred Vallette) et à Alfred Vallette, Directeur du Mercure de France*. Paris [1943], 40. Teilweise zitiert nach *Ellmann*, 687.

18 Douglas an William Heinemann, 11. Oktober 1894: Clark.

19 Douglas an More Adey, 8. Februar 1897 (TS. Colman/MS. Hyde): »Hätte ich nur die geringste Vermutung von Oscars Einstellung zu mir gehabt, dann hätte ich ihm die unselige Nachricht über die Widmung meines Buches niemals zukommen lassen, wodurch das Unwetter über mich hereingebrochen ist.«

20 *Letters*, Mai 1896, 400–401 (*Briefe* 9, 415f.)

21 Douglas an More Adey, 27. September 1896: T. S. Colman/Ms. Hyde.

22 H. Montgomery Hyde meinte, Douglas habe verabsäumt, Lady Queensberry ein Exemplar zu schicken (Hyde, 99). Im März 1952 wurde jedoch in London bei Sotheby's eines der fünf Exemplare der *édition de grand luxe* versteigert. Sie enthält folgende Widmung: »To my own darling Mamma from her very loving son Bosie. November, 1896, Naples.«

23 P. N. van Eyck, ›Alfred Bruce Douglas‹. *Verzameld werk*. Amsterdam 1959, 122–123. Die Zitate aus Douglas' Gedichten in dieser Ausgabe wimmeln leider von Druckfehlern.

24 Ernest La Jeunesse, ›Alfred Bruce Douglas, poète‹. *Le Journal*, 11. Januar 1897; Henry-D. Davray, ›Lettres anglaises‹. *Mercure de France*, XXI, Februar 1897, 417–418; Charles Guérin, ›Les livres de poésie‹. *L'Ermitage*, Juni 1897, 411–412.

25 Stéphane Mallarmé, *Correspondance*. Recueillie, classée et annotée par Henri Mondor et Lloyd James Austin. Paris, 1959-1985, XI, 171. Cf. IX, 101. Zitiert nach *Ellmann*, 675.

26 *Letters*, 1. April 1897, 512.

27 *Works*, III, 115; IV, 169; V, 130. *Werke* V, 77ff., 238, 349.

28 *Letters*, 27. Mai 1897, 568-574; 23. März 1898, 722-726 (*Briefe* 9, 619–628).

29 *Letters*, 425 (*Briefe* 9, 440).

30 André Gide, ›Oscar Wilde‹ (1901). *Œuvres complètes*, Paris 1933–1939, III, 487.

31 *Letters*, 464 (*Briefe* 9, 488).

32 Ibid., 425 (*Briefe* 9, 441).

33 *Letters*, 432 (*Briefe* 9, 449).

34 »[Wilde] stand [in der französischen Sprache] auf Kriegsfuß mit dem grammatischen Geschlecht und der Syntax und beendete einmal [in Paris] den Vortrag eines Märchens folgendermaßen: ›In diesem Augenblick ist der Königin gestorben!‹« Ernest Raynaud, *La mêlée symboliste (1870–1910). Portraits et souvenirs.* Paris 1971, 319.

35 *Letters*, 462 (*Briefe* 9, 486).

36 *Letters*, 466ff. (*Briefe* 9, 490ff.)

37 Zitiert in H. Montgomery Hyde, *Oscar Wilde: the Aftermath*, London

1963, 206. Zitiert nach *Oscar Wilde im Spiegel des Jahrhunderts*. Hrsg. von Norbert Kohl. Frankfurt a. Main 2000, 36.
38 *Works*, IX, 316.
39 Rupert Hart-Davis (Hrsg.), *More Letters of Oscar Wilde*, London 1985, 15. Juni 1897, 149.
40 *Bosie*, 382.
41 *Letters*, 13. Mai 1897, 547 (*Briefe* 9, 595).
42 Ibid., 19. Mai 1897, 565 (*Briefe* 9, 616).

Kapitel VI

1 H. Montgomery Hyde, *Oscar Wilde. A Biography*. New York 1975, 178. *Oscar Wilde. Triumph und Verzweiflung*. München 1982, 157. Wilde spielt hier mit der doppelten Bedeutung des Wortes ›subject‹: (Gesprächs)Thema und Untertan.
2 *Without Apology*, 264.
3 *Letters*, 23. Juni [1897], 617–618 *Briefe* 9, 679–680).
4 Ibid., 718, Anm. (*Briefe* 10, 282, Anm. 60).
5 Ibid., 17. Juni [1897], 613 (*Briefe* 9, 675).
6 Ibid., 1. April 1897, 513 (*Briefe* 9, 551).
7 Ibid., 513–514 (*Briefe* 9, 551 f.).
8 Ibid., 452 (*Briefe* 9, 472: *De Profundis*).
9 Ibid., [31. August 1897], 637 (*Briefe* 9, 701).
10 Wildes jüngster Sohn (1886–1967).
11 Zitiert (und widersprochen) von Derek Hudson in seiner Einleitung zu *Oscar Wilde: A Summing-Up*, XI.
12 Ross hatte Douglas damals tatsächlich ein Typoskript zugesandt, und Douglas hatte tatsächlich in einem Wutanfall ein Dokument vernichtet – doch in beiden Fällen handelte es sich nicht um eine Abschrift von *De Profundis*, obwohl Ross dies später so darstellte (Ross an More Adey, 8. März 1912: MS. in der Sammlung von Mary Hyde, Lady Eccles, Somerville, New Jersey). Als Douglas seine Memoiren schrieb, konnte er sich an die genauen Einzelheiten nicht mehr erinnern. Aber ein Brief, den Ross ihm am 23. Juni 1897 schickte, sowie Briefe Douglas' vom 30. Juni und 4. Juli 1897 an More Adey (T. S. Colman) geben hierüber Aufschluss. Ross' Typoskript war die Kopie einer vom Staatsanwalt Martin Holman aufgesetzten Erklärung über die Bedingungen, unter denen Wilde eine Zulage von seiner Frau erhalten sollte, während das Dokument, das Douglas vernichtete, ein ausführlicher, handgeschriebener und sehr kritischer Brief von Ross selbst war. Douglas hatte nur die ersten Sätze gelesen und ihn sofort zerrissen.

13 Douglas an Ross, 13. Juli 1897. Zitiert in *The Daily Telegraph*, 25. November 1921.

14 *Autobiography*, 152.

15 *Letters*, 10. August [1897], 631 (*Briefe* 9, 694 f.).

16 Michel van der Plas, ›Een poging tot geluk in ballingschap. Het korte treurige leven van Sebastian Melmoth: Paris.‹ *Elsevier*, 21. Januar 1989, 95.

17 *Letters*, [23. September 1897], 648 (*Briefe* 9, 715).

18 Leonard Green an Charles Kains-Jackson, 11. August 1919: Texas.

19 *Letters*, [21. November 1897], 681 (*Briefe* 9, 754).

20 Ibid., [23. November 1897], 683; [27. November 1897], 685 (*Briefe* 9, 759).

21 Wilde leugnete später jede Vereinbarung mit »dieser unseligen, törichten Frau« (*Briefe* 9, 793), doch Lady Queensberry bezog sich in einem Brief an More Adey vom 18. Dezember 1897 auf ein Schreiben, das sie von Wilde erhalten hatte, in dem dieser bestätigte, er werde die 200 Pfund unter der Bedingung annehmen, in Zukunft nicht mehr mit Douglas zusammenzuwohnen. Cf. *Bosie*, 167.

22 *Bosie*, 167–168.

23 *Letters*, [? 18. Februar 1898], 705 (*Briefe* 9, 781).

24 Ibid., [? März 1898], 709–710 (*Briefe* 9, 785–786).

25 Hyde, 118.

26 *Letters*, 714, Anm. 4 (*Briefe* 10, 276, Anm. 17).

27 *Oscar Wilde: A Summing-Up*, 100–101.

28 *Letters*, [12. oder 13. April 1898], 730 (*Briefe* 9, 808 f.).

29 *Bosie*, 168.

30 So George Sylvester Viereck in seiner Einleitung zu: Alfred Douglas, *Perkin Warbeck, and Other Poems*, Girard, Kansas 1925, 11. Ein Raubdruck.

31 Zitiert in der dritten Auflage von *The City of the Soul*. London 1911, [136].

32 Ibid.

33 *The Outlook*, 3. Juni 1899, 587–588.

34 Raymond Roseliep (Hrsg.), *Some Letters of Lionel Johnson*. Notre Dame, Indiana 1953, 13. Juli 1895, 165.

35 *Bosie*, 175–176.

36 *Autobiography*, 122–125. Deutsch 106–107.

37 Alfred Douglas, ›Some Reflections on the Beauty of Unpunctuality‹. *The Spirit Lamp*, III, Nr. 3, 10. März 1893, 77.

38 *Letters*, [circa 29. Juni 1900], 831 (*Briefe* 9, 919).

39 Reginald Turner an Robert Harborough Sherard, 29. Oktober 1933: MS. Reading University.

40 Vgl. Einleitung, Anm. 9.

41 P.N. van Eyck, ›Alfred Bruce Douglas‹ (1909). *Verzamelde werken*, Amsterdam 1959, III, 123.

42 [Alfred Douglas], ›Oscar Wilde, his Last Book and his LastYears‹. In: *The St. James's Gazette*, 3. März 1905. Zitiert in: [Anonymus], *The Trial of Oscar Wilde From the Shorthand Reports*, Paris 1906, 125.

43 Robert Ross an More Adey, 14. December 1900. Zitiert in *Letters*, 849 (*Briefe* 9, 940).

44 Johan Nater, ›IJdele Wilde werd geplaagd door allergie‹. *Het Parool*, 23. April 1994.

45 *Works*, XII, 213. *Werke* I, 195–196.

46 *Oscar Wilde: A Summing-Up*, 141.

47 *Bosie*, 189.

Kapitel VII

1 Sir Arthur Conan Doyle, *The Annotated Sherlock Holmes*. Edited, with an Introduction, Notes and Bibliography by William S. Baring-Gould. London 1968, I, 284.

2 *Autobiography*, 211 (184).

3 Jean Chalon, *Porträt einer Verführerin: die Biographie der Natalie Barney*. Aus dem Franz. von Helmut Kossodo. Reinbek bei Hamburg 1980, 69, 74 ff.

4 Brocard Sewell, *Olive Custance. Her Life and Work*. London 1975, 13.

5 *Autobiography*, 193–194 (169).

6 Ibid., 205–206 (179).

7 Violet Wyndham, *The Sphinx and her Circle. A Biographical Sketch of Ada Leverson*. London 1963, 72.

8 Douglas an Olive Custance, 2. Oktober 1901: Berg

9 *The Washington Post*, 17. Dezember 1901.

10 *The New York Herald*, 23. Dezember 1901.

11 MS. Doucet.

12 Douglas an Olive Custance, 20. Dezember 1901: Berg.

13 *Autobiography*, 199 (173).

14 Elizabeth Longford, *A Pilgrimage of Passion. The Life of Wilfrid Scawen Blunt*. London 1979, 373.

15 *The Illustrated London News*, 11. Januar 1902, 39.

16 Ibid., 26. November 1904, 764.

17 Ross zitierte aus einem Brief, den Wilde ihm am 1. April 1897 nach Vollendung von *De Profundis* geschrieben hatte: »Ich muss dem Gefängnisdirektor für vieles dankbar sein, am allerdankbarsten jedoch für seine Erlaubnis, dass ich so offen an A. D. schreiben durfte, und so ausführ-

lich, wie ich wollte« (*Letters*, 514; *Briefe* 9, 552). Ross veränderte nun ›A. D.‹ in ›Dich‹, was den Anschein erweckte, als wäre Wildes ›Enzyklika‹ an *ihn* gerichtet (*De Profundis*. London 1905, viii-ix). Vgl. Holbrook Jackson, *The Eighteen Nineties. A Review of Art and Ideas at the Close of the Nineteenth Century*. London 1913, 96: »Während seiner Haftzeit schrieb [Wilde] *De Profundis* in der Form eines langen Briefes an seinen Freund Robert Ross.«

18 *The Times*, 25. November 1914.

19 *The Motorist and Traveller*, 1. März 1905. Die Besprechung wurde wieder abgedruckt in: H. Montgomery Hyde, *Oscar Wilde: the Aftermath*. London 1963, 208–210.

20 Stuart Mason [i.e. Christopher Millard], *Bibliography of Oscar Wilde*. London 1914, 442-451.

21 H. Montgomery Hyde, *Oscar Wilde: the Aftermath*. London 1963, 192.

22 Die Komponisten, die sich von Wildes Werk inspirieren ließen, sind zahlreich. *Salomé* wurde nicht nur von Richard Strauss für die Bühne bearbeitet, sondern auch von Antoine Mariotte (1908). *The Birthday of the Infanta* lag den Balletten von Franz Schreker (1908), Bernhard Sekles (1913), John Alden Carpenter (1918), Miklos Radnai (1918) und Elizabeth Luytens (1932) zugrunde. Alexander Zemlinskys Einakter *Der Zwerg* (1922) – eine Partitur von großer Schönheit – beruhte auf dem gleichen Märchen. Seine Komposition nach *A Florentine Tragedy* datiert aus dem Jahr 1917; die von René Hirschfeld wurde 1992 unter dem Titel *Bianca* uraufgeführt. Jacques Iberts *Ballade de la geôle de Reading* für Orchester wurde 1920 vollendet. Der Russe Alexander Knaifel bearbeitete *The Canterville Ghost* 1966 zu einer Oper für Bass, Sopran und Kammerorchester. Hans Kox schrieb das Libretto zu seinem *Dorian Gray* (1973, überarbeitet 1976) selbst. Jonathan Rutherford nahm zwei Märchen, *The Nightingale and the Rose* und *The Star Child* zum Ausgangspunkt gleichnamiger Opern (1966 bzw. 1985); seine Kantate *The Young King* komponierte er 1985.

23 Alice M. Head, *It Could Never Have Happened*. London/Toronto 1939, 42.

24 Ibid., 42-44.

25 A[lfred] D[ouglas], ›Poetry and Passion‹. *The Academy*, 22. Juni 1907, 604.

26 Ibid., 13.April 1907, 365-566; 20. April 1907, 388-389 (›Michael Field‹ war das Pseudonym von Katherine Bradley und ihrer Kusine Edith Cooper); 4. April 1908, 638–639.

27 Ibid., 13.Juli 1907, 686.

28 Ibid., 7. September 1907, 878; 31. August 1907, 853.

29 ›The Unspeakable Englishman‹ (1918).

30 *Autobiography*, 228 (196).
31 T. W. H. Crosland, *The Unspeakable Scot* (1902). London 1903, 162.
32 Ibid., 197.
33 Roger Dobson/Godfrey Brangham/R. A. Gilbert (Hrsg.), *Arthur Machen. Selected Letters. The Private Writings of the Master of the Macabre.* Wellingborough, Northamptonshire 1988, [? September 1908], 44.
34 Théophile Gautier, *Émaux et camées.* Édition définitive. Paris 1881, ›Préface‹ [1].
35 Vgl. *The Academy*, 4. Juli 1908, 3, über eine Demonstration von Emmeline Pankhurst und ihren Anhängerinnen: »Von tausend verheirateten Frauen kann keine einzige an einem brütend heißen Sommertag hinter einer Musikkapelle herlaufen, ohne den Eindruck der Plumpheit zu erwecken. Auch die hübscheste Frau würde eine solche Feuerprobe nicht bestehen. Wenn es noch eines Belegs bedurft hätte, so ist dies ein weiterer Beweis dafür, dass Suffragetten keine normalen Frauen sind, denn sie waren damit einverstanden, in der Prozession *zu Fuß* zu gehen. Jede natürliche weibliche Frau hätte darauf bestanden, gefahren zu werden.«
36 *Autobiography*, 223 (193).
37 Mary Hyde (Hrsg.), *George Bernard Shaw und Alfred Douglas. ›Seien Sie nicht so undankbar, mir zu antworten.‹ Briefwechsel.* Aus dem Englischen von Ursula Michels-Wenz. Frankfurt a. Main 1986, 24. Februar 1941, 221.
38 *The Academy*, 22. Juni 1907, 595.
39 Ibid., 23. Mai 1908, 806; 30. Mai 1908, 830; 6. Juni 1908, 855. Siehe auch Mary Hyde, 315.
40 *The Spirit Lamp*, IV, Nr. 1, 4. Mai 1893, 21-22.
41 *The Daily News*, 9. Juni 1910.
42 Alfred Douglas, ›Une introduction à mes poèmes, avec quelques considérations sur l'affaire Oscar Wilde‹. *La Revue Blanche*, 1. Juni 1896, 485.
43 *Autobiography*, 31 (26).
44 J. P. Wearing, *The London Stage 1900–1909: A Calendar of Plays and Players*, Metuchen, N.J./London 1981, II, 805.
45 A[lfred] D[ouglas], ›The Genius of Oscar Wilde‹. *The Academy*, 11. Juli 1908, 35.
46 Alice M. Head, op. cit., 45.
47 Alfred Douglas an Robert Ross, 1. März 1909 (Typoskript): Clark.

Kapitel VIII

1 Zitiert in W. Blok, *P. C. Boutens en de nalatenschap van Andries de Hoghe*. Amsterdam 1983, 230.
2 A.A.M. Stols, *P. C. Boutens als uitgever* (1942). Utrecht 1977, 8.
3 Alfred Douglas an P. C. Boutens, 22. Januar 1909: Sammlung Dr. Johan Polak.
4 *The Academy*, 5. Dezember 1908, 532.
5 *The Saturday Review*, 11. September 1909, 321.
6 P.N. van Eyck, ›Alfred Bruce Douglas‹ (1909). *Verzameld werk*, Amsterdam 1959, III, 141.
7 Hilde Burger (Hrsg.), *Hugo von Hofmannsthal & Harry Graf Kessler. Briefwechsel 1898–1929*. Frankfurt a. Main 1968, 1. Januar 1910, 270.
8 *The Granta*, 11. Juni 1908, 20.
9 Die misanthropische Hauptperson aus Charles Dickens' *Christmas Carol* (1843).
10 *The Granta*, 8. Dezember 1908, 120.
11 *The Academy*, 20. Februar 1909, 796.
12 *The Cambridge Review*, 4. März 1909, 306.
13 *The Academy*, 6. März 1909, 843; 13. März 1909, 867.
14 Ibid., 15. Mai 1909, 101.
15 In *Bosie*, 223 und Hyde, 163 heißt es, W.H. Smith & Son hätten sich nach Croslands Kritik geweigert, *The Academy* noch länger zu drucken und zu vertreiben. Tatsächlich ging der erste Schritt zur Trennung von der Redaktion der Zeitschrift aus. Cf. *The Academy*, 3. Juli 1909, 267: ›We withdraw the paper from Messrs. Smith as a matter of public duty.‹
16 Cf. *The Academy*, 24. Juli 1909, 341–342.
17 Ibid., 19. Juni 1909, 219.
18 *The Times*, 22., 29. und 31. Juli 1909; 11., 12., 15. und 16. Februar 1910.
19 *Autobiography*, 234 (201).
20 *The Academy*, 19 September 1908, 275–276; 286.
21 Ibid., 16. Mai 1908, 783–786; 8. August 1908, 133.
22 *The Daily News*, 9. Juni 1910.
23 *The Academy*, 14. Oktober 1911, 471.
24 *Autobiography*, 246 (209–210).
25 Hyde, 145. Vgl.. Douglas an Wilfrid Blunt, 9. Januar 1904: West Sussex Record Office, Chichester.
26 *Bosie*, 234; Hyde, 176.
27 *Autobiography*, 254 (216).
28 *The Autobiography of Arthur Ransome*. Edited, with Prologue and Epilogue, by Rupert Hart-Davis, London 1976, 142.

29 Typoskript einer Erklärung von Robert Ross, angefertigt etwa 1914, [23]: Clark.

30 Arthur Ransome, *Oscar Wilde: A Critical Study*, London 1912, 157; 182–183, 196. Zitiert in *The Times*, 18. April 1913.

31 Douglas an Robert Ross, 6. März 1912: Clark (Typoskript).

32 *The Times*, 4. Juli 1914.

33 Vgl. den in *Bosie*, 245 zitierten Brief von Secker an Rupert Croft-Cooke.

34 Zitiert in *The Times*, 1. Juli 1915.

35 *Letters*, 23. März [1898], 724–725 (*Briefe* 9, 801–802).

36 Frank Harris, *Oscar Wilde* (1916). With a Preface by Bernard Shaw. London 1938, xlviii.

Kapitel IX

1 Barbara W. Tuchman, *Der stolze Turm. Ein Porträt der Welt vor dem Ersten Weltkrieg 1890–1914*. Deutsch von Harmut Garding. München/Zürich 1969, 439.

2 *Autobiography*, 34 (28).

3 *The Times*, 5. Juni 1918.

4 Ibid., 18. April 1913.

5 Ibid., 5. Juni 1918.

6 Ibid., 19. April 1913.

7 *Letters*, [? Juli 1894], 358 (*Briefe* 8, 372). Hervorhebung von Wilde.

8 Ibid., [? August 1894], 363 (*Briefe* 8, 378).

9 Ibid., [circa 9. November 1894], 377 (*Briefe* 8, 392).

10 Alfred Douglas, ›Une introduction à mes poèmes, avec quelques considérations sur l'affaire Oscar Wilde.‹ *La Revue Blanche*, 1. Juni 1896, 486.

11 *The Times*, 19. April 1913.

12 *The Academy*, 11. Juni 1910, 555.

13 *The Daily Telegraph*, 19. April 1913.

14 Douglas an More Adey, 23. April 1913: Clark.

15 Zit. in *The Daily Telegraph*, 25. November 1921. Der Brief wurde während des Ransome-Prozesses vorgelesen, jedoch in den Zeitungen nicht zitiert.

16 *The Daily Telegraph*, 19. April 1913.

17 E. S. P. Haynes, Ross' Anwalt, sollte später in einem Gespräch mit Hugh Kingsmill seinen Mandanten als »einen sehr geschickten Propagandisten in eigener Sache« bezeichnen, der »die öffentliche Meinung gegen Douglas auf sehr unfaire Weise manipuliert« habe. Vgl. Robert Harborough Sherards Brief vom 5. November 1933 an Alfred Douglas: TS. Reading.

18 *The Daily News*, 23. April 1913.

19 W. Sorley Brown, *The Life and Genius of T.W.H. Crosland*. London 1928, 300.

20 Am 23. April wurde *The Times* vom Herausgeber der *Academy* aufgefordert mitzuteilen, dass »Lord Alfred Douglas seit geraumer Zeit keine Beziehung mehr« zu dem Blatt habe, »weder als Herausgeber noch als Beiträger«; und als Elkin Mathews eine Neuauflage von Lionel Johnsons Gedichten besorgte, wurde Johnsons Widmung des Gedichts ›A Dream of Youth‹ an Douglas stillschweigend weggelassen.

21 *The Times*, 1. Juli 1915.

22 In seiner Autobiographie verschweigt Douglas ihren Nachnamen; er nennt ihn aber in einem Brief vom 26. Februar 1930 an Natalie Barney: Bibliothèque Littéraire Jacques Doucet, Paris.

23 *The Academy*, 4. April 1908, 639.

24 Hubert Wales' *The Yoke* (1907) zum Beispiel. Cf. *The Academy*, 5. September 1908, 227–228; 19. September 1908, 274–275.

25 *Bosie*, 249.

26 Alfred Douglas, *Oscar Wilde and Myself*. London 1914, 100–101; 108; 112–113.

27 Ibid., 269-279.

28 *Autobiography*, 136–138; *Without Apology*, 58-62.

29 Donald Sinden, *A Touch of the Memoirs*. London 1982, 48–50.

30 Robert Harborough Sherard, *Bernard Shaw, Frank Harris and Oscar Wilde*. With a Preface by Lord Alfred Douglas and an Additional Chapter by Hugh Kingsmill. London 1937, 12. Ich habe mir eine gewisse Freiheit bei der Reihenfolge der Sätze erlaubt.

31 *The Times*, 2. Juli 1914.

32 W. Sorley Brown, op. cit., 309.

33 *The Times*, 2. Juli 1914.

34 *Autobiography*, 281 (235).

35 W. Sorley Brown, op. cit., 383–384.

36 *The Daily News*, 26. November 1914.

37 Douglas an Lady Olive Douglas, 30. November 1914: MS. Berg.

38 *Bosie*, 270; 12.

39 *The Times*, 1. Juli 1915.

40 Ibid. Das Original dieses Briefes befindet sich nicht, wie Douglas' andere Briefe an Olive Custance, in der New York Public Library.

41 Ibid.

42 *The Times*, 30. Mai 1918.

43 Ibid.

44 *The Academy*, 17. Oktober 1908, 365.

45 *Nieuwe Rotterdamsche Courant*, 20. Juni 1918 (Abendausgabe).

46 Ibid., 6. Juli 1918 (Morgenausgabe).
47 Ibid., 4. Juli 1918 (Abendausgabe).
48 Ibid., 20. Juni 1918 (Abendausgabe).
49 Douglas an Olive Custance, 1. November 1918: Berg.
50 Marie Carmichael Stopes, *Lord Alfred Douglas, his Poetry and his Personality*. London 1949, 22.

Kapitel X

1 Zitiert in *The Times*, 25. November 1921.
2 Aidan Reynolds/William Charlton, *Arthur Machen, A Short Account of his Life and Work*. London 1963, 175.
3 *Autobiography*, 305 (254).
4 Brief vom 14. November 1940; Mary Hyde (Hrsg.), *George Bernard Shaw und Alfred Douglas. ›Seien Sie nicht so undankbar, mir zu antworten.‹ Briefwechsel*. Aus dem Englischen von Ursula Michels-Wenz. Frankfurt am Main 1986, 219.
5 *Bosie*, 293; Hyde, 249.
6 Vivian David Lipman, *A History of the Jews in Britain since 1858*. Leicester/London 1990, 80–84.
7 Ibid., 141.
8 *Without Apology*, 143–144.
9 Vivian David Lipman, op. cit., 150–151.
10 *The Times*, 8. Mai 1920.
11 Alfred Douglas, *Sonnets*. London 1935, 73 (Anm.).
12 *The Times*, 16., 17. und 18. August 1921.
13 Ibid., 14. Dezember 1923.
14 *Letters*, 507 (*Briefe* 9, 543).
15 Alfred Douglas, *In Excelsis*, London 1924, 8-9; *Autobiography*, 283–284 (259-260); 311; *Without Apology*, 186-187.
16 Alfred Douglas, *In Excelsis*. London 1924, 9.
17 Rupert Croft-Cooke, *The Numbers Came*. London 1963, 77–80.
18 Hyde, 314.
19 Douglas an Dr. G.C. Williamson, 22. Februar 1940: Texas.
20 Bevis Hillier, *Young Betjeman*. London 1988, 116–117; *Bosie*, 344.
21 *Bosie*, 339–340; G. Krishnamurti, *The Eighteen Nineties. A Literary Exhibition, September 1973. Supplement to the Catalogue*. With a Foreword by Sir John Betjeman. London 1974, 10-11.
22 Violet Conaghan an den Autor, 15. Mai 1995.
23 Rory Knight Bruce, ›Oscar Wilde, Bosie and the District Nurse‹. *Evening Standard*, 6. März 1995. Violet hat inzwischen ihre Geschichte vor

der Kamera erzählt. Sie tritt – zusammen mit Wildes Enkel, Merlin Holland, und Bosies Großneffe, Lord Gawain Douglas – in *Two Loves. A Portrait of Lord Alfred ›Bosie‹ Douglas, Poet and Lover of Oscar Wilde* (2000) auf, einem Film der jungen niederländischen Regisseurin Jacqueline van Vught, produziert von Carmen Cobos und Kees Ryninks. Im ZDF unter dem Titel gesendet: *Ein jeder tötet, was er liebt – Lord Alfred Douglas, ein verdammter Dichter.*

24 Havergal Brian, ›How the »Gothic« Symphony Came to be Written‹ (*Modern Mystic and Monthly Science Review,* Dezember 1938), wieder abgedruckt in: Harold Truscott/Paul Rapoport, *Havergal Brian's ›Gothic‹ Symphony, Two Studies.* Potters Bar, Herts. 1978, 87.

25 Brian war nicht der erste und auch nicht der letzte Komponist, der sich von Douglas' Dichtung inspirieren ließ. In *The Wimbledon & Merton Annual* (Wimbledon 1904) findet sich auf den Seiten 52–55 die Vertonung der ersten beiden Strophen von ›Autumn Days‹ der Komponistin Liza Lehmann (1862-1918). Aart de Kort (1962) komponierte 1987 *Four English Poems*, schöne Vertonungen von ›Autumn Days,‹ ›A Winter Sunset,‹ ›A Prayer‹ und ›The Sphinx.‹ Der Zyklus wurde am 28. April 1988 im Kleinen Saal des Amsterdamer Concertgebouw aufgeführt; der Pianist Frans van Ruth begleitete den Bariton Frans Huyts (dem die Lieder gewidmet sind). Douglas Murray (1979) schrieb 1997 zum Gedenken an Douglas ein *Requiem* für Chor und Kammerorchester unter Verwendung einiger Sonette aus *In Excelsis.*

26 Kenneth Eastaugh, *Havergal Brian, the Making of a Composer.* London 1976, 282-284.

27 Robert Harborough Sherard, *Bernard Shaw, Frank Harris and Oscar Wilde.* London 1937, passim; *Bosie*, 321-324.

28 Paul Marijnis, ›De brieven van Oscar Wilde. »Niets, behalve mijn genie.«‹ *Cultureel Supplement* des *NRC Handelsblad,* 13. April 1979. Cf. Frank Harris, *Oscar Wilde: His Life and Confessions,* New York 1916, ii, 529.

29 Frank Harris, op. cit., ii, 539.

30 Kevin Jackson, ›Wilde Things‹. *The Independent,* 25. Juni 1994.

31 Robert Ross

32 Hyde, 197; Guy Deghy/Keith Waterhouse, *Café Royal. Ninety Years of Bohemia.* London 1955, 100.

33 Keith Briant, *Marie Stopes, A Biography.* London 1962, 202.

34 *Without Apology*, 182-183.

35 Donald Sinden, *A Touch of the Memoirs.* London 1982, 47.

36 *Bosie*, 373.

37 Hyde, 336.

38 Francis Queensberry/Percy Colson, *Oscar Wilde and the Black Douglas*

(1949). London 1950, 146-148. Mit dem ›König‹ in der letzten Zeile der ersten Stanze ist Eduard VIII. gemeint, der 1936 abdankte, um die Amerikanerin Mrs. Simpson heiraten zu können.

39 *Trials*, 17.

40 Adolphe Engers, *Oscar Wilde*. Tragédie in 5 bedrijven naar de gegevens van Dr. Fritz Löhner – Bruno Hardt en Dr. Franz Martos. Den Haag [1917], 43.

41 Ibid., 47.

42 Ibid., 64.

43 Ibid., 144.

44 Ibid., 170 (cf. *Letters*, 466; *Briefe* 9, 491).

45 Ibid., 49–50.

46 Carl Sternheim, *Oscar Wilde, sein Drama*. Potsdam 1925, 70-71.

47 Maurice Rostand, *Le Procès d'Oscar Wilde*. Pièce en trois actes. Paris 1934 (Dt.: *Der Prozeß Oscar Wilde*. Übersetzt von R. Italiaander. Hamburg 1951.) Die Premiere fand im März 1935 statt. Cf. Maurice Rostand, *Confession d'un demi-siècle*. Paris 1948, 306–311.

48 ›Voor het voetlicht‹. *Haags Nieuwsblad*, 9. Dezember 1997.

49 Brief vom 25. Juni 1938. In: Mary Hyde (Hrsg.), *George Bernard Shaw und Alfred Douglas: ›Seien Sie nicht so undankbar, mir zu antworten.‹ Briefwechsel*. Aus dem Englischen von Ursula Michels-Wenz. Frankfurt am Main 1986, 122.

50 *Letters*, [? April 1891], 291-292 (*Briefe* 8, 311).

51 Herbert Read, »Your Affectionate Friend.« *De Profundis*. The Complete Text. With an Introduction by Vyvyan Holland. *The Listener*, 8. Dezember 1949, 1009.

Kapitel XI

1 Guy Deghy/Keith Waterhouse, *Café Royal. Ninety Years of Bohemia*. London 1955, 82.

2 Richard Middleton, *The Pantomime Man* […]. With an Introduction by Lord Alfred Douglas, London 1933, xix.

3 Douglas an R.N. Green-Armytage, 9. März 1915: MS. Columbia University, New York.

4 *Enneaden* I, 6, 2.

5 H.-J. Seekamp/R.C. Ockenden/M. Keilson, *Stefan George: Leben und Werk. Eine Zeittafel*. Amsterdam 1972, 55.

6 Antoine Bodar, *Weten waar de Muze woont*. Amsterdam 1998, 21-22.

7 Alfred Douglas, *Complete Poems*. London 1928, xv.

8 Alfred Douglas, *The Principles of Poetry* […]. London 1943, 25.

219

9 Ibid., 21.

10 Antoine Bodar, ›Gestyleerde ontroering‹. Einleitung anlässlich des vom Studentenverein Augustinus organisierten Forums am 18.11.1986 zu dem Thema: »Wie tiefsinnig ist die zeitgenössische Kunst?«

11 Alfred Douglas, *Collected Poems*. London 1919, 120.

12 Alfred Douglas, *The City of the Soul* (1899). 3. Auflage. London 1911, viii-xi.

13 Oscar Wilde, ›Der Kritiker als Künstler‹, *Werke* IV, 96.

14 Alfred Douglas, *The Principles of Poetry* […]. London, The Richards Press, 1943, 20. (ein Zitat aus: Coventry Patmore, ›William Blake‹ in: *Principle in Art, Religio Poetæ and Other Essays*. London 1913, 74).

15 Zitiert in Patrick Braybrooke, *Lord Alfred Douglas: His Life and Work*. London 1931, 262.

16 Zitiert in Marie Carmichael Stopes, *Lord Alfred Douglas: His Poetry and his Personality*. London 1949, 26.

17 [Lionel Johnson], ›A Great Unknown‹. *The Outlook*, 3. Juni 1899, 587.

18 Alfred Douglas, ›A Daniel Come to Judgment‹. *Modern Mystic and Monthly Science Review*, Vol. I, Nr. 4, April–Mai 1937, 10.

19 Frank Harris, *Oscar Wilde* (1916). With a Preface by Bernard Shaw. London 1938, l. Am 3. Januar 1936 hatte Douglas mit »getrennter Post« die Neuausgabe seiner Gedichte in zwei Bänden an den großen Theaterschriftsteller gesandt, mit dem Hinweis, dass sie von allen Londoner Kritikern nahezu völlig boykottiert werden. (Mary Hyde [Hg.], B. Shaw-L. A. Douglas Briefwechsel, Frankfurt 1986, S. 73).
Am 8. Oktober 1936 antwortet Shaw: »Übrigens schulde ich Ihnen seit langem einen Brief auf die Gedichte […] Sie haben zweifelsohne ein erstklassiges Talent für die schwierigsten Versformen: die Zeilenfolge eines Sonetts fließt Ihnen ebenso leicht aus der Feder wie Limericks. Aber wo ist Ihr Epos? Wenn ich so singen könnte in Worten, ich hätte bis heute schon mehr Verse hinterlassen als Shelley.« (M. Hyde [Hg.], Briefwechsel, S. 76)

BIBLIOGRAPHIE

Werke von Lord Alfred Douglas

Gedichte, Satiren, Nonsense-Verse

Poèmes. Paris, Mercure de France, 1896.
Mit französischen Prosa-Übersetzungen von Eugène Tardieu.
Neben der normalen Auflage gab es noch eine *édition de luxe* von zwanzig – und eine *édition de grand luxe* von fünf Exemplaren.
Titelausgabe: Paris, 1907 (nur in der Universitätsbibliothek von Wisconsin, Madison, vorhanden).

Perkin Warbeck and Some Other Poems. London, The Chiswick Press, 1897.
Die Auflage betrug fünfzig Exemplare.

Tails with a Twist. The Verses by ›Belgian Hare‹. The Pictures by E. T. Reed.
London, Edward Arnold, 1898.

The Duke of Berwick. A Nonsense Rhyme by the Belgian Hare, Author of *Tales with a Twist*. Illustrated by Toni Ludovici. London, Leonard Smithers & Co., [1899].

The City of the Soul. London, Grant Richards, 1899.
Die Erstausgabe erschien anonym; sie betrug fünfhundert Exemplare.

The City of the Soul. Second Edition. London, Grant Richards, 1899.
Die Auflage betrug fünfhundert Exemplare.

The Placid Pug and Other Rhymes. By the Belgian Hare (Lord Alfred Douglas). With Illustrations by P. P. Londen, Gerald Duckworth & Co., 1906.

The Pongo Papers and The Duke of Berwick. Illustrations by David Whitelaw.
London, Greening & Co. Ltd., 1907.

Poems.

Kolophon: »This book contains Lord Alfred Douglas' *Poems* (Édition du Mercure de France, MDCCCXCVI), together with the other poetry by the same author, as found in the volume *The City of the Soul* (London, Grant Richards, 1899). The book was seen through the press by P. C. Boutens, and printed in forty copies for private circulation. Completed on the thirtieth of June nineteen hundred and eight by the St. Catherine Press Ltd., Bruges, Belgium.«

Sonnets [With a Note by T.W.H. Crosland]. London, The Academy Publishing Company, 1909.
Die Auflage betrug fünfhundert Exemplare.

Sonnets. Second Edition. London, The Academy Publishing Company, 1909.

The City of the Soul. [Third Edition]. London, John Lane, The Bodley Head/ New York, John Lane Company, 1911.
Titelausgabe: London, Martin Secker, o.J.

The Rhyme of F double E. [Boulogne, 1914].
Eine Satire auf F. E. Smith, den späteren Lord Birkenhead (1872–1930).

›To A Certain Judge.‹ [London? 1915?].
Ein satirisches Sonett über Sir Reginald More Bray (1842–1923).

›Before A Crucifix.‹ [London? 1916].

›All's Well With England.‹ [London? 1916].

The Rossiad. Galashiels, Robert Dawson & Son, [1916].
Eine Satire auf Robert Ross (1869–1918). Der Titel bezieht sich auf Charles Churchills Satire *The Rosciad* (1761).

The Rossiad. Second Edition. Galashiels, Robert Dawson & Son, [1916].

The Rossiad. Third Edition. Galashiels, Robert Dawson & Son, [1916].

Eve and the Serpent. Galashiels, Robert Dawson & Son, [1917].
Eine Satire auf Sir Harry Trelawney Eve (1856–1940), mit dem Douglas 1915 aneinander geriet.

222

Eve and the Serpent. Second Edition, Containing Postscript of Startling News. Galashiels, Robert Dawson & Son, [1917].

Collected Poems. London, Martin Secker, 1919.
Neben der normalen Auflage gab es eine signierte *édition de luxe* von zweihundert Exemplaren.
Widmung: »To my Mother.«

Collected Poems. Second Edition. London, Martin Secker, 1920.

The Rossiad. Fourth Edition. Galashiels, Robert Dawson & Son, [1921].

›The Devil's Carnival.‹ Galashiels, Robert Dawson & Son, [1922].
Ein politisches Gedicht, geschrieben anlässlich der Ermordung Feldmarschalls Sir Henry Wilson, der einem Anschlag der IRA zum Opfer fiel.

In Excelsis. London, Martin Secker, 1924.
Neben der normalen Ausgabe gab es eine nummerierte und signierte *édition de luxe* von hundert Exemplaren.
Widmung: »To Alfred Rose.«

The Duke of Berwick and Other Rhymes. London, Martin Secker, 1925.

The Duke of Berwick and Other Rhymes. New York, A. A. Knopf, 1925.

Perkin Warbeck, and Other Poems. With an Introduction by George Sylvester Viereck. Girard, Kansas, Haldeman-Julius Company, 1925 (Little Blue Book No. 788).
Ein Raubdruck.

The City of the Soul, and Other Sonnets. With an Introduction by George Sylvester Viereck. Girard, Kansas, Haldeman-Julius Company, 1925 (Little Blue Book No. 789).
Ein Raubdruck.

Collected Satires. London, The Fortune Press, 1926.
Kolophon: »This Edition Consists of Five Hundred and Fifty Copies on Vergé de Mongolfier à la Forme.«
Neben der normalen Auflage gab es eine nummerierte und signierte *édition de luxe* von zweihundertfünfzig Exemplaren.
Widmung: »I dedicate this book/To the whole company of Rosencrantz

and Guildenstern in General/And in particular/To all my false friends (whose name is legion)...«

Nine Poems. London, Privately printed for A. J. A. Symons, 1926.
Kolophon: »Of these poems, which have never before been printed in any book, fifty copies have been printed, privately. This is No... Set Up February 17th, 1926.«

Selected Poems. London, Martin Secker, 1926 (The New Adelphi Library, Volume ix).

The Duke of Berwick. London, Martin Secker, 1926 (The New Adelphi Library, Volume xiv).

[*Poems*]. The Augustan Books of Modern Poetry. Edited by Edward Thompson. [London, Ernest Benn Ltd., 1926].
Eine Anthologie.

Complete Poems, Including the Light Verse. London, Martin Secker, 1928.

Two Loves and Other Poems. [Maastricht, A.A.M. Stols], 1928.
Kolophon: »Printed in Garamond Roman and Italic type on Dutch antique laid paper in September 1928. This edition is limited to fifty copies (not for sale).«
Ein Raubdruck: Douglas' ›dekadente‹ Gedichte, besorgt von E. Du Perron.

Sonnets. London, Rich & Cowan, 1935.
Neben der normalen Auflage gab es eine signierte *édition de luxe* von fünfzig Exemplaren.
Titelausgabe: London, The Richards Press Ltd., 1943.

Lyrics. London, Rich & Cowan, 1935.
Neben der normalen Auflage gab es eine signierte *édition de luxe* von fünfzig Exemplaren.
Titelausgabe: London, The Richards Press Ltd., 1943.

Poèmes. Traduits par Francis d'Avilla [Fabienne Hillyard]. Paris, Albert Messein, 1937.

Sonnets [*pocket edition*]. London, The Richards Press Ltd., 1943.

Sonnets [*pocket edition*]. London, The Richards Press Ltd., 1947.

Hymn to Physical Beauty. [Amsterdam], Sub Signo libelli, 1976.
Kolophon:»This poem was printed in Bembo roman and italic in May 1976 on a Bostonhandpress. The edition is limited to 20 copies on Gaubert Japon and 10 copies on Zerkall-Bütten. This is number...«

De Profundis and Other Poems. [Amsterdam], Sub signo libelli, 1976.
Kolophon:»This selection was composed in Bembo and printed on a Boston handpress by Ger Kleist in June 1976. The drawing was made by Bob van Blommestein. The edition is limited to 18 copies on Zerkall-Bütten and 16 copies on Van Gelder Vergé. This is number...«

Collected Poems. New York, AMS Press, 1976.
Ein Faksimile-Druck der Ausgabe von 1919.

Collected Satires. New York, AMS Press, 1976.
Ein Faksimile-Druck der Ausgabe von 1926.

Tails with a Twist. Animal Nonsense Verse. Illustrated by Brian Robb. London, B.T. Batsford Ltd., 1979.

The Dead Poet. Amsterdam, Riba-pers, 1983.
Enthält die folgenden Gedichte: ›In Praise of Shame,‹ ›A Song,‹ ›The Dead Poet.‹ Die Auflage betrug achtzehn Exemplare.
Kolophon:»*The Dead Poet* werd op 7 januari 1983 gezet uit de Garamond en gedrukt op de proefpers van 't Schuurtje te Hoofddorp. Het tweede eerste exemplaar werd gemaakt voor Moniek Sakkers, of all sweet passions de heerlijkste volgens de meest broze en langoureuse direkteur van de Riba-pers.«

Gedichten. Geselecteerd en van een inleiding voorzien door Caspar Wintermans. [Den Haag, 1988].
Ein Raubdruck. Kolophon:»Deze bundel verschijnt in een oplage van 15 exemplaren. Dit is nummer...«

›*Two Loves*‹ & *Other Poems. A Selection*. Ausgewählt von William Whallon. East Lansing, Michigan, Bennet & Kitchel, 1990.

Seven Sonnets. The Hague, 1992.
Ein Raubdruck. Ausgewählt von Caspar Wintermans. Die Auflage betrug sieben Exemplare.

The City of the Soul. Oxford, Woodstock Books, 1996 (Decadents, Symbolists, Anti-Decadents: Poetry of the 1890s. A series of facsimile reprints chosen and introduced by R.K.R. Thornton and Ian Small). Ein Faksimile-Druck der ersten (anonymen) Ausgabe.

In Vorbereitung:
The Selected Poems of Lord Alfred Douglas. Edited by Caspar Wintermans. London, Cecil Woolf (The Poets of the 1890s).

Prosa

Letters to my Father-in-Law. No. 1 – No. 2. [Boulogne, 1914].

Oscar Wilde and Myself. With photogravure portrait of the author and thirteen other portraits and illustrations and also facsimile letters. London, John Long, Ltd., 1914.
Widmung: »To my Mother, Sybil, Marchioness of Queensberry«.
Größtenteils von T. W. H. Crosland verfasst.

Oscar Wilde and Myself. With portrait of the author and thirteen other portraits and illustrations, also facsimile letters. New York, Duffield & Company, 1914.

Salomé, A Critique, The Beauty of Unpunctuality, an Essay, and Three Poems. *Bruno Chap Books*, Vol. II, No. 3, New York, Guido Bruno, September 1915, 39-50.
Ein unautorisierter Nachdruck von Douglas' Artikeln und Gedichten, die in *The Spirit Lamp* erschienen waren. Auf Seite 50 findet sich folgende Anmerkung:
»Es gab eine Zeit, da Lord Alfred Douglas über die Vorstellung gelacht hätte, er würde einmal ein Buch schreiben [Oscar Wilde and Myself], das seine Freundschaft mit Oscar Wilde bagatellisierte. Als Herausgeber der *Spirit Lamp*, einer Zeitschrift, gedruckt bei James Thornton, High Street, Oxford, erschien er als ein eifriger Epigone seines Freundes Oscar. Er imitierte seinen Stil sowohl in seinen Gedichten, als auch in seiner Prosa. Jeder Beitrag, den er von Oscar Wilde erhielt, nahm einen prominenten Platz in der Ausgabe ein.
Ich habe einige Essays und einige Gedichte aus dieser interessanten, kurzlebigen Zeitschrift gesammelt, da sie, wie ich glaube, ein interessantes Licht auf Lord Alfred Douglas werfen.«

In the Matter of Raymond Douglas, an Infant; Before Mr Justice Peterson, May 3rd, 1916. Lord Alfred Douglas's Speech. [London, The Westminster Press, 1916].

Oscar Wilde et moi. Traduit de l'anglais par William Claude. Paris, Émile-Paul frères, éditeurs, 1917.
Eine Übersetzung von *Oscar Wilde and Myself.*

Oscar Wilde et moi. Traduit de l'anglais par William Claude. Deuxième édition. Paris, Émile-Paul frères, éditeurs, 1917.

The Wilde Myth. 1917. Unveröffentlicht. Die Druckfahnen befinden sich im Harry Ransom Humanities Research Center, Texas University, Austin.

›*A Touching Ceremony.*‹ With Apologies to Lord and Lady Bathurst and the ›*Morning Post*‹. Galashiels, Robert Dawson & Son, [1918?].

Fashionable Intelligence about the ›*Morning Post*‹. Galashiels, Robert Dawson & Son, [1918].

Oscar Wilde and Myself. Cheap Edition with a new Preface. London, John Long Ltd., 1919.

Wilde Oszkár és én. Forditotta Kosztolányi Dezso. Budapest, A Kultúra Könyvkiadó és Nyomda R.-T, Kiadása, 1919.
Eine ungarische Übersetzung von *Oscar Wilde and Myself.*

Striking Tribute to a Solicitor. Sir George Lewis Honoured. Dedicated to the London Papers which printed Accounts of the Robert Ross Testimonial. Galashiels, Robert Dawson & Son, [1920].

The Murder of Lord Kitchener and The Truth about the Battle of Jutland and the Jews. Speech made by Lord Alfred Douglas at the Memorial Hall, Farringdon Street, London. Reprinted from *The Border Standard.* Galashiels, John McQueen & Son, [1923].

Oscar Wilde y yo. Con varias illustraciones. Traducido directamente de la edición inglesa por R. Cansino-Assens. Madrid, Biblioteca Girelda (Colección de escritores extranjeros), 1925.
Eine spanische Übersetzung von *Oscar Wilde and Myself.*

The Autobiography of Lord Alfred Douglas. London, Martin Secker, 1929.
Widmung:»To William Sorley Brown.«

The Autobiography of Lord Alfred Douglas. Second Impression. London, Martin Secker, 1929.
Widmung:»To William Sorley Brown.«
Auf Seite 160 wurde eine Anmerkung hinzugefügt, in der Douglas auf seine *Salomé* -Übersetzung eingeht.

Freundschaft mit Oscar Wilde. Mit acht Bildtafeln. Mit einem Vorwort von Franz Blei. Leipzig, Paul List Verlag, 1929.
Eine Übersetzung von *The Autobiography of Lord Alfred Douglas* von Elsie McCalman.

Oscar Wilde et quelques autres. Traduit de l'Anglais par Arnold van Gennep. Paris, Librairie Gallimard, 1930.
Eine freie Übersetzung von *The Autobiography of Lord Alfred Douglas* mit einem zusätzlichen Kapitel: ›Mes fréquentations littéraires à Paris‹, 177–182. Das Buch erlebte im Jahr 1930 mindestens sechs Auflagen.
Kolophon:»Il a été tiré de cette édition trois cent quatre-vingt-dix-sept exemplaires sur alfa, dont dix-sept exemplaires hors commerce marqués de *a* à *q*, trois cent cinquante exemplaires numérotés de 1 à 350 et trente exemplaires d'auteur hors commerce numérotés de 351 à 380.«

The Autobiography of Lord Alfred Douglas. Second Edition. London, Martin Secker, 1932.

My Friendship with Oscar Wilde, Being the Autobiography of Lord Alfred Douglas. New York, Coventry House, 1932.
Kolophon:»One thousand copies only have been printed of this edition, of which the first hundred have been signed by the author. This is number...«

The True History of Shakespeare's Sonnets. London, Martin Secker, 1933.
Widmung:»To Olive.«

A Letter from Lord Alfred Douglas on André Gide's Lies about Himself and Oscar Wilde. Set Forth with Comments by Robert Harborough Sherard (Knight of the Legion of Honour). Calvi (Corsica), The Vindex Publishing Co., 1933.

Without Apology. London, Martin Secker, 1938.
Erinnerungen.

Without Apology. Toronto, Ryerson Press, 1938.

Oscar Wilde: A Summing-Up. London, Duckworth, 1940.

Ireland and the War Against Hitler. London, The Richards Press Ltd., 1940.
Die Auflage betrug fünfhundert Exemplare.

The Principles of Poetry: An Address Delivered by Lord Alfred Douglas before the Royal Society of Literature on September 2nd, 1943. London, The Richards Press Ltd., 1943.
Die Auflage betrug tausend Exemplare.

Oscar Wilde: A Summing-Up. With an Introduction by Derek Hudson. London, The Richards Press Ltd., 1950.

Oscar Wilde: A Summing-Up. With an Introduction by Derek Hudson. Third Printing. London, The Richards Press Ltd., 1961.

Oscar Wilde: A Summing-Up. With an Introduction by Derek Hudson. London, Icon Books Ltd., 1962.

The True Story of Shakespeare's Sonnets. Port Washington, Kennikat Press, 1970.
Ein Faksimile-Druck der Ausgabe von 1933.

The Autobiography of Lord Alfred Douglas. Freeport, New York, Books for Libraries Press, 1970.
Ein Faksimile-Druck der Ausgabe von 1931.

The Autobiography of Lord Alfred Douglas. St. Clair Shores, Michigan, Scholarly Press, 1971.
Ein Faksimile-Druck der Ausgabe von 1929.

Oscar Wilde: A Summing-Up. Folcroft, Pa., Folcroft Library Editions, 1977.

Oscar Wilde and Myself. New York, AMS Press, 1977.
Ein Faksimile-Druck der amerikanischen Ausgabe von 1914.

Con Oscar Wilde. La riposta al *De Profundis* dell' ›amore proibito‹ di Oscar Wilde. Milaan, Gammalibri, 1982.
Eine italienische Übersetzung von *Oscar Wilde and Myself.*

Halcyon Days. Contributions to The Spirit Lamp. Selected and Introduced by Caspar Wintermans. Typographeum, 1995.
Kolophon: »One hundred copies of this book have been printed and bound by R. T. Risk at Francestown, New Hampshire. Completed in September 1995.«
Enthält: ›An Undergraduate on Oxford Dons‹, ›Concerning Rulers‹, ›Salomé: A Critical Review‹ und ›Gray and Gold.'

Oscar Wilde: A Plea and a Reminiscence. Introduced and Annotated by Caspar Wintermans. Woubrugge, Avalon Press, 2001.
Enthält: ›Oscar Wilde‹ (1895) und ›Oscar Wilde's Last Days in Paris‹ (1905).

Artikel

›An Undergraduate on Oxford Dons‹. *The Spirit Lamp*, Vol. II, No. 3, 18. November 1892, 69–73.

›Gray and Gold‹. *The Spirit Lamp*, Vol. III, No. 1, 3. Februar 1893, 18–22.
Eine Erzählung, die sich an der Universität abspielt. »Die Ärzte sagten, der Don starb an einem Herzanfall, und der goldhaarige Knabe ging zu seinem Begräbnis.«

›Tout vient à qui sait attendre‹. *The Spirit Lamp*, Vol. III, No. 2, 17. Februar 1893, 34–42.
Ein Artikel über den idealen Ober.

›Essays I Have Shown Up. No. 1. – What is the True Method of Ethics?‹ *The Spirit Lamp*, Vol. III, No. 3, 10. März 1893, 56–59.

›Some Reflections on the Beauty of Unpunctuality‹. *The Spirit Lamp*, Vol. III, No. 3, 10. März 1893, 74–77.

›Salomé: A Critical Review‹. *The Spirit Lamp*, Vol. IV, No. 1, 4. Mai 1893, 20–27.

›Concerning Rulers‹. *The Spirit Lamp*, Vol. IV, No. 1, 4. Mai 1893, 29–35.
Eine Parodie auf Platons Dialoge.

›In Memoriam John Addington Symonds‹. *The Spirit Lamp*, Vol. IV, No. 1, 4. Mai 1893, 44–45.

›Oscar Wilde‹.
Ein Artikel, den Douglas im August 1895 für den *Mercure de France* schrieb, der aber auf Intervention von Robert Harborough Sherard nicht erschien. Das Manuskript des englischen Originals ist verloren gegangen; das Manuskript der französischen Übersetzung, das einmal im Besitz des Grafen Alain de Suzannet war, befindet sich heute in der Universitätsbibliothek von Princeton, New Jersey. Typoskripte der Rückübersetzung ins Englische von Christopher Sclater Millard befinden sich in Princeton und in der William Andrews Clark Memorial Library, Los Angeles.
Eine neue englische Version erschien in: Lord Alfred Douglas, *Oscar Wilde: A Plea and a Reminiscence*. Introduced and Annotated by Caspar Wintermans. Woubrugge, Avalon Press, 2001.

›Une introduction à mes poèmes, avec quelques considérations sur l'affaire Oscar Wilde‹. *La Revue Blanche*, Tome X, No. 72, 1. Juni 1896, 484–490.
Da Typoskript einer englischen Rückübersetzung, wahrscheinlich von der Hand von Christopher Sclater Millard, befindet sich in der William Andrews Clark Memorial Library, Los Angeles.

›Réponse à quelques journalistes‹. *La Revue Blanche*, Tome X, No. 73, 15. Juni 1896, 552–553.
Ein Typoskript einer englischen Rückübersetzung, wahrscheinlich von der Hand von Christopher Sclater Millard, befindet sich in der William Andrews Clark Memorial Library, Los Angeles.

›William Morris‹. *La Revue Blanche*, Tome XI, No. 81, 15. Oktober 1896, 378–379.

›Oscar Wilde. His Last Book and his Last Years‹. *The St. James's Gazette*, 2. März 1905, 5–6, und 3. März 1905, 5–6. Unautorisierter Nachdruck in: [Anonymus], *The Trial of Oscar Wilde from the Shorthand Reports*. Paris, [Charles Carrington], 1906, 113–126, und (autorisiert) in: Lord Alfred Douglas, *Oscar Wilde: A Plea and a Reminiscence*. Introduced and Annotated by Caspar Wintermans. Woubrugge, Avalon Press, 2001.

›Plain and Coloured‹. *The Academy*, Vol. LXXII, No. 1812, 26 Januar 1907, 89–90.
Die Besprechung von einem Dutzend Gedichtbänden.

›A Literary Causerie. Beowulf, Burns & Co.‹. *The Academy*, Vol. LXXII, No. 1814, 9 Februar 1907, 142–143.
Eine Besprechung von Kate Warren (Hrsg.), *A Treasury of English Literature*. London 1907.

›Some Protests and an Appreciation‹. *The Academy*, 23 Februar 1907, Vol. LXXII, No. 1816, 190.
Die Besprechung von sechs Gedichtbänden.

›Inspired Journalism‹. *The Academy*, Vol. LXXII, No. 1819, 16. März 1907, 271.
Über das Werk von Maurice Maeterlinck.

›Shirts and Shekels‹. *The Academy*, Vol. LXXII, No. 1820, 23. März 1907, 293–294.
Über die ärmlichen Umstände, unter denen Genies wie Mozart leben mussten.

›Nursery Rhymes‹. *The Academy*, Vol. LXXII, No. 1822, 6 April 1907, 341.

›The Blessed Damozel‹. *The Academy*, Vol. LXXII, No. 1823, 13. April 1907, 365–366.
Über Dante Gabriel Rossetti.

›A Neglected Poet‹. *The Academy*, Vol. LXXII, No. 1824, 20. April 1907, 388–389.
Ein Artikel über die Dichtung von ›Michael Field‹ (Pseudonym von Katherine Harris Bradley und ihrer Kusine Edith Emma Cooper).

›A Great Elizabethan Poet‹. *The Academy*, Vol. LXXII, No. 1828, 18. Mai 1907, 487–488.
Ein Artikel über Richard Barnfield.

›Mad Dogs‹. *The Academy*, Vol. LXXII, No. 1831, 8. Juni 1907, 555–556.
Über einen Geistlichen, der in seiner Predigt gegen das ›Nackte in der Kunst‹ wetterte.

›Poetry and Passion‹. *The Academy*, Vol. LXXII, No. 1833, 22. Juni 1907, 603–604.

›Drama. The Irish Players Again‹. *The Academy*, Vol. LXXII, No. 1833, 22. Juni 1907, 610–611.

Die Besprechung einer Aufführung von Theaterstücken von Lady Gregory und W. B. Yeats durch *The Abbey Theatre Company of Irish Players*.

›The Fool's Reproach‹. *The Academy*, Vol. LXXIII, No. 1835, 6. Juli 1907, 653–654.
Ein Artikel anlässlich eines Verrisses in *The Times* von Wilfrid Blunts *Secret History of the English Occupation of Egypt. Being a Personal Narrative of Events*. London 1907.

›Mr. Whibley's Byron‹. *The Academy*, Vol. LXXIII, No. 1836, 13. Juli 1907, 678–679.
Eine Besprechung von *Selected Poems of Lord Byron*. With an Introduction by Charles Whibley. London 1907.

›A False Prophet‹. *The Academy*, Vol. LXXIII, No. 1841, 17. August 1907, 800–801.
Eine Besprechung von R. Henderson Blands *Moods and Memories*. London 1907.

›Mr. Wilfrid Blunt and *The Times*‹. *The Academy*, Vol. LXXIII, No. 1857, 7. Dezember 1907, 223–225.

›The Revival of *Arms and the Man*‹. *The Academy*, Vol. LXXIV, No. 1861, 4. Januar 1908, 324.
Die Besprechung einer Aufführung von George Bernard Shaws Theaterstück.

›Tantæne animis coelestibus iræ?‹ *The Academy*, Vol. LXXIV, No. 1870, 7. März 1908, 538–539.
Ein Artikel über den Kurs der *Academy*.

›The Limit‹. *The Academy*, Vol. LXXIV, No. 1871, 14. März 1908, 563–564.
Eine Besprechung von T. H. Warrens *The Death of Virgil. A Dramatic Narrative*. London 1907.

›François Villon‹. *The Academy*, Vol. LXXIV, No. 1874, 4. April 1908, 638–639.

›Mrs. Dearmer's New Book‹. *The Academy*, Vol. LXXIV, No. 1875, 11. April 1908, 662–663.
Eine Besprechung von Jessie Mabel Dearmers *The Alien Sisters*. London 1908.

›*The Times*, Mr. Murray, and Mr. Wilfrid Blunt‹. *The Academy*, Vol. LXXIV, No. 1880, 781.

›For Shame, Mr. Shaw!‹ *The Academy*, Vol. LXXIV, No. 1881, 23. Mai 1908, 806.
Eine Besprechung von *Getting Married*.

›Can You not Manage?‹ *The Academy*, Vol. LXXIV, No. 1882, 30. Mai 1908, 830.
Shaws Reaktion auf Douglas' Besprechung von *Getting Married* und Douglas' Kommentar.

›Socialism and Suffragitis‹. *The Academy*, Vol. LXXIV, No. 1882, 30. Mai 1908, 831–832.

›The Shaving of Patshaw‹. *The Academy*, Vol. LXXIV, No. 1883, 6. Juni 1908, 855.
Die Fortsetzung der Shaw-Douglas-Kontroverse.

›Art and Sport‹. *The Granta*, 11. Juni 1908, 19–20.

›The Genius of Oscar Wilde‹. *The Academy*, Vol. LXXV, No. 1888, 11. Juli 1908, 35.
Eine Besprechung von Wildes Gesamtausgabe, herausgegeben von Methuen.

›Dr. Clifford's Government‹. *The Academy*, Vol. LXXV, No. 1898, 19. September 1908, 275–276.
Ein Artikel anlässlich einer verbotenen katholischen Prozession während des Eucharistischen Kongresses in London.

›The Poetry of Oscar Wilde‹. *The Academy*, Vol. LXXVI, No. 1916, 23. Januar 1909, 702–703.

›»Jupiter, What a Mess!«‹ *The Irishman*, 5. Januar 1918, 7-8; 12. Januar 1918, 9–10.
Eine Besprechung von T. W. H. Croslands *The English Sonnet*. London 1917.

›The »Dream« of Padraic Pearse‹. *The Irishman*, 19. Januar 1918, 7-8.
Eine Besprechung von Padraic H. Pearse, *The Story of a Success: Being the Record of St. Enda's College, September, 1908, to Easter, 1916*. Edited by Desmond Ryan. Dublin/London 1917.

›Christian Charity and the Jews‹. *Plain English*, Vol. I, No. 4, 31. Juli 1920, 78–79.

›Still Alive – and Kicking‹. *Plain English*, Vol. II, No. 32, 12. Februar 1921, 127.
Über den Nachruf auf den (springlebendigen) Douglas in *The Evening News*.

›The *English Review* and Frank Harris‹. *Plain English*, Vol. II, No. 34, 26. Februar 1921, 163–164.

›America Demands Jutland Money‹. *Plain English*, 26. Februar 1921, Vol. II, No. 34, 166–167.

›*Henri IV*. at the Court Theatre‹. *Plain English*, Vol. II, No. 36, 12. März 1921, 212–213.

›Prosecute and be D---d!‹ *Plain English*, Vol. II, No. 37, 19. März 1921, 226.

›Ourselves and the *Evening News*‹. *Plain English*, Vol. II, No. 44, 7. Mai 1921, 368–369.

›A Personal Statement‹. *Plain English*, Vol. II, No. 50, 18. Juni 1921, 486.

›Plain English for Our Readers‹. *Plain English*, Vol. II, No. 51, 25. Juni 1921, 506.

›The Levities of Mr. Oscar Levy‹. *Plain English*, Vol. II, No. 51, 25. Juni 1921, 507–508.

›Who is on our Side?‹ *Plain English*, Vol. II, No. 52, 2. Juli 1921, 526.

›Their Majesties and the Asquiths‹. *Plain English*, Vol. III, No. 53, 9. Juli 1921, 546.

›Is the Empire Doomed?‹ *Plain English*, Vol. III, No. 54, 16. Juli 1921, 566–567.

›The Author of Sherlock Holmes‹. *Plain English*, Vol. III, No. 54, 16. Juli 1921, 568–569.
Über Arthur Conan Doyles spiritistische Untersuchungen.

›An Excommunicated Murderer‹. *Plain English*, Vol. III, No. 55, 23. Juli 1921, 586–587.
Über Eamon de Valera.

›Slinging Mud at Shakespeare‹. *Plain English*, Vol. III, No. 56, 30. Juli 1921, 606–607.

›The King and Northcliffe‹. *Plain English*, Vol. III, No. 57, 6. August 1921, 627–628.

›Our Dismal Dukes‹. *Plain English*, Vol. III, No. 58, 13. August 1921, 646–647.

›Inge on Miracles‹. *Plain English*, Vol. III, No. 58, 13. August 1921, 647–648.

›A Wilderness of Monkeys‹. *Plain English*, Vol. III, No. 61, 3. September 1921, 706–708.

›Questions for the *Daily Express*‹. *Plain English*, Vol. III, No. 62, 10. September 1921, 725–726.

›An Appeal to the Duke of Northumberland‹. *Plain English*, Vol. III, No. 62, 10. September 1921, 727–728.

›The Jewish Star Chamber‹. *Plain English*, Vol. III, No. 63, 17. September 1921, 746–748.

›An Open Letter to the Duke of Northumberland‹. *Plain English*, Vol. III, No. 64, 24. September 1921, 766–768.

›Our Last Number?‹ *Plain English*, Vol. III, No. 65, 1. Oktober 1921, 787–788.

›An Undenominational Christian‹. *Plain English*, Vol. III, No. 66, 8. Oktober 1921, 809–811.

›Pity the Poor Millionaire‹. *Plain English*, Vol. III, No. 67, 15. Oktober 1921, 827.

›The Truth About *Plain English*‹. *Plain Speech*, 22. Oktober 1921, 4–5.

>Li:erary Criticism<. *Plain Speech*, 3. Dezember 1921, 98–99.

>A Daniel Come to Judgment<. *Modern Mystic and Monthly Science Review*, Vol. I, No. 4, April–Mai 1937, 10–11.
Autobiographisch.

>The Post-Victorians – But Not Necessarily the Moderns<. *Catholic Herald*, 20. Mai 1938.
Eire Besprechung von Herbert Palmers *Post-Victorian Poetry*. London 1938.

>Poems Are Made<. *The Weekly Review*, 15. September 1938.
Eine Besprechung von Cecil Floersheims *Collected Poems*. Hove 1938.

[Besprechung von Geoffrey Masefields *I am not Armed*. London 1938 und Lord Dunsanys *Mirage Water*. London 1938]. *The Weekly Review*, 19. Januar 1939, 472–473.

>Memories of my Childhood<. *The Border Standard*, 30. November 1940.
Ein Fragment aus: *The Autobiography of Lord Alfred Douglas*. London 1929.

Vorworte, Briefwechsel u.a.

Frank Harris/Lord Alfred Douglas, *New Preface to ›The Life and Confessi-ns of Oscar Wilde‹*. London, The Fortune Press, 1925.
Neben der normalen Ausgabe gab es eine von Douglas signierte Luxus-ausgabe von zweihundertfünfundzwanzig Exemplaren.

Frank Harris/Lord Alfred Douglas, *New Preface to ›The Life and Confessi-ons of Oscar Wilde‹*. Second Edition. London, The Fortune Press, 1927.
Enthält Douglas' ›Note to the Second Edition‹, 5–11.

Frank Harris/Lord Alfred Douglas, *Neue Vorrede zu: Oscar Wilde, ›eine Lebensbeichte‹*. Berlin, Globus Verlag G.m.b.H., [1928].

Horatio Bottomley, *Songs of the Cell* (With an Introduction by Lord Alfred Douglas). London, William Southern, 1928.

Dame Ethel Smyth, Lord Berners, Harold Nicolson [u.a.], *Little Innocents. Childhood Reminiscences*. Preface by Alan Pryce-Jones. London, Cobden-Sanderson, 1932.

Enthält: Lord Alfred Douglas, ›Winning the Steeplechase at Winchester‹, 19–22.

Richard Middleton, *The Pantomime Man*. Edited, with a Foreword, by John Gawsworth [i.e. Terence I. F. Armstrong]. Introduction by Lord Alfred Douglas. London, Rich & Cowan Ltd., 1933.

Robert Harborough Sherard, *Oscar Wilde Twice Defended from André Gide's Wicked Lies and Frank Harris's Labels, To Which is Added a Reply to George Bernard Shaw, a Refutation of Dr. G. J. Renier's Statements, a Letter to the Author from Lord Alfred Douglas, an Interview with Bernard Shaw by Hugh Kingsmill* [i.e. Hugh Kingsmill Lunn]. Chicago, The Argus Book Shop Inc., 1934.

Robert Harborough Sherard, *Bernard Shaw, Frank Harris and Oscar Wilde.* With a Preface by Lord Alfred Douglas and an Additional Chapter by Hugh Kingsmill. London, T. Werner Laurie Ltd., 1937.

Robert Harborough Sherard, *Bernard Shaw, Frank Harris and Oscar Wilde.* With a Preface by Lord Alfred Douglas. New York, The Greystone Press, 1937.

Leslie and Sewell Stokes, *Oscar Wilde* [A Play in Three Acts with a Preface by Lord Alfred Douglas] London, Martin Secker & Warburg Ltd., 1937.

John Piper, *Brighton Aquatints.* Twelve Original Aquatints of Modern Brighton with Short Descriptions by the Artist and an Introduction by Lord Alfred Douglas. London, Duckworth, 1939.

Frances Winwar, *Oscar Wilde and the Yellow Nineties.* With a Foreword by Lord Alfred Douglas. New York, Garden City, 1941.

Marie Carmichael Stopes, *Wartime Harvest.* With a Preface by the Lord Alfred Douglas and a Letter by George Bernard Shaw. London, Alexander Morning Ltd., 1944.

Frank Harris/Lord Alfred Douglas, *New Preface to ›The Life and Confessions of Oscar Wilde‹.* London, Printed for the Homosexual Society of London, 1961.

François J.-L. Mouret (Hrsg.), ›Quatorze lettres et billets inédits de Lord Alfred Douglas à André Gide, 1895–1929‹. *Revue de Littérature Comparée*, Tome XLIX, No. 3, Juli-September 1975, 483–502.

Mary Hyde (Hrsg.), *Bernard Shaw and Alfred Douglas. A Correspondence.* London, John Murray, 1982.

Mary Hyde (Hrsg.), *Bernard Shaw and Alfred Douglas. A Correspondence.* New Haven, Ticknor & Fields, 1982.

Mary Hyde (Hrsg.), *George Bernard Shaw und Alfred Douglas. ›Seien Sie nicht so undankbar, mir zu antworten.‹ Briefwechsel.* Aus dem Englischen von Ursula Michels-Wenz. Frankfurt am Main, Suhrkamp, 1986.

Werke anderer Autoren (Auswahl)

Anonym
The Trial of Oscar Wilde from the Shorthand Reports. Paris, Privatdruck [Charles Carrington], 1906.

Barney, Natalie Clifford
Souvenirs Indiscrets. Paris, Flammarion, 1960.

Beerbohm, Max
Letters to Reggie Turner. Hrsg. von Rupert Hart-Davis. London, Rupert Hart-Davis, 1964.

Beresford Chancelor, E.
›The Spirit Lamp.‹ *The London Mercury*, Vol. xxv, No. 148, Februar 1932, 387–389.

[Bloxam, John Francis]
Der Priester und der Messnerknabe. Eine Erzählung von Oscar Wilde [!]. Hannover, Paul Steegemann Verlag, 1922.

Bolitho, Hector
›T.E. Lawrence and Lord Alfred Douglas.‹ *Theatre World*, Vol. LVI, No. 428, September 1960, 30-31.

Borland, Maureen
Wilde's Devoted Friend. A Life of Robert Ross, 1869-1918. Oxford, Lennard Publishing, 1990.
Braybrooke, Patrick
Lord Alfred Douglas, his Life and Work. With an Essay by James M. Mills [›The Poetry of Lord Alfred Douglas‹]. London, Cecil Palmer, 1931.

Briant, Keith
Marie Stopes. A Biography. With a Foreword by The Right Honourable
R.A. Butler C.H., M.P. London, The Hogarth Press, 1962.

Brown, William Sorley
The Genius of Lord Alfred Douglas. An Appreciation. Galashiels, The Author,
1913.
Lord Alfred Douglas: The Man and the Poet. Galashiels, John McQueen &
Son, [1918].
The Life and Genius of T.W. H. Crosland. London, Cecil Palmer, 1928.

Bruce, Robert Knight
>Oscar Wilde, Bosie and the District Nurse.< *The Evening Standard*, 6. März
1995.
Ein Interview mit Violet Conaghan-Douglas, Douglas' Nichte.

Cecil, David
Max. A Biography of Max Beerbohm (1964). New York, Atheneum, 1985.

Cevasco, George A.
The 1890s. An Encyclopedia of British Literature, Art and Culture. New
York/London, Garland Publishing, Inc., 1993.

Chalon, Jean
Portrait d'une séductrice. Paris, Éditions Stock, 1976. (Dt.: *Porträt einer Verführ-
rerin: die Biographie der Natalie Barney.* Aus dem Franz. von Helmut Kossodo. Reinbek bei Hamburg 1980.)
Biographie über Natalie Clifford-Barney.

The Chameleon. Vol I, No. 1 (Dezember 1894). A Facsimile Edition. Introduction by H. Montgomery Hyde. >On *The Chameleon:* An Essay< by
Timothy d'Arch Smith. London, The Eighteen Nineties Society, 1978.

Cherniavsky, Felix
The Salomé Dancer. The Life and Times of Maud Allan. Toronto, Ontario,
McClelland & Stewart Inc., 1991.

Colson, Percy/Douglas, Francis
Oscar Wilde and the Black Douglas (1949). London/New York, Hutchinson
& Co. Ltd., 1950.

Connell, John
W. E. Henley. London, Constable, 1949.

Croft-Cooke, Rupert
The Glittering Pastures. London, Putnam & Co. Ltd., 1962.
Bosie. The Story of Lord Alfred Douglas, His Friends and Enemies. London, W. H. Allen, 1963.
The Numbers Came. London, Putnam & Co. Ltd., 1963.
Feasting with Panthers. A New Consideration of Some Late Victorian Writers. London, W. H. Allen, 1967.
The Unrecorded Life of Oscar Wilde. London/New York, W. H. Allen, 1972.

Crosland, Thomas William Hodgson
The Unspeakable Scot (1902). London, Grant Richards, 1903.
Collected Poems. London, Martin Secker, 1917.

Custance, Olive
The Blue Bird. London, The Marlborough Press Ltd., 1905.
The Inn of Dreams. London/New York, John Lane, 1911.
The Selected Poems of Olive Custance. Edited by Brocard Sewell. London, Cecil Woolf, 1995 (The Poets of the 1890s).

Eastaugh, Kenneth
Havergal Brian. The Making of a Composer. London, Harrap, 1976.

Egremont, Max
The Cousins. The Friendship, Opinions and Activities of Wilfrid Scawen Blunt and George Wyndham. London, Collins, 1977.

Ellis, Stewart M.
Mainly Victorian. London, Hutchinson & Co., 1925.

Ellmann, Richard   .
Oscar Wilde. London, Hamish Hamilton, 1987. (Dt.: *Oscar Wilde. Eine Biographie*. Aus dem Amerikanischen von Hans Wolf. Zürich 1997.)

Eyck, P.N. Van
›Alfred Bruce Douglas‹ (1909). *Verzameld werk*. Amsterdam, Van Oorschot, 1959. III, 120-143.

Fido, Martin
The Dramatic Life and Fascinating Times of Oscar Wilde (1973). London 1984.

Germain, André
Les Fous de 1900. Paris/Genève, La Palatine, 1954.

Gertz, Elmer
Odyssey of a Barbarian. The Biography of George Sylvester Viereck. Buffalo, New York, Prometheus Books, 1978.

Goujon, Jean-Paul
Tes blessures sont plus douces que leurs caresses. Vie de Renée Vivien. Paris, Régine Desforges, 1986.

Hall, Ruth
Marie Stopes. A Biography. London, André Deutsch Ltd., 1977.

Harris, Frank   .
[Artikel, der Douglas' Heirat ankündigt], *The Candid Friend*, Vol. II, No. 49, 5. April 1902, 890-891.
Oscar Wilde: His Life and Confessions. New York, printed and published by the author, 1916. Zwei Bände.
Idem, unter dem Titel: *Oscar Wilde*. With a Preface by Bernard Shaw. London, Constable & Company, 1938. (Dt.: *Oscar Wilde. Eine Lebensbeichte*. Übertragen von Toni Noah. 1. Aufl. Berlin 1923.)

Hawkey, Nancy J,
›Olive Custance Douglas: An Annotated Bibliography of Writings about her‹. *English Literature in Transition*, xv, No. 1, 1972, 49-56.

Head, Alice M.
It Could Never Have Happened. London/Toronto, William Heinemann Ltd., 1939.

Hichens, Robert
The Green Carnation (1894). London, The Unicorn Press, 1949.
Yesterday. The Autobiography of Robert Hichens. London, Cassell & Co., 1947.

Hillier, Bevis
Young Betjeman. London, John Murray, 1988.

Holland, Vyvyan
Son of Oscar Wilde. London, Rupert Hart-Davis, 1954. (Dt.: *Erbe eines Urteils. Oscar Wildes Sohn erzählt*. Aus dem Engl. übertr. von Inge Lehne u. Marianne Schön. Wien 1955.)

Hyde, Harford Montgomery
The Trials of Oscar Wilde (1948). New York, Dover Publications, 1973.
Cases that Changed the Law. London, William Heinemann, 1951.
Oscar Wilde: The Aftermath London, Methuen & Co. Ltd., 1963.(Dt.: *Oscar Wilde, Häftling C.3.3*. Übers. aus dem. Engl. von D. von Maydell. Heidelberg 1964.)
Oscar Wilde, a Biography. New York, Farrar, Straus and Giroux, 1975. (Dt.: *Oscar Wilde, Triumph und Verzweiflung*. Aus dem Amerikanischen von Angela Djuren. München 1982.)
The Cleveland Street Scandal. London, W.H. Allen, 1976.
Lord Alfred Douglas, a Biography. London, Methuen, 1984.
Christopher Sclater Millard (Stuart Mason), Bibliographer and Antiquarian Book Dealer. New York/Amsterdam, Global Academic Publishers, 1990.

Jackson, Holbrook
The Eighteen Nineties. A Review of Art and Ideas at the Close of the Nineteenth Century. London, Grant Richards Ltd., 1913.

Jacoby, H.
›Lord Alfred Douglas et Oscar Wilde‹. *Les Nouvelles Littéraires*, 11. Mai 1929.
Ein Interview mit Douglas.

Johnson, Lionel
Poems. London, Elkin Mathews/Boston, Copeland & Day, 1895.
›A Great Unknown.‹ *The Outlook*, 3. Juni 1899, 587–588.
Eine Besprechung von Douglas' *The City of the Soul* (1899).
Some Letters of Lionel Johnson. Edited by Raymond Roseliep. Notre Dame, India, Department of English, 1953.
Selected Letters of Lionel Johnson. Edited by Murray Pittock. Edinburgh, The Tragara Press, 1988.

Kettle, Michael
Salomé's Last Veil. The Libel Case of the Century. London, Granada Publishing/Hart-Davis, MacGibbon Ltd., 1977.

La Jeunesse, Ernest
›Alfred Bruce Douglas, poète‹. *Le Journal*, 11. Januar 1897.
Eine Besprechung von Douglas' *Poems* (1896).

Le Gallienne, Richard
›From a Crowded Book-Shelf‹. *The Realm*, 14. Dezember 1894.

Eine Besprechung von unter anderem *The Chameleon*. Die Mitarbeiter des Blattes werden charakterisiert als »einige Personen, deren Jugend durch eine ausgesprochen ästhetische Umgebung Schaden genommen hat«.

Lemonnier, Léon
La Vie d'Oscar Wilde. Paris, Éditions de la Nouvelle Revue Critique, 1931.

Longford, Elizabeth
A Pilgrimage of Passion. The Life of Wilfrid Scawen Blunt. London, Weidenfeld and Nicolson, 1979.

Machen, Arthur
Selected Letters. The Private Writings of the Master of the Macabre. Edited by Roger Dobson, Godfrey Brangham and R.A. Gilbert. Wellingborough, Northamptonshire, 1988.

Mason, Stuart [Millard, Christopher Sclater]
Oscar Wilde Three Times Tried. London, Ferrestone Press, 1912 (Famous Old Bailey Trials of the XIX. Century).
Bibliography of Oscar Wilde. With a Note by Robert Ross. London, T. Werner Laurie Ltd., 1914.

Maxwell, Herbert
A History of the House of Douglas From the Earliest Times Down to the Legislative Union of England and Scotland. London, Freemantle & Co., 1902. Zwei Bände.

Mazumdar, Maxim
Oscar Remembered. Toronto, Personal Library, 1977.
Ein dramatischer Monolog.

Merlet, J.F. Louis
›Passant de la Rivièra. Lord Alfred Douglas‹. *L'Éclaireur de Nice*, 14. Februar 1904.
Ein Interview.

Merrill, Stuart
[›Lettre à Léon Deschamps‹], *La Plume*, No. 158, 15. November 1895, 508–509.
›L'Affaire Oscar Wilde‹. *La Plume*, No. 159, 1. Dezember 1895, 559–560.
›Pour Oscar Wilde. Épilogue‹. *La Plume*, No. 161, 1. Januar 1896, 8–10.

Mikhail, E.H. (Hrsg.)
Oscar Wilde. Interviews and Recollections. London, The Macmillan Press Ltd., 1979. Zwei Bände.

Millard, Christopher Sclater
siehe unter: – Mason, Stuart

Osborn, E. B.
›Books of the Day.‹ *The Morning Post*, 17. Januar 1936.
Eine Besprechung von Douglas' *Sonnets* and *Lyrics* (1935).

O'Sullivan, Vincent
Aspects of Wilde. With an Opinion by Bernard Shaw (1936). London, Constable & Co. Ltd., 1938.

Paterson, Gary H.
›Lord Alfred Douglas: An Annotated Bibliography of Writings about him‹. *English Literature in Transition*, xxii, No. 3, 1980, 168–200.

Pearson, Hesketh
The Life of Oscar Wilde. London, Methuen & Co. Ltd., 1946. (Dt.: *Oscar Wilde: Sein Leben und Werk.* Übertragen aus dem Engl. von René Koenig. Bern 1947.)

Polak, Johan
Oscar Wilde in Nederland. Een flard verlaat fin de siècle. Maastricht, Gerards & Schreurs, 1988.

Rachilde [Vallette, Marguerite]
›Questions brûlantes‹. *La Revue Blanche*, 1. September 1896, 193–200.
Ein Artikel, in dem die Autorin Douglas verteidigt.
›Oscar Wilde et lui‹. *Mercure de France*, 1. Juli 1918, 59–68.
Eine Besprechung der französischen Übersetzung von *Oscar Wilde and Myself.*

Ransome, Arthur
The Autobiography of Arthur Ransome. Edited, with Prologue and Epilogue, by Rupert Hart-Davis. London, Jonathan Cape, 1976.

Reynolds, Aidan/Charlton, William
Arthur Machen. A Short Account of his Life and Work. With an Introduction by D.B. Wyndham Lewis. London, The Richards Press, 1963.

Rcberts, Brian
Th? Mad Bad Line: The Family of Lord Alfred Douglas. London, Hamish Hamilton, 1981.

Ross, Margery (Hrsg.)
Robert Ross, Friend of Friends. Letters to Robert Ross, Art Critic and Writer, Together with Extracts from his Published Articles. London, Jonathan Cape, 1952.

Rothenstein, William
Men and Memories (1931). London, Faber & Faber Ltd., 1934. Drei Bände.

Rowse, A.L.
Quiller-Couch. A Portrait of ›Q.‹ London, Methuen, 1988.

Secker, Martin
›Publisher's Progress: 2. From my Unpublished Memoirs‹. *The Cornhill Magazine*, No. 1079, Frühjahr 1974, 256–263.

Sewell, Brocard
Olive Custance, Her Life and Work. London, The Eighteen Nineties Society, 1975 (Makers of the Nineties, Edited by G. Krishnamurti).

Sherard, Robert Harborough
Oscar Wilde: The Story of an Unhappy Friendship. With Portraits and Facsimile Letters. London, Privately Printed. The Hermes Press, 1902. (Dt.: *Oscar Wilde. Die Geschichte einer unglücklichen Freundschaft.* Aus dem Englischen von Hermann v. Teschenberg. Berlin 2001.)

Sinden, Donald
A Touch of the Memoirs. London, Hodder and Stoughton, 1982.

[Somerset, Raglan H.E.H.]
›Celebrities I have not met, yet still am happy. No. 1 Lord Alfred Bruce Douglas (or the London Curry-worry)‹. *The Granta*, 8. Dezember 1908, 119-120.
›*The Granta* and *The Academy*‹. *The Cambridge Review*, 4. März 1909, 305–306.

Stokes, John
›Wilde at Bay: The Diaries of Georges Ives‹. *English Literature in Transition 1880-1920.* Vol. xxvi, No. 3, 1983, 175-186.

Stols, A.A.M.
Bibliographie van het werk van P.C. Boutens 1894-1914. Maastricht, Boosten & Stols, 1925.

Stopes, Marie Carmichael
Lord Alfred Douglas, His Poetry and his Personality. London, The Richards Press, 1949.

Stratford, John
›The Poetry of Lord Alfred Douglas‹. *Book and Magazine Collector*, No. 133, April 1995, 66-77.

Vallette, Marguerite
siehe unter:
- Rachilde

Weintraub, Stanley
Reggie. A Portrait of Reginald Turner. New York, George Braziller, 1965.

Wilde, Oscar
De Profundis. London, Methuen and Co., 1905.
[*Works.* Edited by Robert Ross]. London, Methuen, 1908. Vierzehn Bände.
The Letters of Oscar Wilde. Edited by Rupert Hart-Davis. London, Rupert Hart-Davis, 1962.
More Letters of Oscar Wilde. Edited by Rupert Hart-Davis. London, John Murray, 1985.

Wintermans, Caspar
›Lord Alfred Douglas‹. *Maatstaf* No. 8, August 1995.

Wyndham, Violet
The Sphinx and her Cycle. A Biographical Sketch of Ada Leverson 1862-1933. London, André Deutsch, 1963.

Young, Dal
Apologia pro Oscar Wilde. London, William Reeves, 1895.

BILDNACHWEIS

DANKSAGUNG

Dieses Buch wäre nicht geschrieben worden ohne die Hilfe zahlreicher Personen, denen mein Dank gilt: Sheila Colman, Lancing, Kuratorin des *Lord Alfred Douglas Literary Estate*; Robert Kirkpatrick, London; John D. Stratford, Cheltenham, der momentan eine ausführliche Bibliographie des Dichters vorbereitet; Merlin Holland und Douglas Murray, London; Evanghélia Stead, Professor der Komparatistik an der Universität von Reims; Stephen R. Tabor, ehemaliger Bibliothekar der William Andrews Clark Memorial Library, Los Angeles; Margaret M. Sherry, Bibliothekarin der Abteilung Handschriften und Seltene Drucke, Princeton University, New Jersey; Frances Miller, ihre Kollegin an der University of Reading; Elizabeth E. Fuller, Bibliothekarin des Rosenbach Museums, Philadelphia; Richard Childs, Archivar des West Sussex County Record Office, Chichester; David Brown, London, und Dr. Alan Marshall, Watford, Ehrenvorsitzender beziehungsweise Sekretär der Havergal Brian Society; Professor Dr Wiljan van den Akker, Utrecht; Dr. Aart Aarsbergen von De Arbeiderspers; Roger Custance, Archivar des Winchester College; Dr. G. Krishnamurti, London, und Steven Halliwell, Arncott, Ehrenvorsitzender beziehungsweise Sekretär der *Eighteen Nineties Society*; und Alan Clodd, London, Dr. Margaret M. Maison, Swanage, Rohinten Mazda, London, sowie Brocard Sewell, *O. Carm.*, Faversham, Mitglieder dieser Vereinigung.

Sehr dankbar bin ich den Mitarbeitern der Königlichen Bibliothek, Den Haag, namentlich Marieke van Delft, Ina Dijkstra, Dennis Schouten, Annemarie Snelderwaard, Reinder Storm und der stets gut gelaunten Margreet Vos.

Für kritische und hilfreiche Anmerkungen schulde ich Dank Dr.

Antoine Bodar, Amsterdam; Michael und Sylvia Cameron, Maassluis; Ton Leenhouts, und Remco Meijer, Den Haag; Dr. Anneke Mooi, Leiden; Esther Nanlohy, Amsterdam; dem verstorbenen Dr. Johan Polak; Martin Ros, Hilversum; dem Komponisten Bart Visman, Amsterdam; meinen geliebten Eltern, meinen Brüdern und meiner Schwester.

Dr. Wouter van der Helm, Krommenie, hat mir unschätzbare praktische Hilfe geleistet.

Der Dank schließlich, den ich der Haager Familie Meuter-Dikkers schulde, lässt sich nicht in Worten ausdrücken.

Den Haag, September 1990–März 1999   C. W.

LORD ALFRED DOUGLAS

Dreißig Gedichte

Aus dem Englischen übertragen
von Christa Schuenke

Two Loves

I dreamed I stood upon a little hill,
And at my feet there lay a ground, that seemed
Like a waste garden, flowering at its will
With Flowers and blossoms. There were pools that dreamed
Black and unruffled; there were white lilies
A few, and crocuses, and violets
Purple or pale, snake-like fritillaries
Scarce seen for the rank grass, and through green nets
Blue eyes of shy pervenche winked in the sun.
And there were curious flowers, before unknown,
Flowers that were stained with moonlight, or with shades
Of Nature's wilful moods; and here a one
That had drunk in the transitory tone
Of one brief moment in a sunset; blades
Of grass that in an hundred springs had been
Slowly but exquisitely nurtured by the stars,
And watered with the scented dew long cupped
In Lilies, that for rays of sun had seen
Only God's glory, for never a sunrise mars
The luminous air of heaven. Beyond, abrupt,
A gray stone wall, o'ergrown with velvet moss,
Uprose. And gazing I stood long, all mazed
To see a place so strange, so sweet, so fair.
And as I stood and marvelled, lo! across
The garden came a youth, one hand he raised
To shield him from the sun, his wind-tossed hair
Was twined with flowers, and in his hand he bore
A purple bunch of bursting grapes, his eyes
Were clear as crystal, naked all was he,
White as the snow on pathless mountains frore,
Red were his lips as red wine-spilth that dyes
A marble floor, his brow chalcedony.
And he came near me, with his lips uncurled
And kind, and caught my hand and kissed my mouth,
And gave me grapes to eat, and said, ›Sweet friend‹,
Come, I will shew thee shadows of the world

Sah mich im Traum von einem Hügel schauen
Auf einen Park, verwildert, weit und schön,
Mit Blumen, üppig wuchernd auf den Auen
Und stillen schwarzen, spiegelglatten Seen.
Hab Lilien weiß und Krokusse erblickt,
Auch lila Veilchen, unterm Laub versteckt,
Und Schachbrettblumen, tief ins Gras geschmiegt,
So tief, dass ich sie beinah nicht entdeckt.
Das Immergrün, blassblau, es nickte nur.
Sah Blumen, deren Namen keiner kennt,
Mit Mondlichtmustern, zart, wie hingehaucht,
Von der verspielten, launischen Natur,
Die eine war, so schien's, einen Moment
Ins Purpur eines Abendrots getaucht.
Das Gras war reich genährt in hundert Lenzen,
Mit Tau, in Lilienkelchen destilliert,
Nie ausgesetzt dem grellem Sonnenschein
Gewürzt mit herrlich duftenden Essenzen
Allein von Gottes Glanz illuminiert.
Dahinter eine Mauer – grau, aus Stein,
Bewachsen ganz und gar mit samtnem Moos;
Verzückt sah ich sie an. Wie ich so stand,
Betrachtend diesen Ort, so sonderbar,
Da kam ein Knabe, leicht, wie schwerelos
Heran, die Stirn beschattend mit der Hand
Und Blumen in dem windgezausten Haar.
Mit einer Traube blauen Weins, so schön
Kam er daher. Wie ein Kristall so rein
Das Aug, und er war nackt – ein Göttersohn.
Die Haut so weiß wie Schnee auf Bergeshöhr,
Die Lippen rot, wie eine Lache Wein
Auf Marmor, schimmernd wie von Chalcedon
Die Brauen. Heiter trat er hin zu mir,
Nahm meine Hand, küsst' auf den Mund mich dann,
Gab mir die Traube, sprach: »Komm, süßer Freund,
Die Schatten dieser Welt, ich zeig sie dir,

257

And images of life. See, from the South Comes the pale pageant
that hath never an End.‹
And lo! within the garden of my dream
I saw two walking on a shining plain
Of golden light. The one did joyous seem
And fair and blooming, and a sweet refrain
Came from his lips; he sang of pretty maids
And joyous love of comely girl and boy,
His eyes were bright, and 'mid the dancing blades
Of golden grass his feet did trip for joy.
And in his hands he held an ivory lute,
And round his neck three chains of roses were.
But he that was his comrade walked aside;
He was full sad and sweet, and his large eyes
Were strange with wondrous brightness, staring wide
With gazing; and he sighed with many sighs
That moved me, and his cheeks were wan and white
Like pallid lilies, and his lips were red
Like poppies, and his hands he clènched tight,
And yet again und unclènched, and his head
Was wreathed with moon-flowers pale as lips of death.
A purple robe he wore, o'erwrought in gold
With the device of a great snake, whose breath
Was fiery flame: which when I did behold
I fell a-weeping and I cried, ›Sweet youth,
Tell me why, sad and sighing, thou dost rove
These pleasant realms? I pray thee speak me sooth
What is thy name?‹ He said, ›My name is Love.‹
Then straight the first did turn himself to me
And cried, ›He lieth, for his name is Shame,
But I am Love, and I was wont to be
Alone is this fair garden, till he came
Unasked by night; I am true Love, I fill
The hearts of boy and girl with mutual flame.‹
Then sighing said the other, ›Have thy will,
I am the Love that dare not speak its name.‹

18 Cadogan Place, September 1892.

Des Lebens Bilder. Schau, dort zieht heran
Der bleiche Zug, der nie zu enden scheint.«
Da sah in meines Traumes Garten ich
Ein Knabenpaar, wie's durch die Auen zieht:
Hell war der eine, frisch und sommerlich,
Von seinen Lippen kam ein süßes Lied
Von Liebe zwischen Mädchen, rein und hold,
Und schönen Knaben. Seiner Augen Glanz
So strahlend wie das Gras – wie eitel Gold.
Und fröhlich hüpfend dreh' er sich im Tanz
Mit seiner Laute wohl aus Elfenbein,
Die goldenen Saiten fein wie Jungfrauenhaar,
Die Stimme silberhelle, wie Schalmein,
Und um den Hals drei Rosenschnüre gar.
Der andere ging schweigend nebenher.
Oh, welche Trauer lag in seinem Blick.
Und immer wieder seufzte er so schwer.
Er schien verwundert ob des ersten Glück.
Ach, seine Wangen, diese weißen, fahlen,
Wie Lilien, und der Mund wie Mohn so rot
Die schlaffe Hand zur Faust geballt in Qualen,
Mondblumenkranz im Haar, bleich wie der Tod.
Ein Purpurseil mit goldner Schnur umwunden
Trug er wie eine wilde Schlange, die
Im Rasen ihrer letzten Todesstunden
Aus ihrem Rachen Feuerflammen spie.
Da rief ich weinend:»Süßer Knabe, sprich:
Was streifst du seufzend hier, das Aug so trübe,
Durch diese schöne Flur? Ich frage dich,
Wie ist Dein Name?« Er:»Ich bin die Liebe.«
Da fuhr der erste gleich herum:»O nein,
Der lügt«, rief er,»denn er ist ja die Schmach!
Ich bin die Liebe, dieses Reich ist mein!
Der da stahl nachts sich heimlich ein«, er sprach.
»Nur ich, die wahre Liebe, kann entflammen
Des Jünglings Herz, dass für ein Weib es brennt.«
Der andre drauf:»So sei's in Gottes Namen,
Ich bin die Lieb, die keinen Namen nennt.«

Cadogan Place, September 1892

I love a love, but not as other men
　Who tell the world their love for very pride,
For the cold world loves not my love; and when
　My voice would sing my love I needs must hide,
Under a cloak of black ambiguous words,
　The jewelled thoughts and all the scented fancies
That beat against my lips, like prisoned birds
　Caught in a cage when yellow sunlight dances
Without, and the tall trees stretch out green branches.
　Yet well for them they cannot pass the gates
And fly to freedom, for the north wind launches
　Swift shafts of icy death on those he hates:
And as the north wind hates the painted birds
　That sing in the South, so the unkindly world
Would freeze my fancies and abhor my words.
　Therefore, a ship with never a sail unfurled,
I drift perforce; and never from the lute
　Of mine own lips comes a clear note and strong,
But only broken murmurs; and the fruit
　Of many silent years is like a song
Sung in a prison by the lips of Fear,
　With a hushed voice and a quick glance behind
At what is not. Ah! cruel world and drear!
　And yet — I care not, so my love be kind

London, November 1892

DE PROFUNDIS

Die Liebe, die ich liebe, nicht gefällt
Denen, die ihre Lieb der Welt verkünden,
Denn meine Liebe hasst die kalte Welt.
Preis ich mein Lieb, so muss ich Worte finden,
Die, was mich's preiszugeben drängt, verhehlen,
Was mir nur allzu gerne möcht entschlüpfen
Metaphern zart, Gedanken wie Juwelen,
Die – Vögel, die man fing – im Käfig hüpfen
Und wolln hinaus, wo jeder Baum und Strauch
Die Zweige reckt im hellen Sonnenglast.
Jedoch des strengen Nordwinds Todeshauch
Durchbohrt mit eisigen Speeren, die er hasst.
Und wie der Nord die Vögel hasst, die singen
Im Süden, lässt die frostige Welt erbleichen
Mein Lied und will mein Wort zum Schweigen bringen.
Ich armes Schiff muss meine Segel streichen.
Von meiner Lippen Laute hört ihr nie
Den klaren Ton. Wie matt und dumpf sie klingt.
Die Frucht der vielen stummen Jahre, sie
Ist ein Gesang, den leis im Kerker singt
Der Mund der Angst, die rasch nach hinten schaut,
Die Stimme senkt, auch wenn es gar nichts gibt.
Furchtbare Welt! Wie sehr mir vor dir graut!
Doch ich ertrag dich, weil mein Lieb mich liebt.

London, November 1892

HYMN TO PHYSICAL BEAUTY

Sweet Spirit of the body, archetype
   of lovely mortal shapes, where is thy shrine?
     Long have I wandered over dales and hills,
   Seeking in vain, and now these eyes of mine,
     That were like stars, are like to running rills,
So sad am I; come, for the fruits are ripe,
   The yellow fruits that wait thee, a white dove
     For thee is caged, I have a thousand roses
     Both white and red; come, ere the hot day closes
Its languid eyes, and lead me to thy grove.

Alas! I hear no voice, I see no sign,
   Art thou then dead? Nay, but that cannot be,
     For yesterday, when the broad sun at noon
   Stood in the burning heavens, I chanced to see
     A lad that bathed; his face was like the moon.
His flesh was honey-pale, his locks were fine
   As silk new spun and stained with saffron stains.
     So fair he was, I thought on young Narcisse,
     Dead for desire of a shadow's kiss,
And to my shepherd's lute I sang these strains.

> *I know a boy who every day*
> *Leaps in the lake in summer weather.*
> *His lips are like fresh flowers in May,*
> *His feet are silver on the heather.*
>
> *His eyes are blue as sunny seas,*
> *His hair is like the golden money,*
> *His shoulder cheats the honey bees,*
> *So like it is to golden honey.*

HYMNE AUF DIE SCHÖNHEIT DES KÖRPERS

Oh, holder Geist des Körpers, Urbild, du,
Vergänglich schöner Form, wo ist dein Schrein?
Vergebens hofft ich lang, dass ich dich find,
Hab dich gesucht, bis nun die Augen mein –
Einst Sternen gleich – wie trübe Tümpel sind,
So schwer ist mir; das Obst ist reif, greif zu
Und iss; ein weißes Täubchen fing ich ein,
Das schenk ich dir und Rosen, rote, weiße,
Wohl tausend Stück, bevor der Tag, der heiße
Sich neigt, führ mich in deinen Hain.

Doch ach, nichts regt sich, keine Stimme spricht;
Bist du denn tot? Unmöglich! Gestern noch,
Als mittags hoch die Sonn am Himmel stand,
Sah einen blondgelockten Knaben doch
Ich selig baden dort am hellen Strand,
Schön wie der Mond, so bleich von Angesicht –
Das Haar durchwirkt von Safranfäden lang,
Fast schien's mir, als ob das Narziss sein muss,
Der sich verzehrt nach eines Schattens Kuss,
Drum griff zu meiner Laute ich und sang:

Ein Jüngling, fröhlich und gesund
Nimmt jeden Tag sein Bad im See.
Wie eine Blume ist sein Mund,
Wie Silber glänzt sein Fuß im Klee.

Die Augen blau sind wie das Meer,
Das Haar, es strahlt wie eitel Gold,
Die Bienen schwirren um ihn her,
So süß ist er, so rein, so hold.

Thou needs must live, seeing he is so fair,
   For all his beauty is but part of thee.
      Alas! I fear me, in this dreary land,
   Thou art disdained, there is no galaxy
      Of Worshippers, no priest with pious hand
Twines chaplets for thine altars; greedy care
   For wealth, the barter of dull merchandise,
      And sad-faced gods, have maimed or marred men's souls,
      Their eyes for beauty are but sightless holes,
   Spurned in the dust uranian passion lies.

Dull fools decree the sweet unfruitful love.
   In Hellas counted more than half divine,
      Less than half human now; the untrammelled shapes
   Of glorious nakedness, the curve and line
      Of sun-browned youth, must hide, for human apes
Have found God's image shameful. Go, white dove.
   Wither, red rose, the world is sad and brown,
      For Pan is dead, and in Apollo's courts
      The noisy rabble brawls, the shy resorts
   Of nymphs and fauns are tainted with the town.

Oh! radiant thing (I will not say divine,
   Thou art more gracious and more beautiful
      Being human merely), they who worshipped thee,
   Thy gods, are dead; once were thy temples full
      Of gifts; thou hadst more images than He
Who died for men, around thy glorious shrine
   Fair flowers were strewn: the wine-red lips of boys
      Kissed the flute's lips for thee, to thee did rise
      The passionate incence of sweetlovers' sighs,
   And songs that told of lovers' passionate joys.

Da er so prangt, musst du am Leben sein,
Denn seine Schönheit ist ja Teil von dir.
  Doch ach, ich fürcht, hier in dem öden Land
  Wirst du geschmäht, 's gibt keine Scharen hier,
  Die dich verehren, und kein Priester wand
Girlanden dir, zu zieren deinen Schrein;
Reichtum, ein Götze, der mit Tand hausiert,
  Fürs Schöne abgestumpft hat er der Menschen Seelen,
  Wo sie einst Augen hatten, sind jetzt leere Höhlen,
Uranias Liebe wird geschunden, malträtiert.

Die Dummheit sagt, die Liebe, süß und brach,
  Die fast als göttlich galt in Griechenland,
    Sei menschlich nicht; geächtet und geschmäht,
  Ist noble Nacktheit heut: in ein Gewand
    Gehüllt, der sonngebräunte Jüngling geht,
Weil Affen Gottes Abbild sehn als Schmach.
  Ach, Rose, welke, Täubchen, fliege fort,
    Denn Pan ist tot, und in Apollos Hain
    Fiel lärmend längst der rohe Pöbel ein,
  Kein Faun, kein Nymphlein haust mehr an dem Ort.

Oh! strahlend Ding (ich sag nicht göttlich, nein,
  Denn deiner Schönheit Wert erhöht noch mehr,
    Dass du ein Mensch bist), die verehrt dich haben,
  Die Götter, sie sind tot; einst trugen schwer
    Deine Altäre an den Opfergaben,
Und reich geschmückt war allezeit dein Schrein
  Mit Blumen; Knabenlippen, rot wie Wein,
    Die haben deinen Flötenmund geküsst,
    Manch süßer Seufzer aufgestiegen ist
  Zu dir, manch Lied von Liebeslust und Pein.

Those days are fled, and now the sickly age
    Is dotard, and its bleared and glazing eyes
        Are wellnigh blind to beauty; yet, I know
    That in some hearts a wakening spirit cries
        And strives for freedom, we are not so low
That there is none of us to scorn the rage
    Of Caliban, and dare to drink his full
        Of thy gold cup; and in this sad late day
        There be some faithful who dare to say:
›We needs must love what is most beautiful.‹

Come down and save us; let the world reborn
    Be glad again. Our hearts are barren fountains,
        Come down like rain. Ah! do I sleep or wake?
    Methinks I hear thy feet upon the mountains;
        And ere the red sun stoops and drinks the lake,
Haply my aching eyes shall see thy dawn.

                                        Oxford, 1893

Vorbei die Zeiten, unsre Zeit – vertan,
Sie gleicht dem Greis mit stumpfem Blick, der blind
Fast für die Schönheit ist, doch schon erwacht
In manchem Herz der Geist jetzt neu und sinnt
Auf Rettung, wir sind nicht so schwach gemacht,
Dass wir nicht lachten über Caliban
Und seinen Zorn und leerten mit Genuss
Den goldnen Becher, selbst in diesen Tagen
Gibt's stolze Männer, die zu sagen wagen,
Dass man das wahrhaft Schönste lieben muss.

So steig herab, erlös uns von den Sorgen,
Versiegte Brunnen unsre Herzen! Bitte,
Wie Regen komm. Ah, träum ich, bin ich wach?
Mir ist's, als hört ich draußen deine Schritte,
Bevor die Sonne trinkt den See aus, ach,
Komm her und bring uns einen neuen Morgen.

Oxford 1893

267

Night Coming Into a Garden

Roses red and white,
Every rose is hanging her head,
   Silently comes the lady Night,
   Only the flowers can hear her tread.

All day long the birds have been calling,
   Calling shrill and sweet,
They are still when she comes with her long robe falling,
   Falling down to her feet.

The thrush has sung to his mate,
   ›She is coming! hush! she is coming!‹
She is lifting the latch at the gate,
   And the bees have ceased from their humming.

I cannot see her face as she passes
   Through my garden of white and red;
But I know she has walked where the daisies and grasses
   Are curtseying after her tread.

She has passed me by with a rustle and sweep
   Of her robe (as she passed I heard it sweeping),
And all my red roses have fallen asleep,
   And all my white roses are sleeping.

Goring, 1893

Rosen rot und Rosen weiß,
  Sie senken die Köpfe, und dann
Kommt die Frau Nacht in den Garten so leis,
  Dass nur eine Blume sie hören kann.

Den ganzen Tag die Vögel sangen,
  Mal lieblich, mal so, dass es gellt',
Doch nun sind sie still, denn Frau Nacht kommt gegangen,
  Ihr Kleid ist so lang, auf den Boden es fällt.

Der Amselmann singt seiner Amselfrau vor:
  »Psst, da kommt sie, jetzt musst du verstummen!«
Und schon tritt die Nacht durch das Gartentor,
  Und die Bienen lassen das Summen.

Ich seh nicht ihr Gesicht, als sie schreitet behende
  Durch mein rotweißes Gärtchen allhier,
Doch der Klatschmohn, er klatscht in die Hände
  Und das Gras, es steht knicksend Spalier.

Mit wehender Robe vorüber sie lief,
  Huschte raschelnd vorbei an den Bäumen.
Die roten Rosen, sie schliefen schon tief,
  Und die weißen warn längst schon am Träumen.

Goring 1893

269

IN AN ÆGEAN PORT

I saw the white sails of the silver ships
Bend to the bay's blue waters; ivory
And bars of gold, a prince's treasury,
The sailors brought; and odorous oil that drips
From the full cask, as the broad galleon dips
And rises to the swell; and I saw thee
In thy white tunic gowned from neck to knee,
And knew the honey of thy sugar lips.

Rarer than all the hoarded merchandise
Heaped on the wharves, more precious than fine pearls,
Than all the loot and pillage of the deep
More enviable, oh! food to my starved eyes
(That gaze unmoved on wanton charms of girls),
Fair as the lad on Latmian hills asleep.

London, August 1893

270

IN EINEM ÄGÄISCHEN HAFEN

Ich sah der Schiffe weiße Segel glänzen,
Ins Blau der Bucht sah ich sie biegen ein;
Sie brachten Königsschätze, Elfenbein,
Goldbarren, Perlen, duftende Essenzen.
Die Wogen pflügt' die Galeone, reckte
Sich schwankend auf, und plötzlich sah ich *ihn*
In weißer Tunika bis zu den Knien,
Süß seine Lippen ich auf meinen schmeckte.

Viel kostbarer als Perlen und Geschmeide,
Als Spezereien, herrlich und erlesen,
Als dort am Kai der Tand, die teure Habe,
Mir Dürstendem die reinste Augenweide,
(was keines Mädchens Reize je gewesen),
Schön wie der auf dem Latmos schlief, der Knabe.

London, August 1893

271

THE SPHINX

I gaze across the Nile; flamelike and red,
The sun goes down, and all the western sky
Is drowned in sombre crimson: wearily
A great bird flaps along with wings of lead,
Black on the rose-red river. Over my head
The sky is hard green bronze, beneath me lie
The sleeping ships; there is no sound, or sigh
Of the wind's breath – a stillness of the dead.

Over a palm tree's top I see the peaks
Of the tall pyramids; and though my eyes
Are barred from it, I know that on the sand
Crouches a thing of stone that in some wise
Broods on my heart; and from the darkening land
Creeps Fear and to my soul in whisper speaks.

British Agency, Cairo, January 1894

Die Sphinx

Ich steh am Nil: Im roten Flammenmeer
Die Sonne sinkt. Den Himmel weit gen West
Erhaben purpurn sie erglänzen lässt.
Ein großer Vogel taumelt müd und schwer
Schwarz überm Fluss, der schimmert rosenrot.
Der Himmel über mir jetzt bronzegrün,
Die Schiffe dämmern unter mir dahin,
Kein Laut, kein Windhauch, alles still – wie tot.

Ich sehe Palmen, schwankende Kamele,
Der Pyramiden Spitzen, weit entrückt,
Und weiß, auch ohne dass ich's seh, im Sand
Ein Ding aus Stein, das mir ins Herze blickt.
Und aus dem nachtverlornen, dunklen Land
Kriecht Angst heran und raunt mir in die Seele.

Britisches Konsulat, Kairo, Januar 1894

Unto my bed last night, methought there came
Our lady of strange dreams, and from an urn
She poured live fire, so that mine eyes did burn
At sight of it. Anon the floating flame
Took many shapes, and one cried, ›I am Shame
That walks with Love, I am most wise to turn
Cold lips and limbs to fire; therefore discern
And see my loveliness, and praise my name.‹

And afterwards, in radiant garments dressed,
With sound of flutes and laughing of glad lips,
A pomp of all the passions passed along,
All the night through; till the white phantom ships
Of dawn sailed in. Whereat I said this song,
›Of all sweet passions, Shame is loveliest.‹

London, February 1894

LOB DER SCHAM

Heut nacht war's, dass die Traumfee zu mir kam.
Aus einer Flammenschale, lodernd, goss
Sie Feuer, das mir in die Augen schoss.
Die Flamme mancherlei Gestalt annahm.
Und eine sprach zu mir:»Ich bin die Scham.
Der Liebe Schwester bin ich. Ohne Mühen
Bring Leiber, kalt wie Eis, ich zum Erglühen.

Der Leidenschaften stolze Prozession,
Vergnügt und froh gestimmt, bei Flötenklang
Und prächtig ausstaffiert, dahinter kam.
Bis wie ein Geisterschiff das Frühlicht schon
Sich nahte und mir dieser Vers gelang:
»Der Leidenschaften schönste ist die Scham.«

London, Februar 1894

275

Væ Victis!

Here in the isle
The summer still lingers,
And Autumn's brown fingers
    So busy the while
    With the leaves in the north,
    Are scarcely put forth
In this land where the sun still glows like an ember,
    In mid-November.

In England it's cold,
And the yellow and red
Of October have fled;
    And the sun is wet gold
    Like an emperor weeping,
When Death goes a-reaping
All through his empire, merciless comer,
    The dead things of summer.

The sky has cried so
That the earth is all sodden,
With dead leaves in-trodden,
    And the trees to and fro
    Wave their arms in the air,
    In despair, in despair:
They are thinking of all the hot days that are over,
    And the cows in the clover.

Here the roses are out,
And the sun at high noon
Make the birds faint and swoon.
    But the cricket's about
    With his song, and the hum
    Of the bees as they come
To feast at the honey-board laden and groaning,
    Makes musical droning.

Væ Victis!

Auf dieser Insel hier nimmt nun
Der Sommer scheinbar kein Ende
Des Herbstes braune Hände,
　　Sie haben noch zu tun
　　Mit dem Laub in den nördlichen Breiten;
　　Nur langsam und mählich sie gleiten
Heran, wo noch mit warmem Munde die Sonne uns küsst,
Obwohl Mitte November ist.

In England ist's kalt,
Und das Gold und das Rot
Des Oktobers sind tot;
　　Und die Sonne ist alt,
　　Eine Fürstin, die eisige Tränen weint,
Wenn der Tod mit der Sense erscheint
Und naht mit seinen Schergen,
　　Des Sommers Kadaver zu bergen.

　　Der Himmel, er weint so sehr.
Dass die Erde nur noch Morast ist, und drin
Modern die Blätter vor sich hin,
　　Und die Bäume winken schwer
　　Mit den Armen und sind
　　Ganz verzweifelt im Wind:
Sie denken zurück an die blühende Heide
　　Und die Kuh auf der Weide.

　　Und hier? Rosendüfte die Lüfte erfüllen,
Und die Sonne steht gerade im Mittag noch
Und taumelnd steigen die Vögel so hoch,
　　Doch die emsigen Grillen
　　Fiedeln ihr Lied, und mit Gesumm
　　Schwirrn um den Honig die Bienen herum
Und tun sich's gütlich bei dem Bankett
　　Und tanzen ein summendes Menuett.

But vainly, alas!
Do I hide in the south,
Kiss close with my mouth
    Red flowers, green grass,
    For Autumn has found me
    And thrown her arms round me.

She has breathed on my lips and I wander apart,
    Dead leaves in my heart.

Capri, November 16th, 1895

Doch ach, was halt ich mich versteckt
Im sonnigen Süden und küsse hier
Mit gierigen Lippen die blühende Zier?
Der Herbst hat mich dennoch entdeckt,
Hier bei den Rosen, vielbesungen,
Hat er mich mit seinen Armen umschlungen
Und ausgesaugt mit seinem Kuss. Heimwärts
Muss ziehn ich, voll toter Blätter das Herz.

Capri, 16. November 1895

SONNET

*dedicated to those French men of letters
(Messrs Zola, Coppée, Sardou and others)
who refused to compromise their spotless
reputations or imperil their literary
exclusiveness by signing a merciful petition
in favour of Oscar Wilde.*

Not all the singers of a thousand years
Can open English prisons. No. Though hell
Opened for Thracian Orpheus, now the spell
Of song and art is powerless as the tears
That love has shed. You that were full of fears,
And mean self-love, shall live to know full well
That you yourselves, not he, were pitiable
When you met mercy's voice with frowns or jeers.

And did you ask who signed the plea with you?
Fools! It was signed already with the sign
Of great dead men, of God-like Socrates,
Shakespeare and Plato and the Florentine
Who conquered form. And all your petty crew
Once, and once only, might have stood with these!

Naples, February 1896

280

SONETT

Gewidmet Frankreichs großen Literaten
(Zola, Coppée, Sardou und anderen),
die aus Sorge um ihren makellosen Ruf
oder aus Angst, ihren Ruhm als Schriftsteller
aufs Spiel zu setzen, nicht bereit waren,
ihren Namen unter ein Gnadengesuch
für Oscar Wilde zu setzen.

Und kämen alle Sänger und Sirenen,
Sie könnten Englands Kerker doch nicht sprengen,
Nicht Thrakiens Orpheus retten mit Gesängen,
Denn ihre Kunst ist machtlos wie die Tränen,
Die Lieb' vergoss. Doch ihr, von Angst getrieben
Und Selbstsucht, lebt nun fort, bis ihr erkennt,
Ihr selbst wart elend, nicht der Delinquent,
Als ihr die Petition nicht unterschrieben.

Wisst ihr, wer vor euch eingetragen war?
Ihr Narren! Große Tote, weltbekannte,
Der weise Sokrates, den Göttern nah,
Shakespeare und Plato und der Meister Dante.
Einmal hattet auch ihr die Chance, o ja,
Euch einzureihn in diese edle Schar.

Neapel, Februar 1896

Rise up, my soul!
Shake thyself from the dust.
Lift up thy head that wears an aureole,
Fulfil thy trust.
Out of the mire where they would trample thee
Make images of clay,
Whereon having breathed, from thy divinity
Let them take mighty wings and soar away
     Right up to God.
Out of thy broken past
Where impious feet have trod
Build thee a golden house august and vast
Whereto these worms of earth may some day crawl.
Let there be nothing small
Henceforth with thee;
Take thou unbounded scorn of all their scorn,
     Eternity
Of high contempt: be thou no more forlorn
But proud in thy immortal loneliness,
And infinite distress:
And, being 'mid mortal things divinely born,
Rise up, my soul!

Paris, 1896.

ODE AN MEINE SEELE

Erheb dich, Seele! Deine Stunde schlägt!
Komm aus dem Staub gekrochen,
Trag hoch den Kopf, der eine Gloriole trägt:
Tu jetzt, was du versprochen,
Und bilde aus dem Schlamm, in den man dich getreten,
dann
Bildnisse aus Ton, mit deinem Götterhauch
Erweck zum Leben sie, lass steigen himmelan
    Sie, hoch, hinauf zu Gott.
Aus den Ruinen der Vergangenheit,
Die Gottlose verheerten, dir zum Spott,
Bau dir ein Haus, erhaben, groß und weit,
Zu dem dereinst die Erdenwürmer kriechen sollen
Und solln Verehrung deinem Prachtbau zollen.
Verhöhne du fortan für alle Zeit
Die früher dich verhöhnt,
    In Ewigkeit,
Du aber sei nicht mehr verpönt,
Sei stolz auf dein unsterblich Einsamsein,
Auf deine unsterbliche Pein:
Du Götterding, von Sterblichkeit umgeben,
Erheb dich, Seele! Deine Stunde schlägt!

Paris 1896

Thou sombre lady of down-bended head,
And weary lashes drooping to the cheek,
With sweet sad fold of lips uncomforted,
And listless hands more tired with strife than meek;
Turn here thy soft brown feet, and to my heart,
Unmatched to Summer's golden minstrelsy,
Or Spring's shrill pipe of joy, sing once again
    Sad songs, and I to thee
Well tuned, will answer that according part
That jarred with those young season's gladder strain.

Give me thy empty branches for the biers
Of perished joys, thy winds to sigh my sighs,
Thy falling leaves to count my falling tears,
And all thy mists to dim my aching eyes.
There is no comfort in thy lips, and none
In thy cold arms, nor pity in thy breast,
But better 'tis in gray hours to have grief,
    Than to affront the sun
With sunless woe, when every flower and leaf
Conspires to make the season merriest.

The drip of rain-drops on the sodden earth,
The trampled mud-stained grass, the shifting leaves,
The silent hurrying birds, the sickly birth
Of the red sun in misty skies, the sheaves
Of rotting ruined corn, the sudden gusts
Of angry winds, the clouds that fly all night
Before the stormy moon, thy desolate moans,
    All thy decays and rusts,
Thy deaths and dirges, these are tuned aright
To my unquiet soul that sorrow owns.

ODE AN DIE HERBSTZEIT

Du Trübe, die den Kopf lässt hängen matt,
Dass sacht die Wimpern auf den Wangen ruhn,
Ihr schönes Lippenpaar geschlossen hat,
Erschlafft und müd die Hand von schwerem Tun,
Oh, komm zu mir mit deinen braunen Füßen
Und – ungestört von Sommers Minnesängen
Und Frühlings Lustgeschrill – sing wieder
    Mir deine tristen Lieder. Will dich grüßen,
Begleiten dich, mit abgestimmten Klängen
Zu störn den Wohlklang froher Sonnenlieder.

Lass deine Winde meine Seufzer stöhnen
Der Wonnen Bahre sei dein kahl' Geäst,
Dein Blätterfall mag zählen meine Tränen,
Dein Dunst mein wehes Auge ausruhn lässt.
An deinen Lippen und in deinen Armen
Gibt's keinen Trost, dein Herz kennt keine Gnade,
Doch besser Gram, den man in grauen Stunden hat,
    Als kränkte man mit sonnenlosem Barmen
Die Sonn, wenn jede Blume, jedes Blatt,
Will ziern die Jahreszeit im höchsten Grade.

Das Tropfentrommeln auf durchweichtem Grunde,
Das Laub, das fällt, Gras, das am Boden liegt,
Der Vögel stummer Flug, die rote Wunde
Der Sonne – wie dem Himmel zugefügt,
Die schwarzen Garben, jede jähe Bö,
Sturmwolken, die bei Nacht den Mond passieren,
Dein Schmerzensröcheln, elend und morbid,
    All dein Verfall, ganz langsam, peu à peu,
Die Agonie, sie alle harmonieren
Mit meiner armen Seele Klagelied.

But ah! thy gentler mood, the honeyed kiss
Of thy faint watery sunshine, thy pale gold,
Thy dark red berries, and the ambergris
That paints the lingering leaves, while on the mould
Their dead make bronze and sepia carpetings
That lightly rustle in thy quiet breath.
These are the shadows of departed smiles,
        The ghosts of happy things;
These break again the broken heart, the whiles
Thou goest on to winter, I to death.

France, October 1896

Doch deiner milderen Laune Honighauch,
Dein bleicher Sonnenschein, dein Gold, so fahl,
Das dunkle Rot am schwarzen Beerenstrauch,
Das Ambra auf den Blättern überall
(Schon sterbend, weben sie die schönsten Matten:
Ein Muster aus Gesang und Tanz und Scherz
In Bronze, Sepia und Zinnoberrot,
    Ein Muster aus verlornen Lächelns Schatten),
Das alles bricht mir das gebrochne Herz:
Du näherst dich dem Winter, ich dem Tod.

Frankreich, Oktober 1896

SONNET ON THE SONNET

To see the moment holds a madrigal,
To find some cloistered place, some hermitage
For free devices, some deliberate cage
Wherein to keep wild thoughts like birds in thrall;
To eat sweet honey and to taste black gall,
To fight with form, to wrestle and to rage,
Till at the last upon the conquered page
The shadows of created Beauty fall.

This is the sonnet, this is all delight
Of every flower that blows in every Spring,
And all desire of every desert place;
This is the joy that fills a cloudy night
When, bursting from her misty following,
A perfect moon wins to an empty space.

Naples, 1897

SONETT AUF DAS SONETT

Im Augenblick das Madrigal zu sehen,
Zu finden ein Refugium für die freien
Gedanken, dass sie drin gebändigt seien
Wie Vögel, die von selbst ins Bauer gehen;
Zu kosten süßen Honig, schwarze Galle,
Zu kämpfen mit der Form, bis man sie hat,
Dass endlich dann auf das besiegte Blatt
Der so erschaffnen Schönheit Schatten falle.

Ja, das ist das Sonett, das ist die Wonne
Jeglicher Blume, die stets neu erblüht.
Und jeder Ödnis Sehnen sich erfüllt;
Das ist das Glück, wenn unterging die Sonne
Und Wolkenwand und Dunst sich leis verzieht
Und rund und schön der Mond am Himmel schwillt.

Neapel 1897

I

In the salt terror of a stormy sea
There are high attitudes the mind forgets;
And undesired days are hunting nets
To snare the souls that fly Eternity.
But we being gods will never bend the knee,
Though sad moons shadow every sun that sets,
And tears of sorrow be like rivulets
To feed the shallows of Humility.

Within my soul are some mean gardens found
Where drooped flowers are, and unsung melodies,
And all companioning of piteous things.
But in the midst is one high terraced ground,
Where level lawns sweep through the stately trees
And the great peacocks walk like painted kings.

I

Im Sturm auf hoher See gibt's immerhin
Auch Posen, die der Geist vergisst; manch Tag
Gleicht einer Schlinge, drin sich fangen mag,
Die Seele, will die Ewigkeit sie fliehn.
Doch wir, den Göttern gleich, beugen uns nie,
Wenn auch die Sonne stets dem Mond muss weichen,
Und Tränenbäche fließen ohnegleichen,
Zu nährn die Brackwasser der Infamie.

Verwildert sind die Gärten meiner Seele,
Mit müden Blumen, Liedern, die verstummt –
Fürwahr ein trister, gottverlassner Ort.
Doch in der Mitte gibt es eine Stelle
Mit hohen Bäumen, sattem Wiesengrund,
Und Pfauen königlich stolzieren dort.

II

What shall we do, my soul, to please the King?
Seeing he hath no pleasure in the dance,
And hath condemned the honeyed utterance
Of silver flutes and mouths made round to sing.
Along the walls red roses climb and cling,
And oh! my prince, lift up thy countenance,
For there be thoughts like roses that entrance
More than the languors of soft lute-playing.

Think how the hidden things that poets see
In amber eves or mornings crystalline,
Hide in their soul their constant quenchless light,
Till, called by some celestial alchemy,
Out of forgotten depths, they rise and shine
Like buried treasure on Midsummer night.★

★ According to an old tradition, on Midsummer night buried treasure
rises to the surface of the earth and shines.

II

Was tun wir, Seele, zu gefalln dem König,
Da er am Tanzen kein Vergnügen fand?
Der Flöten süßes Spiel hat er verbannt,
Und auch Gesang verdrießt ihn für gewöhnlich.
Doch schaut, der roten Rosen Symphonie,
Und, Majestät, Ihr müsst nur aufwärts blicken.
Gedanken, Rosen gleich, solln Euch entzücken
Mehr als des Lautenspiels Melancholie.

Die Dichter, das Verborgne sehen sie
Im Frühkristall, im goldnen Abendweben,
In ihrer Seele hat das Licht kein Ende,
Bis sie dereinst durch Himmelsalchimie
Aus dem Vergessen leuchtend sich erheben
Wie der vergrabne Schatz zur Sonnenwende.*

* Einer alten Legende zufolge kommt ein vergrabener Schatz zur Sommersonnenwende bei Nacht an die Erdoberfläche und leuchtet.

III

The fields of Phantasy are all too wide,
My soul runs through them like an untamed thing.
It leaps the brooks like threads, and skirts the ring
Where fairies danced, and tenderer flowers hide.
The voice of music has become the bride
Of an imprisoned bird with broken wing.
What shall we do, my soul, to please the King,
We that are free, with ample wings untied?

We cannot wander through the empty fields
Till Beauty like a hunter hurls the lance.
There are no silver snares and springes set,
Nor any meadow where the plain ground yields.
O let us then with ordered utterance,
Forge the gold chain and twine the silken net.

III

Das Reich der Phantasie ist grenzenlos,
Und meine Seele tollt dort wie ein Kind,
Hüpft über Bäche, als wenn's Schnüre sind,
Wo Feen tanzen, Blumen blühn im Moos.
Ach, die Musik ist eines Vogels Braut,
Dem man die Schwinge brach, sie nützt uns wenig.
Was tun wir, Seele, zu gefalln dem König,
Wir, die wir frei sind, mutig, stark und laut?

Wir können ja nicht durch die Felder streifen,
Bis Schönheit wie ein Jäger wirft den Speer.
Weil's keine Fallen gibt und keine Schlingen,
Lass uns zu einem andren Mittel greifen:
Die Kette lass uns schmieden, golden, schwer,
Das seidene Netz uns knüpfen, 's muss gelingen.

IV

Each new hour's passage is the acolyte
Of inarticulate song and syllable,
And every passing moment is a bell,
To mourn the death of undiscerned delight.
Where is the sun that made the noon-day bright,
And where the midnight moon? O let us tell,
In long carved line and painted parable,
How the white road curves down into the night.

Only to build one crystal barrier
Against this sea which beats upon our days;
To ransom one lost moment with a rhyme
Of passionate protest or austere demur,
To clutch Life's hair, and thrust one naked phrase
Like a lean knife between the ribs of Time.

Naples, 1897

IV

Und jede Stunde, die vergeht, ist Magd
Für einen Vers, der nicht entstanden heut,
Und jeder Augenblick ein Grabgeläut,
Das den entgangenen Genuss beklagt.
Wo blieb die Sonne, die am Mittag schien,
Des Mondes Strahlen, die die Nacht erhellen?
Lasst in gewundnen Sätzen uns erzählen,
Den Weg, der fahl ins Dunkle sich muss ziehn;

Um so zu bauen einen Damm aus Glas
Gegen die Flut, die unsere Tage schluckt;
Und freizukaufen einen Augenblick
Verlorener Zeit mit unserm Zorn und Hass;
Dem Leben, das in unsren Händen zuckt,
Ins Herz zu rammen einen nackten Satz.

Neapel 1897

A Triad of the Moon

I

Last night my window played with one moonbeam,
And I lay watching till sleep came, and stole
Over my eyelids, and she brought a shoal
Of hurrying thoughts that were her troubled team,
And in the weary ending of a dream
I found this word upon a candid scroll:
›The nightingale is like a poet's soul,
She finds fierce pain in miseries that seem.‹

Ah me, methought, that she should so devise!
To seek for pain and sing such doleful bars,
That the wood aches and simple flowers cry,
And sea-green tears drench mortal lovers' eyes,
She that is made the lure of those young stars
That hang like golden spiders in the sky.

MONDTRIADE

I

Heut nacht ein Mondstrahl tanzte im Altan;
Ich sah ihm zu, bis mir die Lider schloss
Der Schlaf. Ein Schwarm flücht'ger Gedanken schoss
An meinem Aug vorbei als sein Gespann.
Und in dem Traum, der bald sich stellte ein,
Las ich die Worte hier auf einer Stele:
»Die Nachtigall ist wie des Dichters Seele,
Saugt wilden Schmerz aus der erfühlten Pein.«

Ach, dacht ich, Nachtigall, wie kann das gehen!
Den Schmerz nicht fliehn, vielmehr ihn zu Gesängen
Zu destilliern, dass jedem, der da liebt,
Meergrüne Tränen in den Augen stehen,
Und er den Sternen, die am Himmel hängen
Wie goldne Spinnen, süße Nahrung gibt.

II

That she should so devise, to find such lore
Of sighful song and piteous psalmody,
While Joy runs on through summer greenery
And all Delight is like an open door.
Must then her liquid notes for evermore
Repeat the colour of sad things, and be
Distilled like cassia drops of agony,
From the slow anguish of a heart's bruised core?

Nay, she weeps not because she knows sad songs,
But sings because she weeps; for wilful food
Of her sad singing, she will still decoy
The sweetness that to happy things belongs.
All night with artful woe she holds the wood,
And all the summer day with natural joy.

Ach, wie gelingt's ihr nur, dies Meisterstück
Aus Seufzern, Klagelauten, Psalmodien,
Wo rings die Freude hüpft durchs Sommergrün
Und scheinbar offen steht das Tor zum Glück?
Muss sie für immer denn in ihrem Schmerz
Nur singen stets dieselben Trauerweisen,
Sich ewig, ewig von den Tränen speisen,
Worin zerfließt ein armes, wundes Herz?

Sie weint ja nicht, weil sie nur Klagelieder,
Nichts andres, kennt, ihr Singen *ist* ein Klagen,
Das nährt, wenn's durch die grünen Auen hallt
Die Süße aller Freuden immer wieder.
So lässt beglückt sie uns den Tag ertragen,
Und nachts erfüllt ihr Kunstgesang den Wald.

III

My soul is like a silent nightingale
Devising sorrow in a summer night.
Closed eyes in blazing noon put out the light,
And Hell lies in the thickness of a veil.
In every voiceless moment sleeps a wail,
And all the lonely darknesses are bright,
And every dawning of the day is white
With shapes of sorrow fugitive and frail.

My soul is like a flower whose honey-bees
Are pains that sting and suck the sweets untold,
My soul is like an instrument of strings;
I must stretch these to capture harmonies,
And to find songs like buried dust of gold,
Delve with the nightingale for sorrowful things.

Naples, 1897

III

Der stummen Nachtigall gleicht meine Seele,
Die Kummer hegt in einer Sommernacht.
Im Mittagslicht, die Augen zugemacht,
Seh schaudernd unterm Dunstflor ich die Hölle.
In jedem stummen Augenblick verborgen
Ein Klagen liegt, das macht die Nacht zum Tag
Und jeden Morgen, der uns grauen mag,
Erhelln die Schatten rasch verflogner Sorgen.

Ach, einer Blume meine Seele gleicht,
Der Schmerz, wie Bienen, Honig saugt und sticht;
Sie gleicht dem Instrument, das Harmonie
Verströmt, sobald man ihm die Saiten streicht,
Das Lied der Nachtigall, so schön und schlicht,
Entdeckt sie, taucht ins Leid sie ein, wie sie.

Neapel 1897

Alas! and o that Spring should come again
Upon the soft wings of desired days,
And bring with her no anodyne to pain,
And no discernment of untroubled ways.
There was a time when her yet distant feet,
Guessed by some prescience more than half divine,
Gave to my listening ear such happy warning,
  That fresh, serene, and sweet,
My thoughts soared up like larks into the morning,
From the dew-springled meadows crystalline.

Soared up into the heights celestial,
And saw the whole world like a ball of fire,
Fashioned to be a monster playing ball
For the enchantment of my young desire.
And yesterday they flew to this black cloud,
(Missing the way to those ethereal spheres)
And saw the earth a vision of affright,
  And men a sordid crowd,
And felt the fears and drank the bitter tears,
And saw the empty houses of Delight.

The sun has sunk into a moonless sea,
And every road leads down from Heaven to Hell,
The pearls are numbered on youth's rosary,
I have outlived the days desirable.
What is there left? And how shall dead men sing
Unto the loosend strings of Love and Hate,
Or take strong hands to Beauty's ravishment?
  Who shall devise this thing,
To give high utterance to Miscontent,
Or make Indifference articulate?

      Venice, April 1898

ÜBERDRUSS

Ach, dass der Frühling wieder kehrt zurück
Auf sanften Schwingen heiß ersehnter Tage
Und bringt doch keine Linderung, kein Glück,
Und zeigt mir nicht, wie ich das Glück erjage.
Als er noch ferne war und kaum erahnt,
Nur just erspürt als Fügung, göttlich fast,
Da drang sein Gruß so fröhlich an mein Ohr,
    Dass die Gedanken mein, so froh gespannt,
Wie Lerchen stiegen in die Luft empor
Aus dem vom Tau benetzten Wiesengras.

Und sahn die Welt als einen Ball aus Feuer,
Da sie so stiegen in die höchsten Sphären,
Als Spielball für ein böses Ungeheuer,
Mein jugendliches Sehnen zu betören,
Und gestern sind zur schwarzen Wolke sie
geflogen (ach, denn sie verirrten sich)
Und sahn die Erde als ein Schreckensbild:
    Die Menschen – viehischer als jedes Vieh –,
Und mussten weinen, weinten bitterlich,
Als sie der Wonnen Haus verwüstet sahn und wild.

Mondlos der See, in den die Sonne fiel,
Vom Himmel führt der Weg stets in die Hölle,
Mein Leben neigt sich, bald bin ich am Ziel
Der Jugend Tage sind vorüber schnelle.
Was bleibt? Wie sollen tote Münder singen
Zum missgestimmten Klang von Lieb und Hassen?
Und wer soll die, die Schönheit schänden, ach,
    Mit seiner starken Hand zur Strecke bringen,
Den Unmut äußern, laut und mannigfach,
Den Gleichmut, wer soll ihn in Worte fassen?

Venedig, April 1898

THE LEGEND OF SPINELLO OF AREZZO

Spinello of Arezzo, long ago,
A cunning painter, made a large design
To grace the choir St. Angelo.
Therein he pictured the exploits divine
Of the Archangel Michael, beautiful
Exceedingly, in wrath most terrible,
Until at last that holy place was full
Of warring angels; and that one who fell
From the high places of the highest Heaven
Into the deep abyss of lowest Hell,
He pictured too, in mad disaster driven
Before the conquering hosts of Paradise.
And him the painter drew in uncouth shape,
A foul misshapen monster with fierce eyes,
Of hideous form, half demon and half ape.

And lo! it fell out as he slept one night,
His soul, in the sad neutral land of dreams
That lies between the darkness and the light,
Was 'ware of one whose eyes were soft as beams
Of summer moonlight, and withal as sad.
Dark was his colour, and as black his hair
As hyacinths by night, his sweet lips had
A curve as piteous as sweet lovers wear
When they have lost their loves; so fair was he,
So melancholy, yet withal so proud,
He seemed a prince whose woes might move a tree
To find a tearful voice and weep aloud.
He spoke, his voice was tunable and mellow,
But soft as are the western winds that stir
The summer leaves, and thus he said, ›Spinello,
Why dost thou wrong me? I am Lucifer.‹

Hatch House, 1898

SPINELLO AUS AREZZO

Spinello aus Arezzo – ein Tableau
Schuf er, der ein berühmter Maler war,
Einst für den Chorraum von San Angelo.
Drauf stellte er die frommen Werke dar
Des Engels Michael – unsagbar schön
Und fürchterlich in seinem Zorn vor allem.
Viel kriegerische Engel kann man sehn
Und auch den einen, jenen, der gefallen
Vom Himmel hoch in tiefsten Höllenschlund,
Den zeigt er auch, dem Wahnsinn ganz verfallen,
Vertrieben aus dem Garten Eden. Und
Ihn malt er als abscheuliche Vision,
Mit Augen, feuerrot und groß und rund,
Als Mißgeburt, halb Affe, halb Dämon.

Als einmal nun Spinello schlafend lag,
Die Seele wandelnd in der Träume Reich
Wohl zwischen finstrer Nacht und lichtem Tag,
Er einen Jüngling sah, so schön und bleich,
Wie Sommermond, doch kummervoll der Blick.
Wie Hyazinthen nachts, so schwarz das Haar,
Und Trauer um verlornes Liebesglück
Verbitterte das süße Lippenpaar.
So voller Anmut war der junge Mann,
So melancholisch und dabei so stolz –
Ein König, der zu Tränen rühren kann
Mit seinem Leid der Bäume hartes Holz.
Mit einer Stimme wie das leise Raunen
Des Winds, der Sommers durch die Blätter strich,
So sagte er: »Spinello, ich muß staunen:
Luzifer bin ich. Was entstellst du mich?«

Hatch House 1898

307

THE DEAD POET

I dreamed of him last night, I saw his face
All radiant and unshadowed of distress,
And as of old, in music measureless,
I heard his golden voice and marked him trace
Under the common thing the hidden grace,
And conjure wonder out of emptiness,
Till mean things put on beauty like a dress
And all the world was an enchanted place.

And then methought outside a fast locked gate
I mourned the loss of unrecorded words,
Forgotten tales and mysteries half said,
Wonders that might have been articulate,
And voiceless thoughts like murdered singing birds.
And so I woke and knew that he was dead.

Paris, 1900–1901

TOD DES DICHTERS

Im Traum heut hab ich sein Gesicht gesehn,
Ganz hell und klar, und nicht umwölkt von Gram.
Und so wie früher ich Musik vernahm:
Die goldene Stimme lockt' hervor, was schön
Ist im Alltäglichen. Sein Dichterwort
Hat Wunder aus dem Nichts heraus vollbracht
Und das gemeinste Ding noch schön gemacht:
Die ganze Welt war ein verwunschner Ort.

Trauernd um Worte, die nie aufgeschrieben,
Stand ich vor einem fest verschlossenen Tor,
Um Sagen, denen das Vergessen droht,
Geheimnisse, die ungelüftet blieben,
Gedanken, stumm, wie toter Vögel Chor.
Und so erwachend, wusst ich, er war tot.

Paris 1900–1901

THE TRAITOR

Cast out, my soul, the broken covenant,
Forget the pitiable masquerade,
And that ignoble part ignobly played.
Let us take shame that such a mummer's rant
Of noble things, could pierce the adamant
Of Pride wherewith we ever were arrayed,
And being with a kiss once more betrayed,
Let not our tears honour that sycophant.

Let him, on graves of buried loyalty,
Rise as he may to his desired goal;
Ay and God speed him there, I grudge him not.
And when all men shall sing his praise to me
I'll not gainsay. But I shall know his soul
Lies in the bosom of Iscariot.

1901

Der Verräter

Vergiss, ach, Seele, den gebrochenen Bund,
Vergiss die jämmerliche Maskerade,
Der Schändlichkeiten schändliche Parade.
Lass uns beschämt gestehn, dass dieser Hund
Durchbohrt hat unsres Stolzes Diamanten,
Die uns geschmückt. Dass er, wie man nun sieht,
Uns einmal mehr durch einen Kuss verriet.
Nein, keine Träne gönn dem Sykophanten!

Lass überm Grab der Treue hoch ihn springen,
Empor zum Ziel. Mag sich sein Traum erfüllen,
Ich groll ihm nicht. Gewähr ihm Beistand, Gott.
Und mag die ganze Welt sein Loblied singen,
So will ich schweigen, weiß ich doch im stillen:
Sein Herz im Busen schlägt von Ischariot.

1901

Alas! that Time should war against Distress,
And numb the sweet ache of remembered loss,
And give for sorrows gold the indifferent dross
Of calm regret or stark forgetfulness.
I should have worn eternal mourning dress
And nailed my soul to some perennial cross,
And made my thoughts like restless waves that toss
On the wild sea's intemperate wilderness.

But lo! came Life, and with its painted toys
Lured me to play again like any child.
O pardon me this weak inconstancy.
May my soul die if in all present joys,
Lapped in forgetfulness or sense-beguiled,
Yea, in my mirth, if I prefer not thee.

1901

VERGESSENHEIT

Ach, dass die Zeit bekriegen muss das Leid
Und nimmt durchlittnem Weh die süße Pein,
Tauscht goldnen Kummer gegen Schlacke ein:
Nur Wehmut bleibt zum Schluss, Vergessenheit.
Sonst trüg ich Schwarz in alle Ewigkeit,
Schlüg meine Seele an das Kreuz allein,
Und ließe treiben die Gedanken mein
Als Wogen auf dem Meer, so wild, so weit.

Doch schau! mit buntem Spielzeug kam das Leben,
Lockt' wieder mich, zu spielen wie ein Kind.
Vergessen, Wankelmut – vergib sie mir.
Tod meiner Seele, sollt's je einen geben,
So sehr die Sinne auch betört mir sind,
Vor Wonne, dem ich so gehör wie dir.

1901

DIES AMARA VALDE

Ah me, ah me, the day when I am dead,
And all of me that was immaculate
Given to darkness, lies in shame or state,
Surely my soul shall come to that last bed
And weep for all the whiteness that was red,
Standing beside the ravished ivory gate
When the pale dwelling-place is desolate
And all the golden rooms untenanted.

For in the smoke of that last holocaust,
When to the regions of unsounded air
That which is deathless still aspires and tends,
Whither, my helpless soul, shall we be tossed?
To what disaster of malign Despair,
Or terror of unfathomable ends?

1901

DIES AMARA VALDE

Oh, Tod, wenn du einst kommst, zu holen mich,
Und alles, was an mir war hold und rein,
Geht schmählich oder stolz ins Dunkel ein,
Tritt meine Seele an die Bahre hin,
Weint ob der Rosenwange, die verblich,
Steht am verlassnen Tor aus Elfenbein,
Die fahle Heimstatt wird verödet sein
Die goldnen Zimmer leer und unwirtlich.

Wohin im Rauch der letzten Feuersbrunst,
Dort in den Sphären ohne Klang und Schall,
Wenn, was unsterblich ist, strebt weiter noch,
Wohin, verschlägt es, arme Seele, uns?
In welches bitterböse Jammertal,
Welch bodenlos unendlich tiefes Loch?

1901

LA BEAUTÉ

From the French of Baudelaire

Fair am I, mortals, as a stone-carved dream,
And all men wound themselves against my breast,
The poet's last desire, the loveliest.
Voiceless, eternal as the world I seem.
In the blue air, strange sphinx, I brood supreme
With heart of snow whiter than swan's white crest,
No movement mars the plastic line – I rest
With lips untaught to laugh or eyes to stream.

Singers who see, in trancèd interludes,
My splendour set with all superb design,
Consume their days, in toilful ecstasy.
To these revealed, the starry amplitudes
Of my great eyes which make all things divine
Are cristal mirrors of eternity.

New York, 1902

316

LA BEAUTÉ

Aus Baudelaires Französisch

Schön bin ich, wie ein Traum, in Stein gebannt,
Ihr Sterblichen! Es drängt sich jeder Mann
An meine Brust. Ich, Dichters süßer Wahn,
Und letzter Wunsch: stumm, ewig von Bestand,
Blick sinnend wie die Sphinx ins blaue Land.
Aus Schnee mein Herz, noch weißer als ein Schwan.
Kein Beben meine Linie stören kann,
Mund, Aug sind Lachen, Weinen unbekannt.

Manch Sänger, der versonnen, wie in Trance,
Vor meiner herrlichen Gestalt erstarrt,
Und sich verzehrt nach meinen Augenpaar,
Das jedem Ding leiht göttlich hellen Glanz,
In meinen Augen, groß und stet und hart,
Sieht Spiegel der Unendlichkeit er gar.

New York 1902

Where are the eagle–wings that lifted thee
Above the ken of mortal hopes and fears,
And was it thou who in serener years
Framed magic words with such sweet symmetry?
Didst thou compel the sun, the stars, the sea,
Harness the golden horses of the spheres,
And make the winds of God thy charioteers
Along the roads of Immortality?

Art thou dead then? Nay, leave the folded scroll,
Let us keep quiet lips and patient hands,
Not as sheer children use, who would unclose
The petals of young flowers, but paying toll
At that high gate where Time, grave gardener, stands
Waiting the ripe fulfilment of the rose.

1905

AN EINEN VERSTUMMTEN DICHTER

Wo sind die Adlerschwingen, die hinan
Dich trugen, fern der Masse Glück und Leid?
Warst du es nicht, der einst, in froher Zeit
Den Worten Süße lieh und Zauberbann
Und Sonne, Sterne, Meer ließ spannen an
Der Sphären golden Rosse, allbereit,
Der auf den Pfaden der Unsterblichkeit
Nahm Gottes Wind als Wagenlenker dann?

Und nun? Du tot? Entsiegelt nicht die Rollen;
Lasst ruhn die Hände, schweigt – ja, so ist's gut.
Reisst nicht wie kleine Kinder auf verfrüht
Die Knospe. Lasst am Tor uns zollen
Der Zeit, der ernsten Gärtnerin, Tribut,
Die wartet, bis die Rose voll erblüht.

1905

I know a green grass path that leaves the field
And, like a running river, winds along
Into a leafy wood where is no throng
Of birds at noon-day, and no soft throats yield
Their music to the moon. The place is sealed,
An unclaimed sovereignty of voiceless song,
And all the unravished silences belong
To some sweet singer lost or unrevealed.

So is my soul become a silent place.
Oh may I wake from this uneasy night
To find a voice of music manifold.
Let it be shape of sorrow with wan face,
Or Love that swoons on sleep, or else delight
That is as wide-eyed as a marigold.

1906

DER GRÜNE FLUSS

Ich kenne einen grünen Wiesenpfad,
Der wie ein grüner Fluss zum Waldesgrund
Hinab sich schlängelt, wo zur Abendstund
Noch nie ein Vogel je gesungen hat.
Und auch im Mondschein ist's dort still und stad:
Ein Lied aus eines süßen Sängers Mund
Hallt lautlos durch der Bäume weites Rund,
Sein ist die bare Stille jener Statt.

Ach, auch in meiner Seele ist kein Laut.
Wär sie doch schon vorbei, die Schauernacht!
Dräng' doch Musik, gleich welche, an mein Ohr:
Ob als Gesicht, das bleich-bekümmert schaut,
Als Liebe, die verzückt im Schlummer lacht,
Als ringelblumenäugiger Freudenchor.

1906

To Olive

I

My thoughts, like bees, explore all sweetest things
To fill for you the honeycomb of praise,
Linger in roses and white jasmine sprays,
And daffodils that stand in yellow rings.
In the clear air they moan on muted strings,
And the blue sky of my soul's summer days
Shines with your light, and through pale violet ways,
Birds bear your name in beatings of their wings.

I see you all bedecked in bows of rain,
New showers of rain against new-risen suns,
New tears against new light of shining joy.
My youth, equipped to go, turns back again,
Throws down its heavy pack of years and runs
Back to the golden house a golden boy.

OLIVE

I

Wie Bienen schwärmen die Gedanken hin,
Die Wabe deines Lobs mit Süße ganz
Zu füllen, wiegen taumelnd sich im Tanz
Mit Rosen, Osterglocken und Jasmin.
Auf stummen Saiten summt's in lauer Luft;
Und meiner Seele Sommerhimmel, blau,
Beglänzt dein Licht, auf blasser Veilchenau
Ein jedes Vöglein deinen Namen ruft.

Seh dich bekränzt von Regenbogen, weit,
Neu steigt die Sonne, neu der Regen rinnt,
Und neue Tränen, neuer Freuden Labe.
Kehrt macht die Jugend, schon im Wanderkleid,
Wirft ab der Jahre Last und rennt geschwind
Zum goldenen Haus zurück als goldener Knabe.

II

I have been profligate of happiness
And reckless of the world's hostility,
The blessèd part has not been given to me
Gladly to suffer fools, I do confess
I have enticed and merited distress,
By this, that I have never bowed the knee
Before the shrine of wise Hypocrisy,
Nor worn self-righteous anger like a dress.

Yet write you this, sweet one, when I am dead:
›Love like a lamp swayed over all his days
And all his life was like a lamp-lit chamber,
Where is no nook, no chink unvisited
By the soft affluence of golden rays,
And all the room is bathed in liquid amber.‹

Verachtet habe ich das Glück bisher,
Nichts drauf gegeben, war mir feind die Welt.
Ich muss gestehn, dass mir die Gabe fehlt,
Dummheit um mich zu dulden. Und noch mehr:
Ich habe Schmerz bereitet und gekannt,
Weil ich das Knie nie beugen wollte, nein,
Vorm Schrein von Heuchelei und schönem Schein,
Und nie den Dünkel trug wie ein Gewand.

Und doch, mein Lieb, sterb ich, schreib für mich das:
»Sein Leben stets im Licht der Liebe prangte
Wie ein von Lampenschein erhellter Ort,
Und keinen Winkel gibt's in dem Gelass,
Wohin der goldne Lichtstrahl nicht gelangte,
Und wie von Bernstein leuchtet alles dort.«

When I am dead you shall not doubt or fear,
Or wander nightly in the halls of gloom.
The moon will shine into my empty room,
And in the narrow garden flowers will peer,
While you look through your window. Scarce a tear
Will drench your child's blue eyes, while on my tomb,
Where the red roses wake and break and bloom,
The stars gaze down eternal and austere.

And I, in the dark ante-room of Death,
Will wait for you with ever-outstretched hands
And ears strained for your little timid feet;
And in the listening darkness, when your breath
Pants in distress, my arms will be like bands
And all my weakness like your winding-sheet.

III

Streif, wenn ich tot bin, nicht durchs dunkle Haus
Bei Nacht, hab keine Angst und zweifle nicht,
In meine leere Stube wirft der Mond sein Licht,
Im Gärtchen schaun die Blumen nach dir aus.
Kaum eine Träne deine Augen füllt,
Die kindlich blauen, nun, da auf mein Grab
Die ewigen Sterne blicken streng herab,
Wo trauernd eine rote Rose schwillt.

Im Warteraum des Todes, nah dem Tor,
Erwart ich dich, lausch, ausgestreckt die Hand,
Ins Dunkel: kommst du scheuen Schritts herbei?
Das Dunkel selber lauscht mit wachem Ohr.
Kommst du, sei meine Hand dir wie ein Band,
Dein Leichentuch dann meine Ohnmacht sei

IV

When we were Pleasure's minions, you and I,
When we mocked grief and held disaster cheap,
And shepherded all joys like willing sheep
That love their shepherd; when a passing sigh
Was all the cloud that flecked our April sky,
I floated on an unimagined deep,
I loved you as a tired child loves sleep,
I lived and laughed and loved, and knew not why.

Now I have known the uttermost rose of love;
The years are very long, but love is longer;
I love you so, I have no time to hate
Even those wolves without. The great winds move
All their dark batteries to our fragile gate:
The world is very strong, but love is stronger.

1904–1908

IV

Als uns die Wonne zu Gefährten nahm,
Wir Leid verhöhnten, spotteten der Qual,
Als uns die Lust gehorchte allzumal,
So wie dem Schäfer folgt das brave Lamm,
Als kaum ein Seufzer unser Glück getrübt,
Tollt ich am Abgrund wie ein dummes Schaf,
Hab dich geliebt wie 'n müdes Kind den Schlaf,
Hab ahnungslos gelebt, gelacht, geliebt.

Heut hab der Liebe Herrschaft ich erfahren:
Lang währt die Zeit, doch länger währt die Liebe,
Ich lieb dich so, dass ich nun nichts mehr hass,
Nicht mal den Wolf. Es sammelt seine Scharen
Vorm Tor der Sturm; die Mauern werden blass.
Stark ist die Welt, doch stärker ist die Liebe.

1904–1908

Where lurks the shining quarry, swift and shy,
Immune, elusive, unsubstantial?
In what dim forests of the soul, where call
No birds, and no beasts creep? (the hunter's cry
Wounds the deep darkness, and the low winds sigh
Through avenues of trees whose faint leaves fall
Down to the velvet ground, and like a pall
The violet shadows cover all the sky).

With what gold nets, what silver-pointed spears
May we surprise her, what slim flutes inspire
With breath of what serene enchanted air? –
Wash we our star-ward gazing eyes with tears,
Till on their pools (drawn by our white desire)
She bend and look, and leave her image there.

1908

DIE SCHÖNHEIT UND DER JÄGER

Wo ist die Quelle, schimmernd, schnell und scheu,
Die nichts befleckt und nichts zum Stehen bringt?
In welchem Dickicht, wo kein Vogel singt,
Kein Raubtier lautlos schleicht? (Des Jägers Schrei
Durchbohrt die Dunkelheit, ein leiser Wind
Seufzt in den Bäumen, bleiche Blätter fallen
Auf samtnen Boden, wie ein Sargtuch wallen
Am Himmel Schatten, die von Purpur sind.)

Mit welchen goldnen Netzen, Silberspeeren
Bringt man die Schönheit auf, welch Flöte weckt
Mit welcher Lüfte Hauch man, froh-verzückt? –
Die sternwärts schau'nden Augen wascht in Zähren,
Dass sie (von unserer reinen Gier erregt)
Ins Wasser schaut, mit ihrem Bild es schmückt.

1908

Alas, for Love and Truth and Faith, stone dead,
Borne down by Hate to death unnatural,
Stifled and poisoned! From the empty hall
To the dismantled chamber where the bed
Once held its breathing warmth, the soundless tread
Of sad ghosts goes by night. Timid and small
One creeps and glides; I saw her shadow fall
Behind me on the floor uncarpeted.

Poor wistful semblance of too weak remorse,
Why have we met in your forsaken room,
Where the pale moon looks in on emptiness
And holds a lamp to ruin? Fragile force,
You come too late. my cold heart is a tomb
Where love lies strangled in his wedding dress.

26 Church Row, 1913

Liebe und Glaube, Wahrheit – sie sind tot,
Hinweggerafft vom Hass, in höchster Qual
Erstickt, vergiftet! Aus dem leeren Saal
Ins Stübchen, das geräumt ist und marod.
Wo einst lebendige Wärme barg das Bett,
Huscht manch Gespenst heut traurig durch die Nacht,
Und eines, klein und schüchtern, folgt mir sacht,
Sein Schatten fällt aufs nackte Holzparkett.

Du armes Wahnbild allzu schwacher Reue,
Was führt zusammen uns in diesem Loch,
Wo fahl der Mond auf öde Leere blickt
Und auf Verfall? Du zarte Kraft, du scheue,
Zu spät – mein kaltes Herz, ein Grab nur noch,
In dem erwürgt die Lieb im Brautkleid liegt.

Church Row 26, 1913

Ah, woe to us who look for asphodel
Where asphodel is not, and bitter woe
To us who bid the barren gardens blow
With fabulous flowers; who hear the silver bell
Chiming from some enchanted citadel,
When flower and bell and citadel lie low
In the lost dust of dreams. Naked we know,
Through fire and ice, the fall from Heaven to Hell.

We clothed with white and shining loveliness
The soul of the belovèd. And anon
We saw it gleam, red hate, behind her eyes.
The imagined loyalty of friends was less
Than the least benefit we fed it on.
Daily our hope is born and daily dies.

1913

Steine für Brot

Weh uns, wir suchen nach der Immortelle,
Wo sie nicht ist, oh, wehe uns, die wir
Erflehn von brachen Gärten Blumenzier
Und hören Glocken läuten silberhelle
Von einem fernen, schönen Zauberschloss,
Wenn Blumen, Glocken, Schloss zunichte sind,
Im Träumen noch. Erkennen nackt ihn blind,
Durch Feuer und Eis, den Sturz aus Himmels Schoß

Zur Höll. In strahlend weiße Lieblichkeit,
Hüllten die Liebste wir – ein schön Gewand –
Der Hass in ihrem Blick blieb ungesehn.
Und auch der Freunde Treu und Redlichkeit,
Trotz unsres Langmuts rasch ein Ende fand.
Hoffnung wächst täglich neu und muss vergehn.

1913

What hurts Thee most? The rods? the thorns? the nails?
The crooked wounds that jag Thy bleeding knees?
(Can ever plummet sound such mysteries?)
It is perchance the thirst that most prevails
Against Thy stricken flesh, Thy spirit quails
Most at the gall-soaked sponge, the bitter seas
O'erflow with this? ›Nay, it is none of these.‹
Lord, Lord, reveal it then ere mercy fails.

Is it Thy Mother's anguish? ›Search thine heart.
Didst thou not pray to taste the worst with Me,
O thou of little faith.‹ Incarnate Word,
Lord of my soul, I know, it is the part
That Judas played; this have I shared with Thee
(By wife, child, friend betrayed). ›Thy prayer was heard.‹

November 1916

VOR EINEM KRUZIFIX

Was quält am meisten Dich? Die Dornenkron?
Die Nägel? Deine wunden, blutigen Knie?
(Diese Mysterien, wird man je ergründen sie?)
Ist es der Durst? Dass sie dir – bittrer Lohn –
Gaben den Galleschwamm? Trifft dieser Hohn
Dich härter noch als all die andre Pein?
»Nein, es ist nichts von alledem, o nein.«
Herr! Sprich zu mir! Der Mut verlässt mich schon.

Ist's Deiner Mutter Leid? *»Befrag dein Herz.*
War's nicht dein Wunsch, die schwerste Qual mit Mir
Zu teilen? Hast dich von Mir abgekehrt?
Nein Herr, ich weiß: dein größter Schmerz
Ist, was Dir Judas angetan; das teilte ich mit Dir
(von Weib, Kind, Freund verraten) – *»So warst du erhört.«*

November 1916

There is a ghostly stable in my heart,
Frailly devised and fashioned out of dreams
Whose patient masons were infrequent gleams
Of immaterial visions. In the mart
Where Passions are made slaves, I bought a part
Of that wherewith I builded. On slow streams
Of tears, whose fountains were vouchsafèd beams,
The rest came floating — Holy as Thou art,

Child of all light, celestial Excellence,
Enwombed in grace-bestowed Virginity
Which is Her image consecrated there,
Be born in this rude house, where broken sense
Is gold straw for Thy feet. So shall it be
A transubstantial mansion built of air.

1920

★ i.e. Bethlehem

BROTHAUS*

In meinem Herzen ich trag einen Stall,
Ein Traumgebäude, und die braven Meister
Die diesen Stall gebaut, das waren Geister.
Zum Baustoff Kaufen ging ich manches Mal
Wohl auf den Sklavenmarkt der Leidenschaft.
Den Rest trieb mir der Tränen Strom heran,
Ihr stetes Fließen – gnadenreich Bahn,
Auf der Du zu mir kamst, Du heilige Kraft.

Kind allen Lichts, der Du nach Gottes Plan
Aus einer Jungfrau Schoß entsprossen bist.
Heilig Ihr Bild an dem geweihten Ort,
Geborn in jenem Schuppen, wo der Wahn
Das goldne Stroh zu Deinen Füßen ist –
Ein Luftschloss, Herr, sei Dir errichtet dort.

1920

* Bethlehem

Alas! what make you here, poor ghost that goes
Where your swift feet of youth so lightly went?
Time has borne down that gracious argument
Which was your advocate where Isis flows
Through Christ Church meadows. Sublimate your woes
Among these happy children whose consent
Holds out kind hands; accept the treasure lent,
Unconquered sweetness, death-defying rose.

Would yet this sweetness find an echoed home
Where the dream-builded city's semblance lies
Beyond the stars, could but its silver bell
Out-chime the iron knell of miscalled doom,
How would not Death come kindly with mild eyes
Shining like invocated Uriel?

May 17th, 1932

RÜCKKEHR NACH OXFORD

Was suchst du nur an einem Ort wie diesem,
Wo keck dein junger Fuß einst schritt? Die Zeit
Bezwang das Argument der Lieblichkeit,
Das für dich sprach am Isis, auf den Wiesen
Von Christ Church. Ach, vergiss, was dich geknickt:
Inmitten dieser frohen Kinder hier,
Nimm an das Kleinod, das sie reichen dir:
Der Rose Liebreiz, die den Tod besiegt.

Ach, fände doch solch Liebreiz Obdach heut,
In jener Traumstadt hinterm Sternenzelt,
Und übertönte doch der Silberglocke Klang
Falscher Verdammnis ehern Grabgeläut,
Hätt dann der Tod nicht längst dir zugesellt,
Wie Uriel sich, leuchtend, ersehnt schon lang?

17. Mai 1932

REGISTER